National Textbook Company
a division of NTC/CONTEMPORARY PUBLISHING COMPANY
Lincolnwood, Illinois USA

Published by National Textbook Company, a division of NTC Publishing Group.

Manufactured in the United States of America
Library of Congress Catalog Card Number: 75-20869

8 9 VP 9 8 7 6 5 4 3

Nuove letture di cultura italiana

Carolina Donadio Lawson

Consulting Editor, Joseph A. Tursi

Nuove letture di cultura italiana

Acknowledgments

My gratitude to Mrs. Laura Fermi for her advice on the profiles of her husband Enrico Fermi and of Galileo Galilei; to the National Gallery of Art, Washington, D.C. for permission to consult articles on Ginevra de' Benci by John Walker and by Perry B. Cott; to Professor Joseph A. Tursi for reading the manuscript and for his advice.

Much gratitude is due to the Italian Government Travel Office, Chicago, for the photographs that appear on pages 11, 37, 55, and 58 and to Steven Masello for the photographs on pages 20, 27, 30, 39, 43, 71, 77, and 80. Also I extend my gratitude to George Armstrong for the illustrations throughout the book.

Introduction

In creating *Nuove letture di cultura italiana,* our primary goal was to offer beginning and intermediate Italian-language students a comprehensive, introductory overview of Italian culture and encourage them to continue the study of Italian beyond their degree requirement. The book offers new scholars of Italian glimpses of Italy's beauty, but it also captures the indomitable spirit of the Italians, their artistic temperament, their genius, and their philosophy of life.

Another of our aims was to satisfy the readers' sense of individuality by making them aware that even if mobility, technology, and resulting cosmopolitanism increasingly threaten to eliminate diversity, each country is still very much set apart, not only by its landscape, but above all by its culture.

About 20 years ago, we began to see a new emphasis on ethnicity. Human values seemed to escape us in a world inclined toward a mechanistic approach to life. In the United States and in Canada, we became aware of the importance of "roots." Ethnic names appear more and more frequently on the rolls of our foreign-language classes. The young want to know all they can about the countries from which their forebears emigrated.

Not the least of our motivations has been to help our students acquire a solid base in the beautiful Italian language, as they become acquainted with some of the exciting moments of Italy's glorious culture. The format of *Nuove letture di cultura italiana* is designed to integrate all of these goals. Created with the elementary and intermediate student in mind, the reader can be used for acquiring listening, speaking, reading, and writing skills during the latter part of the second year of high school or the second semester of the first year of college. However, it may be used at more advanced levels, either as a supplement to other textbooks, or as the basic text itself in a conversation and composition course. The readings, exercises, and grammatical appendices are thorough and flexible enough so that anyone can also read the book for enjoyment, or for brushing up on his or her knowledge of Italian language and culture.

The readings are divided into three separate parts. Part I, *Vacanze in Italia,* is in dialogue form. Readers are taken on a tour of some of the most ancient and historical parts of Italy by two intelligent, witty young people, Pia Merola, an Italian-American high school senior on a visit to Italy, and Franco Ruggieri, an Italian college student in the United States who accompanies Pia and her family on their Italian holiday. The dialogues depict aspects of family life, of the structure of a typical Italian household, of typical Italian foods, of the meaning and use of certain Italian idioms, of the importance of the sea to Italians, of institutions such as *Ferragosto, la passeggiata e il caffè,* of the widespread use of wine and *acqua minerale, sale e tabacchi* and many others.

Part I comprises twenty-five *lezioni,* four of which are *ripetizioni.* The present indicative and future tenses are presented, along with the imperative and the gerund. Practical, everyday vocabulary is introduced and developed throughout this section. Grammatical items, basic but often troublesome to beginning and intermediate students, are covered in the *Un po' di grammatica* section of each lesson. These grammatical segments are most useful, since they clarify difficult points quckly, yet simply and thoroughly.

Part II, *Uomini e donne illustri,* features biographical sketches of ten famous Italians, beginning with Marco Polo and concluding with Federico Fellini. Their lives offer examples of the creative and independent spirit of the Italian people; their individuality and courage will be inspirational to readers of every nationality. Three of the people profiled are Francesca Saverio Cabrini, Arturo Toscanini, and Enrico Fermi—Italians who came to the United States and who had great impact on their new homeland. Part II consists of 26 *lezioni,* four of which are *ripetizioni.*

The difference between the past absolute and imperfect tenses, as well as all compound tenses of the indicative mood, are learned quite naturally in this section as the reader becomes more involved in the narratives. And the variety of subjects treated in this section provides an opportunity for building a rich and diverse vocabulary.

The selections are presented in chronological order rather than in order of difficulty, so that the instructor may use them according to the progress and needs of students. As in Part I, each *lezione* is preceded by vocabulary items to insure comprehension. The introductory glossaries may also be used in dictations and oral and written drills made up by the teacher. Cognates have been used wherever possible to facilitate reading even further.

Part III, *Le belle fiabe italiane,* introduces students to Italian folktales. Five delightful fables have been adapted for use at the beginning and intermediate levels. These fables are sure to be enjoyed by everyone, since they are charming and give an insight into the Italian philosophy of life. The conditional is introduced in the nine *lezioni* of this section. New vocabulary is glossed in margin notes that make for quicker and easier reading at this more advanced stage.

The *Appendix* contains a complete, yet synthesized overview of basic Italian grammar. At a glance, auxiliary and regular verb charts clarify doubts about verb conjugations, while the table of irregular verbs provides a handy reference to check progress. With *Nuove letture di cultura italiana,* readers can explore new insights into Italian life history, institutions, and folklore, but they are also offered an opportunity to become more adept in the musical language of Dante Alighieri. Judging from the favorable response of our colleagues and students, we trust that this reader will continue to fulfill the goals we set for it, while affording enjoyment to those who seek an introduction to the *bel paese là dove il sì suona.*

Carolina Donadio Lawson
Kent State University

Implementing This Text

This reader lends itself to much flexibility depending upon the dynamics of the class and the instructor's overall plans for use of it.

The instructor may wish to present each Part separately and completely before proceeding to the next part. For the sake of variety and continued interest, where feasible, the instructor may wish to integrate the sections. The teacher may introduce selections from Part II after completing one or two *ripetizioni* in Part I. For example, after the second *ripetizione* (Chapter XII) students may be exposed to a reading selection on Marco Polo or Arturo Toscanini. If this procedure is utilized, it is suggested that shorter selections from Part II be used first. Instructors are also reminded that it is not always necessary to complete all the selections of a biographical profile at one time. Rather, one or two selections can be integrated while reading parts of Part I or while using another text as the basic material for a course. When used as a supplement to other texts, chapters from each part can be integrated quite easily into the daily or weekly lesson plan which calls for reading exercise. In an advanced class, it might be desirable to integrate one or two fables with the reading selections of Part II.

Exercises. The exercises which accompany the *lezioni,* particularly those in the first two parts, may be done orally or in writing, or both. In fact, it is desirable that, where possible, the questions be reviewed orally in class and then assigned for homework. Writing out the exercises can be a helpful means through which students can master writing skills along with oral and reading skills. In *Lezione II,* for example, *Esercizio A* asks that students complete the sentences. These can be answered orally first and then done in class or at home as a written assignment. For *Esercizio B,* where students are asked to supply the definite article only, as a follow-up drill, the teacher may ask students to write a sentence using the noun and the definite article. In exercise E, part *b,* where students are asked to give the correct forms of the verbs in parentheses, the teacher is encouraged to ask for all the other forms of the verbs as well.

As a general approach to this reader, it is recommended that the instructor add to the exercises presented. The questions which refer to the dialogues or narratives may be expanded, either by the teacher or by the students themselves. Again, in the exercises dealing with *Conversazione,* answers to those questions should first be done orally but then assigned as a writing exercise.

In the *ripetizioni,* where a *dettato* is presented, instructors should use paragraphs right from the text or make up their own based on the readings. In *Lezione XII, ripetizione,* instructors may use the *dettato* furnished, which recaps the previous five chapters, or use a paragraph from any of the preceding five chapters. By the same token, the *dettato* of the *ripetizione* may be used as a reading exercise, to be read aloud followed by questions based on the material read. As for exercise B in the *ripetizione,* this may also be done orally and then in writing. For exercise C, after the students have given the infinitive, they may also be asked to write complete sentences with the words (e.g.: *siediti: Maria, siediti vicino a me!; pioverà: Franco dice che domani pioverà.*) In short, instructors are asked to consider all the alternatives possible in presenting the material to the student.

If any oral reading is to be done in class, for the sake of pace and variety, students should be limited to reading a few sentences each and that as many students as possible be called upon to read. To provide immediate comprehension, instructors may pose questions concerning the sentences just read without waiting to read the entire selection. For example, in *Lezione Ventiseiesima,* the first selection on Marco Polo, it would be quite simple to prepare questions based on the first few sentences, beside those presented in the *Conversazione.* For the first two sentences, the following might be additional questions: *Qual'è la Regina del Mare Adriatico? Quali sono alcune bellezze di Venezia? Come si chiama la magnifica Basilica di Venezia?*

A further suggestion might be to have students read the selection overnight and then write at least ten additional questions which they can ask their fellow students. This will provide a new dimension to the classroom activity and make for more participation by everyone.

Joseph A. Tursi
Stony Brook, New York

Contents

	1	**Part One:** *Vacanze in Italia*
I	3	Franco e Pia
II	6	La famiglia di Pia
III	9	L'arrivo in Italia
IV	12	Ciao
V	16	L'aiuola
VI	19	*Ripetizione*
VII	21	L'acquazzone
VIII	25	Andiamo al concerto!
IX	28	Sull'aliscafo
X	31	Il mal di mare
XI	34	Piacere!
XII	38	*Ripetizione*
XIII	41	Villa Anna Maria
XIV	44	Il giro dell'isola
XV	47	Mario non è pasticciere!
XVI	51	I Giardini di Poseidon
XVII	54	Al ristorante
XVIII	59	La passeggiata e il caffè
XIX	63	*Ripetizione*
XX	65	All'Albergo Vesuvio
XXI	68	Nella città sepolta
XXII	73	Il compleanno di Pia
XXIII	75	Ah! Quei verbi!!!
XXIV	78	Arrivederci! Addio!
XXV	81	*Ripetizione*
	83	**Part Two:** *Uomini e donne illustri*
XXVI	85	Marco Polo: Il Milione
XXX	99	Ginevra de' Benci: La Bencina di Leonardo in America

XXXIII	109	Galileo Galilei: Eppur si muove!
XXXVI	119	Gioacchino Rossini: Musica gioconda
XXXVIII	125	*Ripetizione*
XXXIX	129	Giuseppe Garibaldi: L'eroe dei due mondi
XLI	137	Francesca Saverio Cabrini: La Santa americana
XLIII	145	Arturo Toscanini: La bacchetta magica
XLV	151	*Ripetizione*
XLVI	155	Papa Giovanni XXIII: Il buon pastore
XLVIII	161	Enrico Fermi: Un genio della fisica nucleare
L	169	Federico Fellini: L'universo poetico del regista
LI	173	*Ripetizione*
	177	**Part Three:** *Le belle fiabe italiane*
LII	179	Quattordici
LIII	183	Gambara
LIV	187	La morte ha le scarpe logore
LVI	193	Giricoccola
LVII	199	Testa di bufala
	211	**Appendix**
	212	Grammar Notes
	230	Table of Auxiliary Verbs
	233	Table of Regular Verbs
	238	Table of Irregular Verbs
	245	**Vocabulary**

Part One

VACANZE IN ITALIA

BENVENUTI A ROM

Franco e Pia

anche also
un'amica a girl-, *or* lady-friend
amici friends
un amico a boy-, *or* man-friend
buoni good
diciassette seventeen
è[1] he, she, it is: from *essere*
e, ed and
fisica physics
un giovanotto a young man
grazioso charming, pretty
ha he, she, it has: from *avere*
intelligente intelligent
italiano Italian
italo-americano Italian-American
una lezione a lesson
molto very, much
primo first
quasi almost
una scuola a school
simpatico attractive, nice
un sobborgo a suburb
sono they are: from *essere*
spiritoso witty, amusing, funny
uno studente a boy-, *or* man-student
una studentessa a girl-, *or* woman-student
studia he, she studies: from *studiare*
un'università a university
una borsa di studio a scholarship
ha diciannove anni he is nineteen
di quarto anno a fourth year student: a senior
di secondo anno a second year student: a sophomore
una scuola secondaria a high school

Franco Ruggieri è italiano. Ha diciannove anni. Franco è un[2] giovanotto simpatico, intelligente e spiritoso. Studia fisica in un'università in America. Franco ha una borsa di studio ed è uno studente di secondo anno.

Pia Merola è italo-americana. Ha quasi diciassette anni. Anche Pia è intelligente e spiritosa ed è molto graziosa. Studia in una scuola

1. When *è* takes an accent it is a verb and means *is*. Without an accent *e* is a conjunction and means *and*. Do not confuse them!

2. Of the indefinite articles *un, uno, una, un'* (with the apostrophe) is always feminine and is used in front of words beginning with a vowel.

secondaria di Palos Hills, un sobborgo di Chicago. Pia è una studentessa di quarto anno.

Franco è amico di Pia. Pia è amica di Franco. Franco e Pia sono buoni amici.

Un po' di grammatica. Note the difference between cardinal and ordinal numbers. Cardinal numbers are: *uno, due, tre, quattro, cinque,* etc. Ordinal numbers are: *primo, secondo, terzo, quarto, quinto,* etc. *(See Appendix pp. 216–217.)*

Esercizi

A. Vero o falso (true or false)
   1. Franco Ruggieri è italiano.
   2. Anche Pia Merola è italiana.
   3. Franco ha diciassette anni.
   4. Franco e Pia sono buoni amici.
   5. Franco e Pia sono intelligenti e spiritosi.
   6. Franco è simpatico.
   7. Pia è graziosa.
   8. Pia ha una borsa di studio.
   9. Pia ha diciannove anni.
   10. Franco è uno studente di secondo anno.

B. Dare l'articolo indeterminativo appropriato. (Give the appropriate indefinite article.)

   1. studente
   2. università
   3. studentessa
   4. amica
   5. amico
   6. scuola
   7. sobborgo
   8. anno
   9. giovanotto
   10. borsa di studio

C. (a) Studiare il presente indicativo dei seguenti verbi. (Study the present indicative of the following verbs.)
   ESSERE, AVERE, STUDIARE *(See Appendix pp. 230, 231, 233.)*

   (b) Sostituire il presente indicativo all'infinito dei verbi in parentesi secondo il soggetto. (Substitute the present indicative to the infinitive of the verbs in parentheses according to the subject.)

1. (*e*ssere) Voi ____________ spiritosi.
2. (avere) Noi ____________ amici in Italia.
3. (studiare) Io ____________ in una scuola italiana.
4. (avere) Tu ____________ diciassette anni.
5. (*e*ssere) Margherita ____________ molto graziosa.
6. (studiare) Franco e Mario ____________ f*i*sica.

La famiglia di Pia

abita he, she lives: from *abitare*
affezionato affectionate
ardentemente eagerly
bravo able, clever
che who, whom
si chiama (he, she is called), his, her name is: from *chiamarsi*
del of the
desidera he, she wishes: from *desiderare*
desiderano they wish: from *desiderare*
il desiderio wish, desire
di of
ella she
la famiglia family
la figlia daughter
la fine end
i genitori parents
già already
grande great, large
l'ingegnere civil engineer
Italia Italy
luglio July
la madre mother
la moglie wife
natale native
nel in the
dei nonni of the grandparents
l'origine origin, extraction
il padre father
il paese country, land, town
per for
premiare to reward
la ragazza girl
rivedere to see again
secondo second
la signora Mrs., Madam, lady
il signor, il signore Mr., Sir, gentleman
studioso studious
vedere to see
il viaggio trip, journey, voyage
fa preparativi gets ready
in vacanza on vacation

La famiglia Merola abita a Chicago, nel sobborgo di Palos Hills. Il padre si chiama Giovanni Merola. Il signor Merola è di origine italiana. È ingegnere. La madre si chiama Margherita Merola. È la moglie del signor Merola. Anche la signora Merola è di origine italiana. Pia Merola è la figlia. È una ragazza molto buona e affezionata.

È brava a scuola ed è molto studiosa. I genitori des*i*derano premiare Pia. Alla fine di luglio la famiglia fa preparativi per un viaggio in Italia. Pia des*i*dera ardentemente vedere il paese natale dei nonni. Ella ha anche un grande desiderio di rivedere Franco che è già in Italia in vacanza.

Un po' di grammatica. Note that adjectives ending in *-o* become feminine by changing *-o* to *-a*. (*studioso, studiosa*) Adjectives ending in *-e* in the masculine remain unchanged in the feminine. Learn the following adjectives of nationality ending in *-o* and in *-e*. *Africano, greco, indiano, italiano, polacco, russo, spagnolo, tedesco, cinese, danese, francese, giapponese, inglese, irlandese, norvegese, olandese, scozzese, svedese.* They are not capitalized, except at the beginning of a sentence. (See Vocabulary for meaning of adjectives you do not understand.)

Esercizi

A. Completare le seguenti frasi. (Complete the following sentences.)

1. La famiglia M*e*rola *a*bita a ______________________.
2. Il signor M*e*rola è di or*i*gine ______________________.
3. La madre si chiama ______________________.
4. Margherita M*e*rola è la moglie di ______________________.
5. Pia è una ragazza ______________________.
6. Pia è brava a scuola ed è ______________________.
7. I genitori des*i*derano ______________________.
8. Alla fine di luglio la famiglia ______________________.
9. Pia des*i*dera ardentemente vedere ______________________.
10. Pia ha anche un grande desiderio di ______________________.

B. Dare l'art*i*colo determinativo appropriato. (Supply the appropriate definite[1] article.)

1. vi*a*ggio
2. padre
3. madre
4. nonni
5. studente
6. paese
7. ragazza
8. ingegnere
9. studenti
10. genitori

1. Of the definite articles *il, lo, la, l', i, gli, le,* the singular form *l'* is placed in front of masculine and feminine singular nouns beginning with a vowel. Example: *l'ingegnere* (m.); *l'amica* (f.)

C. In classe ogni studente dà il suo nome completando la frase seguente. (In the classroom each student repeats the following sentence by giving his or her name.)

Mi chiamo "Janet Moore."

D. Ogni studente sceglie l'aggettivo di nazionalità corrispondente alla sua or*i*gine *e*tnica. (Each student chooses the adjective of nationality corresponding to his or her ethnic origin.)

Sono di or*i*gine "italiana."

E. (a) Studiare il presente indicativo dei seguenti verbi.
CHIAMARSI, DESIDERARE, FARE *(See Appendix p. 233.)*

(b)Sostituire il presente indicativo all'infinito dei verbi in par*e*ntesi secondo il soggetto.

1. (desiderare) Pia e Franco ________________ vedere l'Italia.
2. (chiamarsi) La signora Merola ________________ Margherita.
3. (fare) Voi ________________ preparativi per il vaggio.
4. (chiamarsi) Tu ________________ Giovanni.
5. (desiderare) Il padre ________________ premiare Pia.
6. (chiamarsi) Io ________________ Franco.

L'arrivo in Italia

all'aeroporto at the airport
Alitalia the Italian national airline
l'anno year
arriva he, she arrives: from *arrivare*
l'arrivo arrival
aspetta he, she waits: from *aspettare*[1]
l'aviogetto jet (plane)
il bambino child
bene well
cominciano they begin: from *cominciare*
contento happy, content
da since, to, at, from
davvero indeed, really
alla dogana at, to the customs
ecco here is, here are
finalmente finally, at last
fra, *or* **tra** within, between, among
giugno June
la guida guide
la letteratura literature
la lingua language, tongue
mentre while
migliorare to improve
non not
ora now
parla he, she speaks: from *parlare*
perchè why, because
spera he, she hopes: from *sperare*
terzo third
va he, she goes: from *andare*
vanno they go: from *andare*
che bellezza! how nice!
con impazienza impatiently
così come in the same way
dà il benvenuto he, she welcomes
per le vacanze estive for summer vacation
tutti e due both

La famiglia Merola arriva a Roma in un aviogetto dell'Alitalia all'aeroporto Leonardo da Vinci. Franco Ruggieri aspetta con impazienza l'arrivo di Pia. Franco è in Italia da giugno per le vacanze estive. Mentre i genitori di Pia vanno alla dogana, Franco dà il benvenuto a

1. *Aspettare* (to wait), in Italian is never followed by a preposition as in English. Example: *I genitori aspettano Pia,* (The parents wait *for* Pia).

Pia. Franco parla italiano molto bene perchè è italiano. In Italia tutti[2] parlano italiano, anche i bambini: Pia non parla italiano molto bene, ma spera migliorare mentre è in Italia. Tra un anno all'università Pia desidera studiare lingua e letteratura italiana. Finalmente ora è in Italia! Ecco Franco! Che bellezza! Anche Franco è molto contento. In Italia Franco è la guida di Pia così come a Chicago Pia è la guida di Franco. Ora le vacanze cominciano davvero per tutti e due!

Un po' di grammatica. Note that in Italian there is no equivalent for the verb *to do* as an auxiliary to make a sentence interrogative or negative. For the interrogative generally the subject follows the verb and often the question mark at the end of the sentence is sufficient. Example: *Parla italiano?* (Does he speak Italian?) To make a sentence negative it is enough to place *non* in front of the verb. Example: *Non parla italiano.* (He does not speak Italian.) Note also that the months of the year are very similar to their English counterpart. Learn them. *Gennaio, febbraio, marzo, aprile, maggio, giugno, luglio, agosto, settembre, ottobre, novembre, dicembre.* They are not capitalized, except at the beginning of a sentence.

Esercizi

A. Vero o falso
1. La famiglia Merola arriva a Chicago.
2. L'aeroporto Leonardo da Vinci è a Roma.
3. Pia aspetta con impazienza l'arrivo di Franco.
4. Franco è in Italia da maggio.
5. Franco dà il benvenuto a Pia.
6. Pia arriva in Italia per le vacanze estive.
7. Franco non parla italiano molto bene.
8. I bambini italiani non parlano italiano.
9. Pia desidera studiare lingua e letteratura italiana.
10. In Italia Franco non è la guida di Pia.

2. *Tutto, tutta, tutti, tutte* can be used as pronouns and as adjectives. In the latter case, they must agree in gender and number with the noun they modify. Example: *Tutta la famiglia Merola arriva a Roma.* (All the Merola family arrives in Rome.) *Tutto* can also be used as an adverb, in which case it means *entirely*. Example: *tutto felice,* (entirely happy).

B. (a) Studiare il presente indicativo dei seguenti verbi.

ARRIVARE, ASPETTARE, COMINCIARE, PARLARE, SPERARE, ANDARE. *(See Appendix p. 233.)*

(b) Sostituire il presente indicativo all'infinito dei verbi in parentesi secondo il soggetto.

1. (parlare) Franco e Pia ________________ italiano.
2. (aspettare) Noi ________________ all'aeroporto.
3. (andare) I ragazzi ________________ a scuola.
4. (cominciare) Le vacanze ________________ a maggio.
5. (arrivare) Noi ________________ a Chicago.
6. (sperare) Voi ________________ migliorare.
7. (andare) Io ________________ in Italia.
8. (aspettare) Franco ________________ Pia.
9. (parlare) Tu ________________ italiano molto bene.
10. (arrivare) Franco ________________ a Roma.

La Basilica di San Pietro

Ciao

allora then
altrimenti otherwise
l'alunno pupil
appena hardly, scarcely, now
arrivederci good-bye
il babbo daddy, Dad
il cane dog
chiaramente clearly
ciao hello!, hi!, how are you!, so long!, good-bye!
il cibo food
come how
la cosa thing
devi you are obliged, you must, you have to: from *dovere*
dire to say, to tell
distintamente distinctly
eccetera etcetera
familiare familiar
grazie thanks, thank you
incontrarsi to meet
lasciarsi to part
ma but
il maestro teacher
la mamma mommy, Mom
la parola word
pronunzia (you) pronounce: from *pronunziare*
quarto fourth
sai you know: from *sapere*
ti saluto I greet you: from *salutare*
il saluto greeting
sembra it seems: from *sembrare*
senti (you) listen: from *sentire*
la sera evening
sì yes
la signorina Miss, young lady
spiegami (you) explain to me: from *spiegare*
usato used
***u*tile** useful
la vocale vowel
vuoi you want: from *volere*
buon giorno good morning, good day
buona sera good evening
che?, che cosa?, cosa? what?
buone cose! so long!
come va? how are things?, how are you?
mamma mia! oh my!, my goodness!
ora ora just now
uno per uno one by one, one at a time
vado via I go away: from *andar(e) via*
vuol dire it means: from *voler(e) dire*

FRANCO: Ciao Pia! Come va? Benvenuta in Italia!
PIA: Buon giorno, Franco! Ma cosa dici? Arrivederci? Vado via? Ma se io arrivo ora ora!

FRANCO: Ma no, Pia! Ma come, non lo[1] sai? Ciao è una parola italiana che vuol dire molte cose.

PIA: Davvero? Che cosa?

FRANCO: Ciao vuol dire "buon giorno", "buona sera", "ti saluto", "buone cose", "arrivederci", eccetera, eccetera, eccetera!

PIA: Mamma mia! Non ne[2] capisco niente![3] Sono confusa! Che bellezza! Sono davvero confusa e appena arrivo!

FRANCO: Senti, Pia! Ciao è una parola di saluto familiare usata nell'incontrarsi e nel lasciarsi.

PIA: Allora è una parola molto[4] utile, no? E va bene! Allora "CHIOW", Franco!

FRANCO: Ma no! Devi dire C-I-A-O. Pronunzia tutte le vocali distintamente. Altrimenti sembra che dici "CHOW". Vuoi salutarmi o vuoi parlare del cibo del cane?

PIA: Va bene, signor MAESTRO! C-I-A-O, C-I-A-O, C-I-A-O!!

FRANCO: Ciao, signorina ALUNNA! Ora va bene! In italiano tutte le vocali si devono pronunziare una per una. Distintamente. Chiaramente.

PIA: Sì, grazie, Franco! Mentre aspettiamo la mamma e il babbo, spiegami perchè la parola "ciao" ha tre vocali.

Un po' di grammatica. Note that Italian adverbs ending in *-mente* generally end in *-ly* in English. These adverbs derive from the feminine singular of the equivalent adjectives. Example: *chiaro, chiara, chiaramente.* Adjectives ending in *-e* remain unchanged to form the adverbs. Example: *celebre, celebremente.* However, if the last syllable of the adjective is *-le* or *-re* and it is preceded by a vowel, the final *-e* is dropped before *-mente.* Example: *morale, moralmente; regolare, regolarmente.*

1. Note that *lo,* (him, it), *la,* (her, it), *l',* (him, her, it), *li, le,* (them), preceding a verb are direct object pronouns. Do not confuse them with the definite articles which are always placed in front of nouns.
2. Translate *ne,* "of it, of them."
3. Note that even though *non . . . . niente* are two negatives, they mean "nothing" together. In Italian two negatives do not form a positive, as in English.
4. As an adverb *molto* means "much, very" and it is invariable. Example: *Pia è molto brava. Molto, molta, molti, molte* are used as adjectives. They correspond to the English "much, many," and therefore must agree in gender and number with the nouns they modify. Example: *Molte cose,* (many things).

Esercizi

A. Conversazione

1. Che cosa vuol dire "ciao"?
2. È una parola *u*tile?
3. È una parola di saluto familiare "ciao"?
4. Quante vocali ha questa parola?
5. È confusa Pia?
6. Che cosa dice Pia che questa parola vuol dire?
7. È confusa Lei?
8. Come si d*e*vono pronunziare le parole italiane?
9. Pronunzia chiaramente Pia?
10. Che cosa dice Franco?
11. È usata nell'incontrarsi la parola "ciao"?
12. È Franco l'alunno?
13. È Pia la maestra?
14. Parla del cibo del cane Pia?
15. Che cosa deve spiegare Franco mentre asp*e*ttano il babbo e la mamma?

B. (a) Studiare il presente indicativo dei seguenti verbi. PRONUNZIARE, SALUTARE, SEMBRARE, SPIEGARE, DOVERE, SAPERE. *(See Appendix p. 240 for dovere and 242 for sapere.)*

(b) Dare il presente indicativo del verbo *dovere* secondo il soggetto.

1. Marco ________________ studiare.
2. Voi ________________ andare.
3. Io ________________ pronunziare.
4. Noi ________________ spiegare.
5. Tu ________________ salutare.
6. Essi ________________ sentire.

(c) Dare il presente indicativo del verbo *sapere* secondo il soggetto.

1. Essi ________________ pronunziare le vocali.
2. Noi non ________________ parlare italiano.

3. Voi ______________ fare molte cose.

4. Tu non ______________ la lezione.

5. Margherita ______________ pronunziare le vocali.

6. Io non ______________ niente.

C. Dare l'avverbio corrispondente all'aggettivo. (Supply the adverb corresponding to the adjective.)

intelligente *intelligentemente*

1. affezionato ______________
2. ardente ______________
3. chiaro ______________
4. distinto ______________
5. regolare ______________
6. familiare ______________
7. celebre ______________
8. originale ______________
9. *u*tile ______________
10. morale ______________

L'aiuola

l'acquaiuolo water carrier
agosto August
l'aiuola flower bed
altro other
bello beautiful, handsome
bravo! fine!, very good!
brilla it shines: from *brillare*
c'è, ci sono there is, there are
il centimetro centimeter
chi? who?
il colore color
la coltivazione cultivation
comune common
consecutivo consecutive
destinato destined
il dizionario dictionary
l'esempio example
l'estate summer
felice happy
il fiore flower
il giardino garden
guarda (you) look: from *guardare*
la luce light
la neve snow
oltre (a) besides
ornamentale ornamental
però but
la pianta plant
piccolo little, small
più more
il piuolo peg, pin, rung (of a ladder)
la poetessa poetess
la primavera spring
quanto?, quanti? how much?, how many?
quinto fifth
scherzare to joke
sempre always
la sezione section
il sole sun
spesso often
stesso same
strano strange
uh! oh!
vediamo let us see: from *vedere*
via! come now!
fa pensare makes one think
a proposito by the way
tira vento it is windy: from *tirar(e) vento*

Franco: Oltre a ciao in italiano ci sono altre parole che hanno più di due vocali consecutive.

Pia: Per esempio?

Franco: Uh! Vediamo! Piolo, acquaiolo, aiola. Ecco! aiuola, per esempio. Ha quattro vocali una dopo l'altra.

PIA: Come dici? "Aiola"?

FRANCO: Sì, aiola o A-I-U-O-L-A è la stessa cosa. Piuolo, acquaiuolo, aiuola sono più comuni.

PIA: Che parola strana "aiuola"! Ma che cosa vuol dire?

FRANCO: Vuol dire una piccola sezione di un giardino destinata alla coltivazione dei fiori e delle piante ornamentali.

PIA: Sembri un dizionario tu, Franco! Però A-I-U-O-L-A è una bella parola. Fa pensare a cose belle. Alla primavera, alla luce, ai colori, al sole!

FRANCO: E tu sembri una poetessa! A proposito di sole, come vanno le cose a Chicago? Quanti cen*ti*metri di neve ci sono?

PIA: Ma guarda, sei sempre lo stesso spiritoso, tu! Ora già cominci a scherzare.

FRANCO: E perchè? Chi dice che scherzo?

PIA: Via!, Franco. Ora è agosto e sai bene che in estate non c'è neve a Chicago.

FRANCO: Sì , ma a Chicago tira sempre vento e il sole non brilla molto spesso. L'Italia sì che* è il paese del sole!

PIA: Bravo Franco! Come sono felice! Viva l'Italia! Ciao sole! Ciao Roma!

Un po' di grammatica. Note that of the four seasons *la primavera* (spring), and *l'estate,* (summer), are of the feminine gender, while *l'autunno,* (autumn), and *l'inverno,* (winter) are masculine. Note also that often in Italian prepositions and definite articles are contracted. They are called *preposizioni articolate.* Prepositions are: *di* (of); *a* (at, to); *da* (from); *in* (in); *con* (with); *su* (on, upon, over, above); *per* (for, through, in order to, by); *tra* and *fra* (both meaning "between, among"). Of these prepositions *per* and *con* are contracted occasionally; *tra* and *fra* are never contracted. *(See Appendix p. 213.)*

Esercizi

A. Conversazione

1. Che cosa è l'aiuola?
2. Quante vocali consecutive ha la parola *acquaiuolo?*
3. Chi sembra una poetessa?
4. Chi sembra un dizion*a*rio?

*Do not translate *che.*

5. È l'Italia il paese del sole?
6. Tira sempre vento a Chicago?
7. C'è la neve a Chicago in agosto?
8. C'è neve nella città dove abita Lei?
9. È femminile la parola primavera?
10. È femminile la parola inverno?

B. Identificare le preposizioni e gli articoli nelle seguenti preposizioni articolate. (Identify prepositions and articles in the following contractions.)

1. *nel* giardino
2. *del* dizionario
3. *nell'*aiuola
4. *col* sole
5. *alla* luce
6. *nelle* piante
7. *delle* vocali
8. *ai* fiori
9. *dalla* parola
10. *nella* neve

C. (a) Studiare il presente indicativo dei seguenti verbi.
BRILLARE, GUARDARE, VEDERE *(See Appendix p. 243 for vedere.)*

(b) Sostituire il presente indicativo all'infinito dei verbi in parentesi secondo il soggetto.

1. (brillare) Il sole ________________ spesso in Italia.
2. (guardare) I bambini ________________ i fiori.
3. (vedere) Noi ________________ la neve.
4. (vedere) Essi ________________ un giardino.
5. (guardare) Io ________________ la mamma.
6. (vedere) Voi ________________ la luce.

RIPETIZIONE

Risp*o*ndere alle seguenti domande con frasi complete.

1. Sono buoni amici Franco e Pia?
2. Quanti anni ha Franco?
3. Quanti anni ha Pia?
4. È un giovanotto intelligente Franco?
5. Dove studia Franco?
6. Che cosa studia Franco?
7. In quale scuola studia Pia?
8. È graziosa e spiritosa Pia?
9. È *i*talo-americano Franco?
10. È italiana Pia?
11. È una studentessa di secondo anno Pia?
12. Chi ha una borsa di studio?
13. Come si chiama la madre di Pia?
14. Di che or*i*gine è l'ingegnere M*e*rola?
15. Perchè i genitori des*i*derano premiare Pia?
16. Che cosa fa la famiglia M*e*rola alla fine di luglio?
17. Perchè Pia des*i*dera ardentemente andare in Italia?
18. In quale aeroporto la famiglia M*e*rola arriva a Roma?
19. Chi aspetta Pia con impazienza?
20. Che lingua p*a*rlano i bambini italiani?
21. Che cosa des*i*dera studiare all'università Pia?
22. Chi è la guida di Pia in Italia?
23. È confusa Pia quando Franco dice "ciao"?
24. Che cosa vuol dire la parola "ciao"?
25. Pronunzia Pia questa parola correttamente?
26. Chi è il maestro di Pia in Italia?

27. Quante vocali consecutive ci sono nella parola "aiuola"?
28. Quali sono le stagioni dell'anno?
29. In quale città tira sempre vento?
30. Qual'è il paese del sole?

Roma — la città delle fontane

L'acquazzone

l'acquazzone heavy shower, cloudburst
anzi on the contrary
l'arco arch
la Basilica di Massenzio Massentius' Basilica
il bollettino meteorologico weather forecast
il Colosseo Colosseum
comico funny
il concerto concert
diventano they become: from *diventare*
il Foro Romano Roman Forum
innaffia it waters: from *innaffiare*
inzuppato drenched
la luna moon
il modo manner, way
neanche not even
nessuno nobody
nuovamente again
l'ombrello umbrella
il Panteon Pantheon
perdinci! by Jove!
San Pietro Saint Peter's Basilica
la pioggia rain
piove it rains
poetico poetic
presto shortly
proprio exactly
questo this
ripariamoci let us take shelter: from *ripararsi*
la risata laugh
la sera evening
settimo seventh
sotto under
la stella star
il tempaccio bad weather
il tempo time, weather
vieni (you) come: from *venire*
all'improvviso suddenly
farà bello it will be beautiful (weather)
fa cattivo tempo it is bad weather
fa male it hurts

La famiglia Merola e Franco visitano Roma. Vanno al Colosseo, al Panteon, al Foro Romano e a San Pietro. Questa sera Franco e Pia vanno a un concerto alla Basilica di Massenzio. All'improvviso comincia a piovere.

FRANCO: Perdinci! Che tempaccio! Non abbiamo neanche un ombrello!

PIA: Che risate! Tu sei proprio comico, Franco! L'Italia è il paese del sole, ma il sole dov'è?

FRANCO: Sei comica tu! Il sole non c'è di sera. Di sera ci sono le stelle e la luna.

PIA: Belle parole poetiche! Ma qui in Italia fa cattivo tempo. Proprio come a Chicago!

FRANCO: Io non sono un bollettino meteorologico, ma vedrai che presto farà bel tempo nuovamente. Vieni! Ripariamoci sotto questo arco.

PIA: Mamma mia! Sono inzuppata! Proprio un bel modo di andare al concerto.

FRANCO: Via! Via, Pia, un poco di pioggia non fa male a nessuno, anzi innaffia le aiuole e i fiori e le piante e i giardini diventano più belli.

Un po' di grammatica. *C'è, ci sono* are two important expressions in Italian. They translate the English *there is, there are.* Note that the second person singular and plural and the first person plural of the imperative are the same as the forms of the indicative. Exception to this is the second person singular of the first conjugation verbs. Example: the second person singular of the imperative of *parlare* is *parla,* not *parli.* Note also that the negative of the second person singular is made by *non* followed by the infinitive. Example: *Non venire,* do not come.

Esercizi

A. Conversazione

1. Che cosa visitano a Roma la famiglia Merola e Franco?
2. Dove vanno Franco e Pia questa sera?
3. Che cosa succede all'improvviso?
4. Hanno un ombrello Franco e Pia?
5. Perchè Franco dice che Pia è comica?
6. C'è il sole di sera?
7. Che cosa ci sono di sera?
8. Fa cattivo tempo come a Chicago in Italia?
9. Dove si riparano Franco e Pia?
10. Che cosa innaffia la pioggia?

B. Dare la forma corretta di *c'è* e *ci sono.*

1. ______________________ un poeta.
2. ______________________ i fiori.
3. Non ______________________ aiuole.
4. A Chicago ______________________ la neve.
5. ______________________ la luna.
6. ______________________ pioggia.
7. ______________________ un arco.
8. Non ______________________ ombrelli.
9. ______________________ le stelle.
10. Non ______________________ nessuno.

C. Trovare l'equivalente inglese delle parole italiane.

1. l'arco	a. stars
2. piove	b. exactly
3. proprio	c. arch
4. le stelle	d. it rains, it is raining
5. inzuppato	e. cloudburst
6. l'acquazzone	f. rain
7. nessuno	g. laugh
8. la luna	h. moon
9. il tempaccio	i. concert
10. la risata	j. bad weather
	k. evening
	l. drenched
	m. nobody

D. Scrivere il presente indicativo, il futuro e l'imperativo dei seguenti verbi.

DIVENTARE INNAFFIARE, RIPARARSI, VENIRE (*See Appendix pp. 243–44 for venire.*)

Note: From now on always consult the table starting on p. 238 for conjugation of irregular verbs.

Andiamo al concerto!

andiamo let us go: from *andare*
ascolterai you will hear: from *ascoltare*
l'autore author
il compositore composer
costruito built: from *costruire*
cristiano Christian
si danno are given: from *dare*
la differenza difference
la durata duration
l'era era, epoch
fitto thick
il fondatore founder
l'imperatore emperor
inizia begins: from *iniziare*
insigne renowned
intanto in the meantime
lui he, him
la musica music
napoletano Neapolitan
non . . . . più no longer
l'opera opera, work (of an author)
ottavo eight
pagano pagan
persistente persistent
poco little
il poeta poet
ti prometto I promise you: from *promettere*
proprio proper, actual
romano Roman
la rovina ruin
il secolo century
il Settecento the 18th century
la sonata sonata
teatrale theatrical
termina it ends: from *terminare*
vedrai you will see: from *vedere*
vero true
violento violent
vissuto who lived: from *vivere*
all'aperto in the open air
aver(e) ragione to be right
era cristiana Christian era

PIA: Il poeta parla, ma intanto piove sempre!

FRANCO: Questa non è una vera e propria pioggia. È un acquazzone.

PIA: Qual'è la differenza?

FRANCO: La pioggia è fitta e persistente. L'acquazzone è una pioggia violenta di poca durata che inizia e termina bruscamente.

PIA: Veramente hai ragione tu! Ora non piove più. Andiamo al concerto!

FRANCO: Andiamo! Vedrai com'è interessante la Basilica di Massenzio! Ti prometto che ascolterai la musica di Scarlatti sotto le stelle.

PIA: Chi è Massenzio e chi è Scarlatti?

FRANCO: Massenzio è un imperatore romano pagano vissuto nel quarto secolo dell'era cristiana. Nelle rovine della Basilica costruita da Massenzio si danno concerti e opere all'aperto.

PIA: E Scarlatti?

FRANCO: Ci sono due Scarlatti.[1] Alessandro, il padre, è il fondatore della scuola di musica napoletana del Settecento. È anche l'autore di molte opere teatrali. Il figlio Domenico è un insigne compositore di sonate.

Un po' di grammatica. Note that the future in Italian is used also to translate the English expression *to be about*. Example: *Parlerò,* I am about to speak. However, sentences introduced by the adverbs of time *ora* and *adesso,* (now), take the present tense. Example: *Ora parlo,* I am about to speak. Remember that the future tense in Italian expresses also probability. Example: *Sarà ricco,* He is probably rich.

Esercizi

A. Conversazione

1. Che differenza c'è tra pioggia e acquazzone?
2. Com'è la pioggia?
3. Che cos'è l'acquazzone?
4. Che cosa promette Franco a Pia?
5. Chi è Massenzio?
6. Dove si danno i concerti all'aperto?
7. Alessandro Scarlatti è il padre o il figlio?
8. Chi è l'insigne compositore di sonate?
9. Chi è il fondatore della scuola di musica napoletana del Settecento?
10. Si danno concerti all'aperto dove abita Lei?

1. Alessandro Scarlatti (1659-1725), Italian composer. Domenico Scarlatti, his son, (1685-1757), was a harpsichordist, organist, and composer.

B. (a) Scr*i*vere il participio passato dei seguenti verbi.
ANDARE, COSTRUIRE, DARE, PROM*E*TTERE, VEDERE, VIVERE.

(b) Sostituire il futuro all'infinito dei verbi in par*e*ntesi secondo il soggetto.

1. (andare) Tu ________________.
2. (costruire) Voi ________________.
3. (dare) Lei ________________.
4. (prom*e*ttere) Noi ________________.
5. (vedere) Io ________________.
6. (v*i*vere) Essi ________________.
7. (v*i*vere) Io ________________.
8. (vedere) Noi ________________.
9. (andare) Voi ________________.
10. (dare) Tu ________________.

Il Foro Romano

Sull'aliscafo

l'accento accent
l'acqua water
l'ala, le ali wing, wings
l'aliscafo hydrofoil
allegro cheerful, gay
l'àncora anchor
ancora again, still
automaticamente automatically
l'automobile automobile
l'autostrada highway
l'avanzamento advancement
l'avverbio adverb
il battello boat
cade it falls: from *cadere*
la campagna country, countryside
la carena keel
la comitiva company, party (of people)
si dice one says: from *dire*
diminuiscono they diminish: from *diminuire*
si diverte it enjoys itself: from *divertirsi*
idroplano hydroplane, pertaining to hydroplane
l'isola d'Ischia island of Ischia
levano they take off: from *levare*
il mare sea
il marinaio sailor
Mergellina a suburb of Naples by the sea
meridionale southern
il molo pier, quay
Napoli Naples
naturalmente of course
nono ninth
partiamo we leave: from *partire*
il passeggero passenger
la passerella gangway
prendere to take
la resistenza resistance
la sillaba syllable
sollevano they lift: from *sollevare*
veloce fast
verso towards
volta time, turn
a bordo! on board!
di nuovo again
fare un viaggio to take a trip
un'altra volta once again, one more time

La famiglia Merola e Franco fanno il viaggio verso l'Italia meridionale in automobile. Spesso dall'autostrada la comitiva si diverte a guardare il mare e la bella campagna romana. La visita a Napoli è molto allegra. Com'è bella Napoli! Ecco ora sono al molo di Mergellina e prendono l'aliscafo per l'isola d'Ischia.

PIA: Che cos'è questo?

FRANCO: Questo è un battello con carena idroplana. Vedi ha le ali!

PIA: Sì, ha le ali, allora è . . . . come si dice in italiano?

FRANCO: È un aliscafo.

PIA: Ah! Ecco! A-L-I-S-C-A-F-O. Che bella parola! Allora l'aliscafo va veloce?

FRANCO: Naturalmente. Le ali lo sollevano dall'acqua e diminuiscono la resistenza all'avanzamento.

MARINAIO: PASSEGGERI A BORDO! TUTTI A BORDO!

PIA: Che cosa fanno i marinai?

FRANCO: Levano la passerella e guardano l'àncora che si leva automaticamente. Ora partiamo!

PIA: Come dici? Àncora o ancora?

FRANCO: Àncora. L'accento cade sulla prima sillaba. Ancora con l'accento sulla seconda sillaba è un avverbio e vuol dire "di nuovo", "un'altra volta".

PIA: Guarda, Franco, si parte! Che bellezza! Arrivederci Napoli! Ciao mare! Ciao Ischia!

Un po' di grammatica. Note that the third person singular of the reflexive verb often is used to express a fact or action referring to an impersonal subject. Example: *Si dice* (one says, they say, we say, a person says, people say). This form can also translate the English passive form. Example: *Qui si parla italiano* (Italian is spoken here).

Esercizi

A. Vero o falso

1. La comitiva non si diverte a Napoli.
2. I marinai levano la passerella.
3. L'aliscafo è un battello veloce.
4. Franco e i Merola fanno un viaggio in aviogetto.
5. L'aliscafo non ha ali.
6. I marinai viaggiano per mare.
7. Napoli è una bella città.
8. Mergellina è un sobborgo di Napoli.
9. La comitiva parte per l'isola d'Ischia.
10. Le automobili viaggiano sull'autostrada.

B. Comporre cinque frasi complete con alcune delle parole seguenti.

1. sollevano
2. ancora

3. l'aliscafo
4. veloce
5. il marinaio
6. l'àncora
7. le ali
8. il battello
9. la sillaba
10. l'avverbio

C. (a) Sostituire il futuro al presente del verbo.

1. Io *cado* (____________________) nella neve.
2. Pia *dice* (____________________) le parole in italiano.
3. Noi *ci divertiamo* (____________________) al concerto.
4. Voi *partite* (____________________) per Napoli.
5. Giovanni e Franco *prendono* (____________________) l'aliscafo.

(b) Sostituire il presente al futuro del verbo.

1. Tu *ti divertirai* (____________________) a Roma.
2. Io non *dirò* (____________________) niente a nessuno.
3. La comitiva *partirà* (____________________) col battello.
4. Loro *diranno* (____________________) parole poetiche.
5. Voi *cadrete* (____________________) a mare.

Arrivo a Ischia!

Il mal di mare

agitato tossed, waved, rough
ahimè! oh me!
alcuno some, someone, anyone
l'alga seaweed
alto high, tall
l'aria air
l'armonia harmony
azzurro blue
barcolli you are staggering: from *barcollare*
bene well
bianco white
la burrasca storm
la cabina cabin
la canzone song
la coperta deck
credo I believe: from *credere*
decimo tenth
eppure and yet
il fifone, la fifona coward (used jokingly)
il fiume river
il fondo bottom
forse perhaps
fuori outside, out of doors
grosso big
l'inquinamento pollution
il lago lake
limpido clear
luccica it glitters: from *luccicare*
il mal di mare seasickness
la nuvola cloud
oscilla swings: from *oscillare*
il pesce fish
si riflette it reflects itself: from *riflettersi*
la schiuma foam
mi sento I feel: from *sentirsi*
siediti (you) sit down: from *sedersi*
succede it happens: from *succedere*
ventesimo twentieth
vicino near
alto mare high seas
avere il mal di mare to be seasick
aver paura to be afraid
mare grosso heavy seas
con un fil di voce in a feeble voice

PIA: Come è limpido e azzurro il mare di Napoli! E la schiuma è così bianca!

FRANCO: Una canzone dice: "Il mare di Napoli, quanta armonia." Eppure in alcune sezioni c'è l'inquinamento!

PIA: Inquinamento?

Franco: Sì, I-N-Q-U-I-N-A-M-E-N-T-O. *Pollution.* L'inquinamento è un po' dappertutto nel ventesimo secolo. Nell'aria, nei laghi, nei fiumi e anche nel mare.

Pia: Sì, però non qui. Vedi, Franco, il sole si riflette nel mare e luccica. Qui l'acqua è limpida.

Franco: Sì, guarda! Si vedono i pesci e le alghe nel fondo!

Pia: Ma cosa succede? L'aliscafo *rocks!*

Franco: Vuoi dire *oscilla.* E tu barcolli. Siamo in alto mare ora e forse ci sarà mare grosso.

Pia: Oscilla, barcollo . . . . Non mi sento bene!!

Franco: Andiamo in cabina! Hai il mal di mare?

Pia: Ahimè!!!

(In cabina)

La signora Merola: Pia, vieni, siediti vicino a me. Il mare è agitato.

Il signor Merola: Com'è il tempo fuori in coperta, Franco?

Franco: Forse ci sarà una burrasca. C'è ancora il sole, ma ci sono anche delle grosse nuvole. Credo che pioverà.

Pia: (*con un fil di voce*) E tu dici che in Italia fa sempre bel tempo! Ho paura!

Franco: Paura? Di che? Fifona!! Un po' di mal di mare non è niente e poi vedrai subito arriveremo a Ischia. Vuoi dell'acqua?

Un po' di grammatica. Note that the partitive construction in Italian is obtained by using *di* and the definite article. It translates the English *some* or *any*. Example: *Del pesce,* some fish, any fish. *Dell'acqua,* some water. *Delle grosse nuvole,* some big clouds.

Esercizi

A. Conversazione

1. È limpido e azzurro il mare di Napoli?
2. Di che colore è la schiuma?
3. Dove c'è l'inquinamento?
4. Che cosa si vedono nel fondo del mare?
5. Chi barcolla e non si sente bene?
6. Ha Franco il mal di mare?
7. Che cosa luccica sul mare?
8. Dove si siede Pia in cabina?
9. Di che cosa ha paura Pia?
10. È fifone Franco?

B. (a) Sostituire il futuro al presente dei verbi in parentesi secondo il soggetto.

1. Pia (si siede) ______________ in cabina.
2. Franco (si sente) ______________ bene.
3. Loro non (credono) ______________ ai bollettini meteorologici.
4. Noi (ci sentiamo) ______________ male in alto mare.
5. Voi (vi sedete) ______________ in coperta.

(b) Sostituire il presente al futuro del verbo in parentesi.

1. Giovanni (barcollerà) ______________ sull'aliscafo.
2. Io (mi siederò) ______________ a guardare il mare.
3. Tu (ti sentirai) ______________ bene al sole.
4. Voi non (crederete) ______________ a nessuno.
5. Noi (ci siederemo) ______________ vicino a lui.

Piacere!

abbaia it barks: from *abbaiare*
ah! oh!
l'avvocato lawyer
la camera, *or* **la camera da letto** bedroom
la casa house, home
il chiasso noise, uproar
la confusione confusion
la conoscenza acquaintance, knowledge
conoscere to know
non dimentichiamo let us not forget: from *dimenticare*
diminutivo diminutive
domenica Sunday
l'età age
fortunatissimo very pleased (to meet you)
il fratello brother
giovedì Thursday
gridando screaming: from *gridare*
il mese month
mio my, mine
il neonato new-born infant
la nonna grandmother
oggi today
l'ospite guest, host
piacere! how do you do!
piangere to cry
prego! please!, you are welcome!
ti presento I present to you: from *presentare*
si riposa he, she is resting: from *riposarsi*
scherzando joking: from *scherzare*
la settimana week
la sorella sister
l'ufficio office
undicesimo eleventh
benvenuto! welcome!
in braccio in the arms
fare gli onori di casa to receive guests
ci vuol tempo it takes time

La famiglia Ruggieri dà il benvenuto agli ospiti. La signora Ruggieri è nel giardino e ha in braccio la piccola Angela. Rosanna e Betta salutano Franco e fanno molto chiasso. Il cane abbaia. Che confusione! Anche Mario fa gli onori di casa perchè l'avvocato Ruggieri[1] è in ufficio.

1. Note that in Italian often a person's profession precedes his name. Example: *l'avvocato Ruggieri, l'ingegnere Merola.* (Just as in English we say *Professor Smith, Doctor Jones*)

LA SIGNORA RUGGIERI: Benvenuti! Vi aspettiamo da domenica e oggi è giovedì.

FRANCO: Mamma ma tu sai che ci vuol tempo per visitare Napoli! Ecco, ti presento l'ingegnere e la signora Merola.

LA SIGNORA RUGGIERI: Piacere di fare la vostra conoscenza! Prego!

LA SIGNORA MEROLA: Il piacere è mio!

L'INGEGNERE MEROLA: Piacere, signora! Fortunatissimo!

FRANCO: Mamma, ecco Pia!

LA SIGNORA RUGGIERI: Ah! Che bella signorina! Piacere di conoscerti, Pia.

PIA: Piacere, signora! Franco parla sempre di Lei e di tutta la sua famiglia quando siamo in America. Mi sembra già di conoscere tutti voi.

MARIO: Benvenuti! Io sono Mario Ruggieri. Ho quattordici anni. Questa è Rosanna che ha nove anni, e poi c'è Betta che ha cinque anni.

ROSANNA: (*gridando*) PIACERE! PIACERE!

BETTA: (*gridando*) PIACERE! Io mi chiamo Elisabetta!

ROSANNA: Betta è un diminutivo.

FRANCO: Non dimentichiamo Angela, la bella neonata che ha tre mesi. (*Angela comincia a piangere.*) Ma la nonna dov'è?

MARIO: La nonna è nella sua camera. Si riposa.

FRANCO: Come si riposa con tutto questo chiasso? Vieni, Pia, ti faccio vedere la mia casa.

PIA: (*scherzando*) PIACERE! PIACERE!, signor Ruggieri!!!

FRANCO: (*ridendo*) PIACERE! PIACERE!, signorina Merola. Andiamo!

Un po' di grammatica. Note that in Italian the direct object pronouns are as follows: *mi,* (me); *ti,* (you); *lo* (him, it); *la* (her, it); *La,* (you, formal); *ci,* (us); *vi,* (you); *li, le,* (them); *Li, Le,* (you, formal). Generally they are placed in front of the verb. However, when used in conjunction with a verb in the infinitive, they are attached to it. (The final *-e* of the infinitive is dropped. Example: *Piacere di conoscerti,* pleased to meet you.) *(See Appendix p. 219.)*

Note also that the verb *fare,* (to make, to do) is followed by an infinitive in order to translate the expression *to let,* or *to have someone do something.* Example: *Ti faccio vedere la mia casa,* (I let you see my house, I want you to see my house). *Mario fa lavare l'automobile,* (Mario has the automobile washed).

Note also that in Italian the direct address, that is, the English *you* form, may be translated in several ways. The familiar singular *tu* form is used to address family members, children, close friends, and animals. The plural of *tu* is *voi,* which is used to address two or more people, but not necessarily in a familiar manner. In addition, *voi* can be used to address one person, as a sign of respect and sometimes in commercial correspondence. The polite *Lei* form must be used with the verb in the third person singular. Example: *Lei parla italiano,* (You speak Italian). The plural of *Lei* is *Loro,* which must be used with the verb in the third person plural. Example: *Loro parlano italiano,* (You speak Italian). *Lei* and *Loro* are generally capitalized when they translate *you.*

Esercizi

A. Imparare i giorni della settimana. (In Italy the week begins on Monday. The days of the week are never capitalized, unless they are at the beginning of a sentence.)

lunedì, martedì, mercoledì, giovedì, venerdì, sabato, dom*e*nica.

A. Conversazione

1. Quanti fratelli ha Franco?
2. Quante sorelle?
3. Come si chiama il fratello di Franco?
4. Come si chi*a*mano le sorelle?
5. È ingegnere il signor Ruggieri?
6. Che cosa fanno Rosanna e Betta?
7. Che cosa fa il cane?
8. Dov'è Angela?
9. Dov'è la nonna?
10. Quanti anni ha Mario?

C. Scr*i*vere il gerundio dei seguenti verbi.

DIMENTICARE, GRIDARE, SCHERZARE, R*I*DERE, PRESENTARE, FARE, ANDARE, DARE, *E*SSERE, AVERE, STUDIARE

D. Dare la forma di *tu, voi, Lei* e *Loro* secondo il verbo.

1. ____________________ andate a visitare il Colosseo.
2. ____________________ hanno una bella casa.
3. ____________________ è la signora Ruggieri?
4. ____________________ sei un ragazzo spiritoso.
5. ____________________ fate molto chiasso.
6. ____________________ , signorina, è molto simpatica!

7. ______________________ p*a*rlano molto bene.

8. ______________________ presentate Mario a Giovanni.

9. ______________________ v*i*sita Napoli giovedì?

10. ______________________ arrivi in Italia con l'aviogetto.

Panorama dell'isola

RIPETIZIONE

A. DETTATO

Franco e Pia visitano Roma. Vanno al Colosseo, al Foro Romano, al Panteon e alla Basilica di San Pietro. La sera vanno a un concerto alla Basilica di Massenzio sulla via dell'Impero. All'improvviso comincia a piovere. Franco spiega a Pia la differenza tra pioggia e acquazzone. Pia scherzando dice che in Italia fa cattivo tempo, proprio come a Chicago. Franco spiega a Pia che Alessandro e Domenico Scarlatti sono padre e figlio e che sono due famosi compositori del Settecento. Franco e la famiglia Merola vanno a Napoli e poi prendono l'aliscafo per l'isola d'Ischia dove abita la famiglia di Franco. Durante il viaggio sull'aliscafo Pia soffre di mal di mare perchè il mare diventa grosso. Arrivati a Ischia gli ospiti vanno a casa di Franco e fanno la conoscenza della famiglia Ruggieri.

B. Rispondere alle seguenti domande con frasi complete.

1. Perchè Pia dice che Franco è comico?
2. Mentre vanno al concerto dove si riparano Franco e Pia?
3. È inzuppata Pia?
4. Che cos'è un acquazzone?
5. Chi è Massenzio?
6. Chi sono Alessandro e Domenico Scarlatti?
7. Conosce Lei il nome di altri compositori italiani?
8. Che cos'è un aliscafo?
9. Che cosa fanno i marinai?
10. Qual'è la differenza fra l'àncora e ancora?
11. Dove viaggiano le automobili?
12. Perchè Pia soffre il mal di mare?

13. Quanti anni hanno Rosanna e Betta?
14. Quando comincia la settimana in Italia?
15. Quali sono i giorni della settimana?

C. Dare l'infinito dei seguenti verbi.

1. si*e*diti
2. scherzando
3. dimenticherà
4. pioverà
5. andiamo
6. ripari*a*moci
7. abbiamo
8. vieni
9. innaffia
10. t*e*rmina
11. vedrai
12. parlerò
13. danno
14. diminu*i*scono
15. partiamo
16. si diverte
17. dice
18. credo
19. oscilli
20. mi sento

Il Colosseo

Villa Anna Maria

l'*a*lbero tree
il bisogno need
capisco I understand: from *capire*
la cava di marmo quarry
la cucina kitchen
descr*i*vere to describe
dorme he, she sleeps: from *dormire*
il frigor*i*fero refrigerator
il giuoco game, play
il grammofono phonograph
il marmo marble
indietro behind
la massaia housewife
moderno modern
il nome name, noun
nuovo new
il pavimento floor
il piano floor, storey
il pianterreno ground floor
pieno full
port*a*tile portable
pronto ready
quello that
la sala da bagno, *or* **stanza da bagno** bathroom
la sala da pranzo dining room
il salotto parlor, living room
lo scantinato basement, cellar
il soggiorno sitting room, sojourn
sopra on, above, upstairs
specialmente especially
la stanza room
lo studio office, study
tanto, tanti so much, so many
la tavernetta small tavern
il televisore television set
il tinello sitting room
tredic*e*simo thirteenth
Toscana Tuscany
la villa villa, country house
variopinto of many colors
a sinistra on the left
fare la spesa to shop (for food)
zitto! quiet!

PIA: Perchè la tua casa si chiama "Villa Anna Maria"?

FRANCO: Perchè Anna Maria è il nome di mia madre.

PIA: Che bel giardino! Tanti alberi e tanti fiori variopinti! Ci sono due aiuole e molte piante ornamentali!

FRANCO: Vieni sopra! Ecco, questa è la cucina.

PIA: È molto moderna. Sembra una cucina americana.

FRANCO: Sì, la casa è nuova. L'abbiamo da due anni. Però guarda il frigo*ri*fero Non è molto grande come i frigo*ri*feri in America.

PIA: E perchè? In Italia non ci sono frigo*ri*feri grandi?

FRANCO: Ma sì, naturalmente, ci sono! Ma non c'è bisogno di frigo*ri*feri grandi perchè le massaie fanno la spesa tutti i giorni. Ecco, qui a sinistra c'è il salotto.

PIA: Che bella stanza grande e che bei pavimenti! Sono veramente di marmo?

FRANCO: Sì, in Italia spesso i pavimenti sono di marmo perchè abbiamo molte cave di marmo specialmente in Toscana.

PIA: E quella è la sala da pranzo? È molto bella, piena di luce!

FRANCO: Sì, indietro c'è il tinello e lo studio del babbo.

PIA: Tinello?

FRANCO: Il tinello è un soggiorno con il televisore port*a*tile. Però il televisore grande e il gramm*o*fono sono nella "tavernetta" nello scantinato. La "tavernetta" è usata dai ragazzi per i giuochi e per lo studio.

PIA: E le c*a*mere da letto e le sale da bagno sono al secondo piano?

FRANCO: No, al primo piano. In Italia il primo piano è il secondo piano americano.

PIA: Cosa? Non capisco . . . . Perchè?

FRANCO: Il primo piano americano in italiano si chiama pianterreno. Andiamo sopra. Ti faccio vedere la camera degli *o*spiti che è pronta per te e per i tuoi genitori. Però zitta! La nonna dorme.

Un po' di grammatica. Note that in Italian a possessive adjective agrees with the thing possessed, *not* with the possessor. Example: *La mia casa,* my house, (belonging either to a masculine or a feminine subject). Note also that the possessive adjective always takes a definite article, except when it is used in direct address, or before a singular unmodified noun denoting family relationships. Example: *Mia madre, mia sorella, mio fratello,* etc. But always say: *il mio fratellino* (diminutive); *le mie sorelle* (plural). *(Review the possessive adjectives in the Appendix on pp. 215–16.)*

Esercizi

A. Descr*i*vere la casa di Franco.

B. Dare gli equivalenti italiani dei possessivi.
   1. *my* fratello
   2. Giovanni e *his* sorella

3. *your* sorella (3rd singular)
4. *his* casa
5. *her* cucina
6. *their* sorellina
7. *my* padre
8. *your* genitori (2nd plural)
9. Mario e *his* fratello Franco
10. *your* camera da letto (2nd singular)

C. Qual'è la differenza nelle coniugazioni dei verbi CAPIRE e DORMIRE? Scri*v*ere il presente di questi due verbi.

Pompei

Il giro dell'isola

l'acquedotto aqueduct
attraverso through
l'attrazione attraction
il benessere well-being
il castello castle
la collina hill
il corpo body
il cosmetico cosmetic
dappertutto everywhere
est east
il giro tour, excursion
il golfo gulf
l'inalazione inhalation
lavorare to work
il lungomare coastline
la malattia disease
la maschera mask
il mondo world
l'oleandro oleander
ovest west
il paradiso paradise
passano they pass: from *passare*
il pino pine-tree
il ponte bridge
il porto harbor
il profumo scent, fragrance
puoi you can: from *potere*
quattordicesimo fourteenth
radioattivo radioactive
ridendo laughing: from *ridere*
rosa rose pink
rustico rustic
settentrionale northern
situato located, situated
la sorgente source, spring
la stazione balneare bathing resort
vecchio old
verde green
viaggiano they travel: from *viaggiare*
il viso face
le acque termali hot springs
l'azione terapeutica therapeutic action
fare il bagno to bathe
fare la cura to take a treatment
fare il fango to take a mud bath
non è vero? isn't it so?
il villaggio peschereccio fishing village
la zona vulcanica volcanic zone

Oggi è sabato e il babbo non deve lavorare. L'avvocato Ruggieri, l'ingegnere Merola, Pia, Franco e Mario vanno a fare un giro dell'isola d'Ischia in automobile. Dal porto viaggiano sul lungomare tra verdi colline, attraverso vecchi villaggi rustici e pescherecci. Visitano il castello Aragonese. Passano ponti e un acquedotto romano. L'isola è un vero paradiso col profumo dei pini che sono un po' dappertutto e con i bellissimi oleandri dai fiori rosa.

L'INGEGNERE MEROLA: Ischia è situata all'est del golfo di Napoli, non è vero?

L'AVVOCATO RUGGIERI: Sì e l'*i*sola di Capri è a ovest. Ischia però è la più grande delle *i*sole del golfo. Ischia e Capri sono tra le maggiori attrazioni tur*i*stiche di tutta l'Italia.

MARIO: Ora siamo a Casam*i*cciola che è una stazione balneare ed è situata lungo la costa settentrionale dell'*i*sola.

FRANCO: Ischia è anche famosa in tutto il mondo per le sue acque termali.

PIA: Da dove vengono le acque termali?

FRANCO: Questa è una zona vulcanica e per tutta l'*i*sola ci sono sorgenti di acque minerali.

L'AVVOCATO RUGGIERI: Le acque minerali hanno azione terap*e*utica radioattiva e sono indicate per varie malattie o semplicemente per il ben*e*ssere del corpo. Alcune persone fanno bagni, altre i fanghi, e altre fanno cure di inalazioni.

FRANCO: Pia, se vuoi diventare più giovane e più bella puoi farti fare una m*a*schera di fango sul viso. Le signore *u*sano il fango come cosmetico.

PIA: *(ridendo)* Sì, voglio specialmente diventare più gi*o*vane!!

Un po' di grammatica. Note that the English *east, west, north,* and *south* are translated into Italian with *est, ovest, nord,* and *sud.* However *north* often becomes *settentrione,* while *east* and *west* can be translated with *oriente* and *occidente.* The adjectives *settentrionale* and *meridionale* are very often used to translate *northern* and *southern. Il Levante* and *il Ponente* stand for *the East* and *the West.*

Esercizi

A. Conversazione

1. Perchè il babbo non lavora oggi?
2. Dove vanno in autom*o*bile l'avvocato Ruggieri, l'ingegnere M*e*rola, Pia, Franco e Mario?
3. Dove vi*a*ggiano dal porto?
4. Come si chiama il castello che v*i*sitano?
5. Come sono i villaggi che p*a*ssano?

6. Dove sono i pini?
7. Dove sono situate le *i*sole di Capri e di Ischia?
8. È bella Ischia?
9. Per che cosa quest'*i*sola è anche famosa in tutto il mondo?
10. Che azione hanno le acque termali?
11. Da dove v*e*ngono le acque termali?
12. Che cure fanno alcune persone?
13. Che cos'è Casam*i*cciola?
14. Come *u*sano il fango le signore?
15. Come vuole diventare Pia?

B. (a) Dare il presente del verbo POTERE.

1. Noi non ____________________ visitare il castello Aragonese.
2. Io ____________________ ritornare a Ischia oggi.
3. Giovanni non ____________________ andare a Napoli.
4. Loro ____________________ vedere le verdi colline.
5. Voi ____________________ viaggiare in autom*o*bile.
6. Lei ____________________ fare il giro dell'*i*sola.

(b) Dare il futuro del verbo POTERE.

1. Loro ____________________ fare la cura di inalazioni.
2. Le signore ____________________ usare il fango come cosm*e*tico.
3. Di qui voi ____________________ viaggiare sul lungomare.
4. Da Ischia noi ____________________ andare a Capri con l'aliscafo.
5. Io ____________________ fare i fanghi.
6. Con la m*a*schera di fango tu ____________________ diventare più giovane.

Mario non è pasticciere!

la benzina gasoline
il biscotto cookie
la brioscia, *or* **brioche** brioche (sweet bun)
il carburatore carburator
la ciambella ring-shaped bun (doughnut)
la cima peak
comprare to buy
controllare to test
divino divine
i dolci sweets, sweetmeats, cakes
domani tomorrow
Epomeo Epomeus
mi fermerò I shall stop: from *fermarsi*
il ghiottone, la ghiottona glutton
la gomma rubber, tire
la leccornia tidbit, dainty morsel
il luogo place
mai never
mangia he, she eats: from *mangiare*
meraviglioso wonderful
il metro meter
il monte mountain
il mulo mule, donkey
il nascondiglio hiding-place
la natura nature
il negozio shop
la pasticceria pastry-shop
il pasticciere baker
pensa he, she thinks: from *pensare*[1]
mi piacciono I like: from *piacere*
preferito favorite
quindicesimo fifteenth
raggiungere to reach
ripido steep
il ritorno return
soltanto only
la torta cake, pie, tart
la veduta view, sight
si vendono are sold: from *vendere*
fare una fotografia to take a picture
fare presto to hurry
fare il pieno to fill up (with gasoline)
il posto di rifornimento gasoline station
a destra on the right

MARIO: Babbo, non dimenticare la benzina. Domani dobbiamo andare a Poseidon.

L'AVVOCATO RUGGIERI: Sì, va bene. Mi fermerò al posto di rifornimento

1. Note that *to think of* is translated into Italian with *pensare a.* Example: *Penso a te,* I think of you.

al ritorno. Devo fare il pieno e devo far controllare le gomme e il carburatore.

FRANCO: Babbo, lo sai perchè Mario pensa alla benzina?

L'AVVOCATO RUGGIERI: E sì, naturalmente, lo so!

PIA: Perchè? Gli piace il "profumo" della benzina?

FRANCO: Perchè, perchè . . . . Perchè vicino al posto di rifornimento c'è la grande, la famosa pasticceria Savarese! È il nascondiglio favorito di Mario!

PIA: Che cos'è una pasticceria?

MARIO: La pasticceria è un paradiso, un luogo divino!

PIA: Paradiso? Divino?

FRANCO: La pasticceria è un negozio dove si fanno e si vendono i dolci. E a Mario piacciono molto i dolci!

PIA: Ah! Allora Mario è pasticciere!

FRANCO: Ma no! Ma che pasticciere! Il pasticciere fa i dolci e li vende. Mario li sa mangiare soltanto. È ghiottone!

MARIO: Ghiottone o non ghiottone, mi piacciono le leccornie, le torte, le ciambelle, i biscotti e le brioscie. E-C-C-E-T-E-R-A. Pia, vedrai che luogo meraviglioso è una pasticceria italiana!

PIA: Sì, va bene. Ma ora facciamo il giro dell'isola. La pasticceria sarà meravigliosa ma la natura è ancora più divina, più meravigliosa. Che cos'è questo monte a destra?

FRANCO: È Monte Epomeo. È 788 (settecentottantotto) metri e la cima si può raggiungere soltanto con i muli perchè è molto ripida.

PIA: Fermiamoci e facciamo delle fotografie. L'Epomeo è così pittoresco. Questi oleandri con tutti i fiori rosa sono una veduta che non voglio dimenticare mai!

MARIO: Sì, ma facciamo presto e andiamo a comprare i dolci! Ecco, signor pasticciere, arriviamo!!!

Un po' di grammatica. Note that the verb *piacere* means *to be pleasing* and it is used to translate the English *to like*. However, in Italian the subject of the English sentence becomes an indirect object. Example: *Mi piacciono i dolci,* I like sweets: (Sweets are pleasing to me); *Maria piace a Giovanni,* Giovanni likes Maria: (Maria is pleasing to Giovanni). *(Review the indirect object pronouns in the Appendix on p. 220.)*

Esercizi

A. Conversazione

1. Che cosa deve comprare l'avvocato Ruggieri?
2. Dove si vende la benzina?
3. Perchè Mario pensa alla benzina?
4. Qual'è il nascon*di*glio favorito di Mario?
5. Che cos'è un paradiso e un luogo divino?
6. Che cos'è la pasticceria?
7. È pasticciere Mario?
8. Che cosa fa un pasticciere?
9. Pi*a*cciono i dolci a Mario?
10. Pi*a*cciono i dolci a Lei?
11. È ghiottona Pia?
12. Chi è ghiottone?
13. Come si raggiunge la cima dell'Epomeo?
14. Perchè Pia si vuole fermare?
15. Qual'è la veduta che Pia non vuole dimenticare mai?

B. Trovare l'equivalente inglese delle parole italiane.

1. il negozio	a. he eats
2. mangia	b. he likes
3. il ghiottone	c. baker
4. il nascondiglio	d. peak
5. mi pi*a*cciono	e. rubber, tire
6. la gomma	f. pastry-shop
7. il pasticciere	g. tomorrow
8. domani	h. steep
9. r*i*pido	i. return
10. la pasticceria	j. I like
	k. shop
	l. glutton
	m. hiding-place

C. Dare la forma appropriata del verbo PIACERE.

1. A te ________________ le ciambelle.
2. Io ________________ a Marco.
3. Voi ________________ ai ragazzi.
4. Le ________________ il Monte Epomeo.

5. Tu ______________________ a Giovanni.

6. Noi ______________________ ai nostri genitori.

7. Vi ______________________ l'italiano.

8. Non gli ______________________ la brioscia.

9. A Mario e a Franco ______________________ i dolci.

10. A Franco ______________________ Pia.

I Giardini di Poseidon

affamato starved
antico ancient
bisbigliate you whisper: from *bisbigliare*
caldo warm, hot
la chiacchiera idle chat
si chiamava it was named: from *chiamarsi*
il cielo sky, heaven
la colonia colony
corrisponde it corresponds: from *corrispondere*
il costume da bagno bathing suit
il dio god
dipinto painted
diverso different, diverse
era it was: from *essere*
la fame hunger
il gambero shrimp, crayfish
geloso jealous
giallo yellow
la giornata day (duration of)
la grandezza size
greco Greek
immenso immense
invece instead, rather
il lupo wolf
magnifico magnificent
Mediterraneo Mediterranean
il momento moment
muoio I die: from *morire*
Nettuno Neptune
nuotare to swim
l'ombrellone beach umbrella
la piscina pool
il posto place
rosso red
sedicesimo sixteenth
sereno clear, serene
la sirena siren
la spiaggia beach
la temperatura temperature
tepido tepid, lukewarm
la tintarella suntan
tuffarsi to dive
aver fame to be hungry
avere una fame da lupi to be starved
morire dalla voglia to long for

Che bella giornata è una domenica passata sulla spiaggia vicino al mare!!! Le due famiglie passano domenica ai Giardini di Poseidon.

PIA: Mamma mia! Che magnifici giardini e che immensa spiaggia! Gli ombrelloni variopinti sembrano dipinti nel cielo azzurro e sereno!

FRANCO: Vedi quante piscine?

PIA: Sì, ma perchè ce ne sono tante di grandezza differente?

FRANCO: Ogni piscina è piena di acqua minerale di temperatura diversa. Quelli che fanno la cura termale completa fanno prima il bagno di mare e poi vanno di piscina in piscina, dalla più tepida alla più calda.

PIA: Andiamo anche noi, Franco! Muoio dalla voglia di tuffarmi e di nuotare nel Mar Mediterraneo e nelle piscine di Poseidon!

FRANCO: Aspetta un momento. Vedo il mio amico Elio Cioffi.

ELIO: Ciao, Franco. Ma chi è quella bella sirena che è con te?

FRANCO: È una mia amica italo-americana di Chicago. Si chiama Pia Merola. Vieni, Pia. Ti presento Elio Cioffi.

PIA: Ciao, Elio!

ELIO: Tanto piacere, Pia!

FRANCO: *(rosso in viso)* Andiamo tutti a mare?

MARIO: Franco, sei rosso come un gambero. Sembri geloso. Veramente Pia sta bene con quel costume da bagno giallo e poi ha una bella tintarella.

PIA: Voglio sapere che cosa bisbigliate voi tre. Ditemi invece, perchè questo posto si chiama Poseidon?

ELIO: Poseidon è il vecchio dio greco del mare. Corrisponde al dio romano Nettuno. Ai tempi antichi Ischia si chiamava Pitecusa ed era una colonia greca.

MARIO: Perdinci! Quante chiacchiere! Andiamo a mare, sì o no? Presto sarà ora di pranzo e io ho una fame da lupi.

FRANCO: *(ridendo)* Vedi, Pia, perchè a casa lo chiamiamo il lupo. Mario è sempre affamato e pensa soltanto a mangiare!

Un po' di grammatica. Review the disjunctive personal pronouns in the Appendix, p. 221. Remember that they are called disjunctive because they are used with a preposition rather than a verb. Example: *Con te,* with you; *per lui,* for him; *tra noi,* between us.

Esercizi

A. Conversazione

1. Dove passano la domenica le due famiglie?
2. Come sono i Giardini di Poseidon?
3. È piccola la spiaggia?
4. Quante piscine ci sono a Poseidon?
5. Chi fa il bagno di mare?
6. Chi muore dalla voglia di tuffarsi nel Mar Mediterraneo e nelle piscine?

7. Chi è Elio Cioffi?
8. Chi è una sirena?
9. Di che colore è il costume da bagno di Pia?
10. Perchè Franco diventa rosso come un g*a*mbero?
11. A quale dio romano corrisponde Poseidon?
12. Some si chiamava Ishia ai tempi antichi?
13. Era un col*o*nia greca Ischia ai tempi antichi?
14. Chi ha una fame da lupi?
15. Chi è sempre affamato e pensa soltanto a mangiare?

B. Dare la forma corretta del verbo MORIRE al presente e al futuro secondo il soggetto.

	presente	*futuro*	
1. Pia	____________	______________	dalla voglia di andare in Italia.
2. Tu	____________	____________	
3. Loro	____________	____________	
4. Voi	____________	____________	
5. Lei	____________	____________	
6. Noi	____________	____________	
7. Io	____________	____________	
8. Essi	____________	____________	

Al ristorante

abbondante plentiful, abundant
l'acciuga anchovy
l'allegria cheerfulness
annacquato watered down
l'antipasto hors-d'oeuvre, appetizer
apparecchiato set
l'appetito appetite
bevono they drink: from *bere*
il bicchiere drinking glass
la bottiglia bottle
il cameriere waiter
candido candid
il carciofo artichoke
il carciofino small artichoke
il cestino basket
il coltello knife
composto composed
il coniglio rabbit
la cuccagna land of plenty, Cockaigne
il cucchiaio spoon
diciassettesimo seventeenth
doppio double
la forchetta fork
il formaggio cheese
fritto fried
la frutta fruit
il fungo mushroom
il garofano carnation
il grissino bread stick
il latte milk
l'oliva olive
ordini Lei you order: from *ordinare*
il pane bread
il paio pair
la pastasciutta any variety of macaroni product served with sauce
il pasto meal
il piatto dish, plate, course
la porzione portion
il prosciutto ham
qualche some, a few, any
il ristorante restaurant
il salame spiced pork sausage
sceglie he, she chooses: from *scegliere*
sorridente smiling
sorridere to smile
il sorriso smile
la specialità specialty
la tavola table
la terrazza terrace
il tonno tuna
la tovaglia tablecloth
il tovagliolo napkin
il vaso vase, pot
il vino wine
la vongola clam
alla cacciatora hunter's style
come mai? how is it?
di faccia across
per favore please
il fritto misto mixed grill
primo, secondo piatto first, second course
sott'olio packed in oil

Allora un buon antipasto e vino per tutti!

Proverb: *Paese che vai usanza che trovi,* (When in Rome do as the Romans do).

Il ristorante dei Giardini di Poseidon è situato su quattro grandi terrazze di faccia al mare. Ci sono tante t*a*vole apparecchiate con tovaglie c*a*ndide e con piccoli vasi di gar*o*fani rossi. Sulle t*a*vole ci sono tovaglioli, piatti, forchette, coltelli, cucchiai e bicchieri. La comitiva sceglie una tavola abbastanza lunga per d*o*dici persone. Il cameriere arriva con due grandi cestini col pane e i grissini.

CAMERIERE: Buon giorno, signori. V*o*gliono ordinare il pranzo?
ROSANNA: Io voglio i carciofi fritti!
BETTA: Anch'io, anch'io!
LA SIGNORA RUGGIERI: Zitte, bambine, non si dice "voglio" e poi d*e*vono ordinare prima la nonna e gli *o*spiti. Mamma, cosa prendi?
LA NONNA: Lo stesso come gli altri. Ma che cosa pr*e*ndono gli *o*spiti?
LA SIGNORA MEROLA: *O*rdini Lei, avvocato! Qualche specialità dell'*i*sola!

L'Avvocato Ruggieri: *(al cameriere)* Benissimo! Allora un buon antipasto abbondante e vino "Sorriso" per tutti. Per primo piatto spaghetti alle vongole; per secondo fritto misto di pesce e poi del formaggio e della frutta.

Cameriere: Abbiamo del buon coniglio alla cacciatora, che è proprio una specialità dell'*i*sola d'Ischia. Ne porto un paio di porzioni?

L'Avvocato Ruggieri: Sì molto bene, e porti anche qualche bottiglia di acqua minerale.

Mario: Babbo, per me doppia porzione di spaghetti, per favore. Ho molta fame!!!

Pia: Che cos'è il vino "Sorriso"?

Franco: La parola stessa lo spiega. Sorriso, sorridente, sorr*i*dere. Tutte parole allegre. È un vino speciale delle colline dell'*i*sola. Porta allegria!

Pia: Ma come mai i bambini b*e*vono il vino a tavola?

Franco: Qui in Italia a tavola i bambini b*e*vono un po' di vino annacquato invece del latte. "Paese che vai usanza che trovi."!!!

Pia: Che cos'è l'antipasto?

Rosanna: A-N-T-I-P-A-S-T-O. Prima del pasto. Fa venire l'appetito a Mario che non ha mai fame!!!

Franco: L'antipasto è composto di acciughe, carciofini e funghi sott'olio, olive, prosciutto, salame e tonno.

Pia: Ahimè! Un pranzo italiano non finisce mai!

Mario: L'Italia è il paese della cuccagna e della pastasciutta!

Esercizi

A. Vero o falso

1. L'antipasto si serve prima del pasto.
2. Il coniglio alla cacciatora è un piatto di carciofi.
3. I grissini si m*a*ngiano invece del pane.
4. La pastasciutta è tipicamente italiana.
5. Il vino "Sorriso" fa venire l'allegria.
6. La frutta e il formaggio si m*a*ngiano alla fine del pasto.
7. I bambini non b*e*vono vino in Italia.
8. Sulle tavole ci sono tovaglie e tovaglioli.
9. Gli spaghetti si s*e*rvono per secondo piatto.
10. Il fritto misto di pesce non è una specialità italiana.
11. Mario non ha appetito.
12. I gar*o*fani sono nei bicchieri.
13. La nonna parla molto.

14. L'acqua minerale non si beve a tavola.
15. Le terrazze dei giardini di Poseidon sono di faccia a un fiume.

B. Trovare l'equivalente inglese delle parole italiane.

1. i carciofi	a. bottle
2. fritto misto di pesce	b. wine
3. il prosciutto	c. children
4. le acciughe	d. mixed fish grill
5. la bott*i*glia	e. clams
6. il vino	f. artichokes
7. le v*o*ngole	g. olives
8. le olive	h. ham
9. i bambini	i. rabbit
10. il fungo	j. mushroom
	k. anchovies
	l. waiter
	m. cheese

C. (a) Dare le seguenti forme del verbo SC*E*GLIERE al presente, al futuro e al gerundio.

	presente	*futuro*
1. tu	________	________
2. Loro	________	________
3. voi	________	________
4. Lei	________	________
5. noi	________	________
6. io	________	________

gerundio

____

(b) Dare le seguenti forme del verbo BERE al presente, al futuro e al gerundio.

	presente	*futuro*
1. io	________	________
2. voi	________	________

3. noi ____________________ ____________________

4. essi ____________________ ____________________

5. tu ____________________ ____________________

6. lui ____________________ ____________________

gerundio

____

Fettuccine Alfredo

La passeggiata e il caffè

gli abiti clothes
l'affare business
si ammirano one admires: from *ammirare*
l'aperitivo aperitif
la bevanda drink
la birra beer
il bosco wood, forest
il caffè coffee, coffee-house
camminano they walk: from *camminare*
la città city
diciottesimo eighteenth
divertente amusing
dove where
l'evento event
fresco cool
il gelato ice-cream
insomma in short, briefly, in a word
l'istituzione institution
la limonata lemonade
il marciapiede sidewalk
passeggiare to walk
la passeggiata walk
la pineta pine grove
pratico practical
il progresso progress
la ragione reason
il rinfresco refreshment
ritornare to return
il ritrovo meeting place
la sedia chair
serale of the evening
il tavolino small table
avanti e indietro back and forth
l'esercizio fisico physical exercise
d'estate in the summer
di moda fashionable
fare una passeggiata to take a walk
la maggior parte the majority
prendere il fresco to cool off
gli uomini di affari businessmen

PIA: Perchè tutte queste persone camminano avanti e indietro per Via Roma?

FRANCO: Fanno la passeggiata serale. La passeggiata è un'istituzione italiana.

PIA: Passeggiano anche nelle altre città?

FRANCO: Sì. Dappertutto in Italia verso sera la maggior parte degli Italiani fanno una passeggiata.

PIA: Perchè?

FRANCO: Per molte ragioni. S'incontrano gli amici, si guardano le belle

ROSSI

ragazze, si ammirano gli *a*biti di moda e poi si fa semplicemente un po' di esercizio f*i*sico.

PIA: Che istituzione simpatica!

FRANCO: Sì simpatica, ma anche pr*a*tica. Spesso molte persone incontrano u*o*mini di affari e disc*u*tono gli eventi della giornata. Poi si va al caffè.

PIA: Vuoi dire si va a pr*e*ndere il caffè?

FRANCO: Il caffè è una bevanda, ma è anche un ritrovo dove le persone si s*ie*dono e gu*a*rdano gli altri che pass*e*ggiano.

PIA: Veramente ci sono molti caffè a Via Roma.

FRANCO: Sì vedi, i caffè sono anche sui marciapiedi. Vi sono sedie e tavolini e si può pr*e*ndere un caffè, un aperitivo, una birra, una limonata, un gelato, insomma quello che si vuole.

PIA: Andiamo al caffè?

FRANCO: Sì, andiamo. A quest'ora la nonna con le bambine deve *e*ssere nella pineta al Caffè Scognamiglio. D'estate c'è anche l'orchestra in pineta.

PIA: Che cos'è la pineta?

FRANCO: La pineta è un bosco di pini. Qui a Ischia vedrai che la pineta è molto pittoresca! Si prende il fresco, un rinfresco, si ascolta la m*u*sica di Verdi e di Puccini e si passa un po' di tempo prima di ritornare a casa per il pranzo.

PIA: Sono davvero divertenti la passeggiata e il caffè!!

FRANCO: Sì, brava Pia. Fai veramente molti progressi non soltanto nella lingua, ma anche nella conoscenza delle istituzioni italiane.

Esercizi

A. Conversazione

1. Perchè tante persone camm*i*nano avanti e indietro per Via Roma?
2. È un'istituzione italiana la passeggiata serale?
3. Fanno la passeggiata in tutte le città italiane?
4. Perchè gl'Italiani pass*e*ggiano?
5. Si disc*u*tono anche gli affari durante la passeggiata serale?
6. Che cos'è il caffè?
7. Che cosa si può pr*e*ndere al caffè?
8. Dove sono la nonna e le bambine?
9. Che cos'è la pineta?
10. Che cosa c'è nella pineta d'estate?
11. Fa progressi Pia?

12. È divertente l'istituzione della passeggiata e del caffè?
13. Ci sono dei caffè sui marciapiedi della Sua città?
14. Quale rinfresco preferisce Lei?
15. Dove piace a Lei fare una passeggiata?

B. Scrivere cinque frasi complete usando il presente, il futuro e il gerundio dei verbi AMMIRARE e CAMMINARE.

RIPETIZIONE

A. LETTURA

Villa Anna Maria è la casa di Franco Ruggieri. La famiglia M*e*rola riceve una bella accoglienza dalla famiglia Ruggieri. Franco fa vedere la sua casa a Pia. V*e*dono il giardino, la cucina, il salotto, la sala da pranzo, il tinello, lo studio, le sale da bagno e le c*a*mere da letto. Al primo piano c'è la c*a*mera degli *o*spiti per Pia e per i suoi genitori.

Il s*a*bato l'avvocato Ruggieri non deve lavorare, perciò conduce l'ingegnere M*e*rola, Pia, Franco e Mario a fare il giro dell'*i*sola in automobile. Ischia è un vero paradiso. Ci sono tanti pini odorosi e tanti oleandri con fiori rosa. Ci sono villaggi r*u*stici e pescherecci e le belle stazioni balneari. Mario ricorda al babbo di comprare la benzina. Veramente vicino al posto di rifornimento c'è la famosa pasticceria Savarese, il nascondiglio favorito di Mario. Perchè a Mario pi*a*cciono molto i dolci, i biscotti, le torte e tutte le lecc*o*rnie. Pia fa delle fotografie del Monte Epomeo perchè non vuole dimenticare una veduta così bella.

La dom*e*ncia le due famiglie vanno ai Giardini di Poseidon per fare un bagno di mare e per tuffarsi e nuotare nelle belle piscine termali. Ischia infatti è anche una stazione termale. Ci sono molte sorgenti di acque minerali e numerosi turisti vengono da tutto il mondo a fare i bagni, i fanghi e le inalazioni. Pia è molto bella nel suo costume da bagno giallo e Franco diventa un po' geloso quando il suo amico Elio Cioffi la chiama sirena. Dopo il bagno le due famiglie vanno al ristorante per gustare un buon pranzo italiano. Come sempre Mario è più affamato di tutti. Secondo l'uso italiano a t*a*vola anche i bambini b*e*vono un po' di vino annacquato. Pia dice che un pranzo italiano non finisce mai.

Alla sera molti Italiani fanno una passeggiata. Franco accompagna Pia alla passeggiata serale e al caffè. Queste sono due istituzioni italiane molto divertenti. Pia fa molti progressi non soltanto nella lingua, ma anche nella conoscenza delle istituzioni italiane.

B. Descr*i*vere un pranzo tipicamente italiano.

C. Scr*i*vere un breve componimento sulle istituzioni del caffè e della passeggiata.

All'Albergo Vesuvio

l'albergo hotel
l'alloggio lodging
almeno at least
l'aria condizionata air conditioning
l'ascensore elevator
l'assegno per viaggiatori travelers' check
la caldura heat
cambiamo we exchange: from *cambiare*
il cambio exchange
caro expensive, dear
la chiave key
il corridoio corridor
non dimentichiamo let us not forget: from *dimenticare*
dimmi tell me: from *dire*
il dollaro dollar
dura it lasts: from *durare*
l'eruzione eruption
il facchino porter
la festa feast day, party
il francobollo postage stamp
l'impiegato clerk, employee
il letto bed
la lira lira (It.monetary unit)
San Lorenzo Saint Lawrence
nevicherà it will snow: from *nevicare*
il passaporto passport
pesante heavy
piuttosto rather
restano they remain: from *restare*
mi rinfresco I cool off: from *rinfrescarsi*
gli Scavi archaeological excavations
secondo according to
sepolto buried
singolo single
la tavola calda lunchroom
traversano you cross: from *traversare*
la valigia suitcase
ventesimo twentieth
il vestibolo lobby
il Vesuvio Vesuvius
aver caldo to be warm (people)
far caldo to be warm (weather)
far freddo to be cold (weather)
meno male thank goodness
seconda categoria second class
terzo piano fourth floor.

L'ingegnere Merola, Franco, Pia e Mario vanno a Pompei perchè vogliono visitare le famose rovine della città sepolta durante l'eruzione del Vesuvio dell'anno 79 (settantanove) dell'era cristiana.[1] Restano a Pompei per tre giorni e prendono alloggio all'Albergo Vesuvio.

1. Pompeii was buried along with Herculaneum by an eruption of nearby Mount Vesuvius in A.D. 79. Much of the city has now been excavated.

L'IMPIEGATO: Signore, i passaporti, per favore.

L'INGEGNERE MEROLA: Ecco il mio e quello della signorina. I due giovanotti sono italiani. Prendono gli assegni per viaggiatori in quest'albergo?

L'IMPIEGATO: Sì signore. E cambiamo i dollari in lire italiane secondo il cambio del giorno. Quanti giorni resteranno?

L'INGEGNERE MEROLA: Tre giorni.

FRANCO: Questo è un albergo di seconda categoria e non sarà molto caro.

L'IMPIEGATO: Abbiamo due belle *ca*mere con bagno al terzo piano. Se Loro traversano il vest*i*bolo a destra possono pr*e*ndere l'ascensore. Il facchino porterà le valige tra qualche minuto.

PIA: Non dimentichiamo le chiavi. Sono così grandi e pesanti! Questo albergo deve essere molto vecchio.

(L'ascensore arriva al terzo piano)

FRANCO: Ecco il corridoio. *Ca*mera 39 (trentanove) è *si*ngola ed è per te, Pia. *Ca*mera 41 (quarantuno) ha tre letti ed è per il tuo babbo, per Mario e per me.

MARIO: Ma c'è la tavola calda in questo albergo?

FRANCO: Via, Mario, ora non c'è tempo di mangiare. Dobbiamo andare agli Scavi.

MARIO: Meno male che c'è l'aria condizionata nella nostra *ca*mera. Almeno se non posso mangiare mi rinfresco.

PIA: Vermente fa molto caldo oggi. Anch'io ho caldo.

FRANCO: Oggi è il 10 (dieci) agosto. È la festa di San Lorenzo e generalmente è il giorno più caldo dell'anno.

MARIO: Lo sai il proverbio, Pia? "San Lorenzo che caldura, molto caldo poco dura". Domani nevicherà come a Chicago!

PIA: Anche tu ora cominci con la neve, Mario! Piuttosto dimmi dove posso comprare dei francobolli.

Un po' di grammatica. Note that in Italian certain important idiomatic expressions use the verb *fare* and others *avere*. Example: *Fa caldo,* it is hot. *Ho caldo,* I am warm. This principle is used in several other similar expressions. *Aver freddo,* to be cold (people); *aver paura,* to be afraid; *aver fame,* to be hungry; *aver sete,* to be thirsty; *aver ragione,* to be right; *aver torto,* to be wrong. The expressions *far freddo,* to be cold; *far bel tempo,* to be beautiful; *far cattivo tempo,* to be bad, apply to weather conditions.

Note also that some other verbs denoting atmospheric conditions are impersonal. *Nevicare,* to snow; *piovere,* to rain; *grandinare,* to hail; *tuonare,* to thunder. *(See Appendix, pp. 226–27.)*

Esercizi

A. Vero o falso

1. Mario e Franco hanno passaporti americani.
2. Il Vesuvio è un vulcano vicino a Napoli.
3. La *ta*vola calda è un ristorante.
4. A San Lorenzo fa molto caldo.
5. Nella *ca*mera di Franco c'è l'aria condizionata.
6. Il 10 agosto è la festa di San Lorenzo.
7. Pia ha freddo oggi.
8. La *ca*mera 39 è *sin*gola.
9. Le chiavi sono grandi e pesanti.
10. L'Albergo Vesuvio è nuovo.

B. Scr*i*vere l'imperativo dei seguenti verbi.

DIMENTICARE, DIRE, POTERE, RINFRESCARSI

C. Scr*i*vere i seguenti verbi al presente, al futuro e al gerundio.

NEVICARE, PI*O*VERE, TUONARE, GRANDINARE

Nella città sepolta

l'affresco fresco
l'anfiteatro amphitheatre
appartenente belonging
l'archeologo archaeologist
assistere to attend
l'autobus bus
la bestia beast
la cartolina card
la cartolina illustrata picture postcard
il cimelio relic
la colonna column
colpito hit
il combattimento combat, battle
il disastro disaster
distrutto destroyed
l'entrata entrance
feroce ferocious, wild
il fiammifero match
la forma form, mold
il gesso plaster
intatto intact
il mercante merchant
il monopolio monopoly
il museo museum
la parete wall
perfino even
la piazza square
pompeiano Pompeian
la posta post-office
potevano they could: from *potere*
raccolto collected
ricco rich
il sale salt
scavato dug up
scendiamo let us get off: from *scendere*
la sigaretta cigarette
il sigaro cigar
lo Stato State
la statua statue
la storia history, story
il tabaccaio tobacconist
la tabaccheria tobacco shop
trovato found
l'utensile tool, implement
si vendono are sold: from *vendere*
ventunesimo twenty-first
si vive one lives: from *vivere*
duemila anni fa two thousand years ago
Eccoci arrivati! Here we are!
giuochi olimpiaci Olympic games
La Villa dei Misteri The Villa of Mysteries

MARIO: I francobolli si possono comprare alla posta o dal tabaccaio.
PIA: Tabaccaio?
FRANCO: Sì, in Italia la tabaccheria è un monopolio dello Stato. Si

vendono sigarette, sigari, tabacco, pipe, fiammiferi e anche sale e francobolli.

PIA: Desidero comprare anche delle cartoline . . . . con vedute.

FRANCO: Vuoi dire "cartoline illustrate".

MARIO: Eccoci arrivati! Scendiamo dall'autobus. Facciamo presto! Ora vedrai gli Scavi, Pia. Sono interessantissimi.

FRANCO: Qui a destra dell'entrata c'è il museo. In esso sono raccolti molti cimeli della città distrutta, utensili e forme in gesso di animali e di persone colpite dal disastro.

PIA: Mamma mia! Come è grande! Questa è una vera e propria città. Quante colonne e quante statue!

MARIO: Sì, vedi, e tante strade, piazze e case. Di qui si vede l'anfiteatro, Pia. Più di 20.000 (ventimila) spettatori potevano assistere a giuochi olimpiaci e a combattimenti tra gladiatori e bestie feroci.

FRANCO: Andiamo prima a visitare "La Villa dei Misteri"?

PIA: Che cos'è?

MARIO: È una casa appartenente a un ricco mercante.

FRANCO: Gli archeologi l'hanno scavata e l'hanno trovata quasi intatta. Sulle pareti delle stanze ci sono perfino affreschi dipinti nel famoso colore rosso pompeiano.

PIA: Mi sembra di vivere duemila anni fa!

FRANCO: Sì, hai ragione, Pia. In Italia molto spesso si vive nella storia dei tempi antichi.

Esercizi

A. Conversazione

1. Dove si possono comprare i francobolli?
2. In Italia che cosa si vende nella tabaccheria?
3. Che cosa desidera comprare Pia?
4. Come sono gli Scavi di Pompei?
5. Che cosa c'è a destra dell'entrata degli Scavi?
6. Che cosa si può vedere nel museo?
7. Che cosa vedono i giovani a Pompei?
8. Per quanti spettatori è l'anfiteatro?
9. A che cosa potevano assistere gli spettatori?
10. Che cos'è la "Villa dei Misteri"?
11. Come l'hanno trovata gli archeologi?
12. Che cosa si vedono sulle pareti delle stanze?

13. Che cosa sembra a Pia?
14. Come si vive spesso in Italia?
15. A Lei piace la storia? Perchè?

B. DESCR*I*VERE LA V*I*SITA DEI GI*O*VANI A POMPEI.

C. Dare il presente e il futuro del verbo V*I*VERE.

		presente	*futuro*	
1.	Quest'estate Pia	______________	______________	in Italia.
2.	essi	______________	______________	
3.	noi	______________	______________	
4.	voi	______________	______________	
5.	io	______________	______________	
6.	Lei	______________	______________	
7.	tu	______________	______________	
8.	Loro	______________	______________	

D. Dare il gerundio dei seguenti verbi.
POTERE, SC*E*NDERE, V*E*NDERE, V*I*VERE.

Il Ponte di Rialto — Venezia

Il compleanno di Pia

apri (you) open: from *aprire*
l'attività activity
la biblioteca library
la biografia biography
la candelina little candle
la cioccolata chocolate
i cioccolatini chocolate drops
classico classic
il compleanno birthday
si confezionano are manufactured: from *confezionare*
conserverò I shall save: from *conservare*
il disco phonograph record
la donna woman
la fata fairy
la feria holiday (esp. public)
il Ferragosto Feast of the Assumption
festeggiano they celebrate: from *festeggiare*
la fiaba fable
il filologo philologist
il folclore folklore
la grammatica grammar
l'illustrazione illustration
imparerai you will learn: from *imparare*
leggendo reading: from *leggere*
la libreria bookshop
il libro book
mille a thousand
il mostro monster
nazionale national
la Perugina a famous brand name
prepara he, she prepares: from *preparare*
il principe prince
la raccolta collection
il regalo gift
riceve he, she receives: from *ricevere*
soffia (you) blow: from *soffiare*
lo straniero foreigner
la torta cake, pie, tart
ventiduesimo twenty-second
la vita life
Auguri! best wishes!
compie diciassette anni she is seventeen
esprimi un desiderio! Make a wish!

Ferragosto è tempo di ferie. È il 15 (quindici) agosto e oggi Pia compie diciassette anni. La famiglia Ruggieri prepara un bel pranzo e i ragazzi festeggiano la giovane ospite con una piccola festa. Pia riceve regali da Franco, da Mario e da Elio Cioffi.

PIA: Che bella torta alla cioccolata! Mi piace molto la cioccolata.
MARIO: Con diciassette candeline. Sei vecchia, Pia!

FRANCO: Soffia sulle candeline e esprimi un desiderio!
PIA: (*soffia*)Voglio ritornare in Italia!
FRANCO: Felice ritorno! Ecco i regali!
PIA: Ah! Un disco di canzoni napoletane! Grazie, Elio! Mille grazie!
ELIO: Prego! Le canzoni napoletane sono famose in tutto il mondo. Quando ritornerai a Chicago, ricorderai Napoli, il sole e il mare.
MARIO: Apri il mio regalo!
PIA: Oh! Cioccolatini della Perugina! Grazie, grazie, Mario!
MARIO: Si confezionano a Perugia. Quella città è famosa per l'Università per gli Stranieri, ma anche e SPECIALMENTE per i cioccolatini. Viva Perugia!
PIA: Che bei libri! Grazie, Franco!
FRANCO: Prego! Devi studiarli attentamente.
PIA: Vediamo. *La lingua nazionale* di Bruno Migliorini.
FRANCO: Questa è una grammatica classica. Il professor Migliorini è un insigne filologo italiano.
PIA: E poi *Le belle fiabe italiane*. Che bel libro e che magnifiche illustrazioni di fate, di principi e di mostri!
FRANCO: Leggendo le fiabe imparerai un po' di folclore italiano.
PIA: E quest'altro libro è una raccolta di biografie di uomini e donne illustri.
FRANCO: Sì, le loro vite sono un'ispirazione all'attività e al progresso.
PIA: Conserverò questi libri nella mia biblioteca personale per il resto della mia vita! Grazie a tutti! Grazie!
TUTTI INSIEME: Auguri, Pia! Auguri! E mille di questi giorni!
PIA: Grazie, grazie!!! Oggi è il giorno più felice della mia vita!!!

Un po' di grammatica. Note that the adjective *bello*, beautiful, when it precedes a noun has several forms. *Bello* (singular) and *begli* (plural) are used in front of masculine nouns beginning with *impure s, gn, ps, x, z*. *Bel* and *bei* are used in front of all other masculine nouns. *Bell'* is used in front of masculine and feminine singular nouns beginning with a vowel. *Bella* and *belle* are the regular feminine singular and plural forms.

Esercizi

A. Completare le frasi seguenti.

1. Il 15 agosto Pia ____________ 17 anni.
2. I ragazzi ____________ la giovane ospite.

3. Pia riceve ______________________ da Franco, da Mario e da Elio.
4. Pia soffia sulle ______________________.
5. Le canzoni ______________________ sono famose in tutto il mondo.
6. Che ______________________ libri!
7. Il professor Migliorini è un insigne ______________________.
8. Conserverò questi libri nella mia ______________________ personale.
9. I libri si comprano nella ______________________.
10. Mi ______________________ la torta alla cioccolata.

B. RACCONTARE LA FESTA PER IL COMPLEANNO DI PIA.

C. Trovare l'equivalente inglese delle parole italiane.

1. la fiaba	a. chocolate
2. il pr*i*ncipe	b. bookshop
3. il regalo	c. fairy
4. la vita	d. fable
5. i cioccolatini	e. cake, pie, tart
6. la libreria	f. chocolate drops
7. la fata	g. woman
8. la torta	h. foreigner
9. la biblioteca	i. prince
10. la cioccolata	j. gift
	k. life
	l. philologist
	m. library

Ah! Quei[1] verbi!!!

acquistato acquired
amare to love
l'ausiliario auxiliary
composto compound (of verb tenses)
il condizionale conditional
il congiuntivo subjunctive
coniugare to conjugate
la coniugazione conjugation
consulta (you) consult: from *consultare*
finire to finish
il futuro future
il futuro anteriore future perfect
il gerundio gerund
l'imperativo imperative
l'imperfetto imperfect
l'indicativo indicative
l'infinito infinitive
irregolare irregular
la lettura reading passage
il modello model
il modo mood (of verbs)
il participio participle
il passato present perfect subjunctive or conditional
il passato prossimo present perfect
il passato remoto past absolute
perfettamente perfectly
il presente present
il segreto secret
semplice simple
il tempo tense (of verbs)
il testo text
il trapassato pluperfect subjunctive
il trapassato prossimo pluperfect
il trapassato remoto past anterior
ultimo last
ventitreesimo twenty-third
il verbo verb
a memoria by heart

FRANCO: Se vuoi leggere intelligentemente un testo italiano devi imparare specialmente i verbi. In Italia hai già acquistato un buon vocabolario. Ora impara i verbi!

PIA: Sì, sono difficili e poi ci sono tanti verbi irregolari!

FRANCO: Il segreto è di imparare i verbi irregolari uno alla volta

1. Note that *quello* has the same endings as *bello,* given in the grammar notes of Lesson XXII. *(See p. 73)*

quando li trovi nelle letture. Consulta la grammatica e impara a memoria le forme irregolari.

PIA: E le coniugazioni?

FRANCO: Le coniugazioni sono tre: *prima* in cui l'infinito termina in *-are* (amare); *seconda* in cui l'infinito termina in *-ere* (vendere); e la *terza* in cui l'infinito termina in *-ire* (finire).

PIA: E i modi?

FRANCO: Indicativo, congiuntivo, condizionale e imperativo.

PIA: E i tempi?

FRANCO: Ci sono i tempi semplici e i tempi composti. Questi ultimi si devono coniugare con uno dei due ausiliari.

PIA: Cioè *essere* e *avere*.

FRANCO: Perfettamente!

PIA: Quali sono i tempi dell'indicativo?

FRANCO: Nell'indicativo ci sono quattro tempi semplici e quattro tempi composti.

PIA: E sono?

FRANCO: Presente, imperfetto, passato remoto e futuro sono semplici. I tempi composti sono: passato prossimo, trapassato prossimo, trapassato remoto e futuro anteriore.

PIA: E il congiuntivo?

FRANCO: Il congiuntivo ha quattro tempi, due semplici, cioè presente e imperfetto, e due composti, cioè passato e trapassato. Il condizionale ha soltanto due tempi: presente e passato.

PIA: Naturalmente l'imperativo ha soltanto un tempo. Sull'aeroplano nel viaggio di ritorno studierò i verbi e leggerò le biografie e le fiabe.

FRANCO: Brava Pia! Sei un'alunna modello! Però ricorda di imparare anche le forme *non finite* dei verbi, cioè l'infinito, il participio e il gerundio.[2]

Esercizi

A. Conversazione

1. Che cosa si deve imparare per leggere intelligentemente un testo italiano?
2. Quanti verbi irregolari ci sono?
3. Quante coniugazioni ci sono?

2. *For complete verb conjugations see Appendix, pp. 230–44.*

4. Quali sono?
5. Quali sono i modi?
6. Quali sono i tempi s*e*mplici dell'indicativo?
7. Come si d*e*vono coniugare i tempi composti?
8. Quali sono i tempi composti dell'indicativo?
9. Quanti tempi ha il congiuntivo?
10. Quali sono?
11. Quanti tempi ha il condizionale?
12. Quali sono?
13. Quanti tempi ha l'imperativo?
14. Quando studierà i verbi Pia?
15. Conosce Lei l'infinito, il participio e il gerundio del verbo *amare*?
16. Quali sono?

B. Scr*i*vere la prima persona singolare e la prima persona plurale del presente indicativo di due verbi di prima, di seconda e di terza coniugazione.

Una piazza — Firenze

Arrivederci! Addio!

addio farewell
adesso now
arriverete you will arrive: from *arrivare*
Attenti! Attention!, Beware!
fermato stopped
Firenze Florence
forse perhaps
grigio gray
mezzanotte midnight
mezzogiorno noon
Milano Milan
i morti the dead
l'orologio watch
la partenza departure
pioverà it will rain: from *piovere*
prenderanno they will take: from *prendere*
prima before
prossimo next
ci rivedremo we will see each other again: from *rivedersi*
triste sad
Venezia Venice
ventiquattresimo twenty-fourth
visiteranno they will visit: from *visitare*
aver ragione to be right
alle tredici at one P.M. (thirteen hundred hours)
Buon viaggio! Have a good trip!
Che ora è? *or* **Che ore sono?** What time is it?[1]

Oggi è il 20 (venti) agosto ed è una giornata triste. Anche il tempo è grigio. Forse pioverà. La famiglia Merola deve partire. Prima di ritornare in America Pia e i suoi genitori visiteranno Firenze, Venezia e Milano. Da Milano prenderanno l'aviogetto per Chicago. Le valige sono pronte. È l'ora della partenza. Adesso sono all'aliscafo.

PIA: Che ore sono?

FRANCO: Sono le undici e venticinque.

PIA: Il mio orologio si è fermato.

MARIO: Io ho le undici e venti.

FRANCO: L'aliscafo parte a mezzogiorno meno un quarto. Arriverete a Napoli alle tredici.

PIA: Prenderemo l'aviogetto per Firenze alle quindici e arriveremo verso le diciassette.

1. *See details for telling time in the Appendix pp. 217–218.*

FRANCO: Ecco è ora di andare a bordo. Addio, Pia! Attenti al mal di mare, voi tutti. Attenti!

PIA: Perchè dici "addio"?

FRANCO: Sì, hai ragione. Arrivederci al mese prossimo!

MARIO: Addio si dice ai morti! Arrivederci, Pia, quando ritornerai?

PIA: Spero tra due anni.

MARIO: Buon viaggio e felice ritorno!

FRANCO: Buon viaggio a tutti! Buon viaggio, Pia!!

PIA: Arrivederci, Mario! Ciao, Franco! Presto ci rivedremo a Chicago . . . . con la neve!

Esercizi

A. Conversazione

1. Che giorno è oggi?
2. Che tempo fa?
3. Che deve fare la famiglia M*e*rola?
4. Quali città visiteranno i M*e*rola prima di ritornare in America?
5. Dove prenderanno l'aviogetto per Chicago?
6. A che ora vanno all'aliscafo?
7. Quale orologio si è fermato?
8. A che ora parte l'aliscafo per N*a*poli?
9. A che ora arriveranno a N*a*poli?
10. A che ora va a casa Lei oggi?

B. Completare le frasi seguenti.

1. Forse (it will rain) ____________________.
2. La fam*i*glia M*e*rola (must leave now) ____________________.
3. Pia (will visit) ____________________ Firenze.
4. (She will take) ____________________ l'aviogetto per Chicago.
5. (Now she is) ____________________ all'aliscafo.
6. (One says) ____________________addio ai morti.
7. Quando (will Pia return) ____________________ in Italia?
8. (She hopes) ____________________ tra due anni.
9. Pia e Franco (will see each other again) ____________________ a Chicago.
10. (They are right) ____________________, non è vero?

C. Dare l'ora in italiano.

1. 1:00 P.M.	6. midnight
2. 11:45 A.M.	7. noon
3. 8:10 P.M.	8. 5:25 A.M.
4. 6:30 P.M.	9. 7:15 A.M.
5. 9:00 A.M.	10. 10:20 P.M.

Il Palatino: Rovine degli archi romani

RIPETIZIONE

A. LETTURA

Pia, Franco, Mario e l'ingegnere Merola vanno a Pompei per tre giorni. Prendono alloggio all'Albergo Vesuvio e visitano la città sepolta dall'eruzione del vulcano nel 79 (settantanove) dell'era cristiana. Agli Scavi vedono tante statue, colonne, case, piazze! Ci sono molte vecchie strade costruite più di duemila anni fa e c'è un museo dove sono raccolti molti cimeli della città distrutta dall'eruzione del Vesuvio. Visitano l'anfiteatro e una villa pompeiana che è quasi intatta.

Pia desidera comprare delle cartoline illustrate e dei francobolli e Franco le spiega che in Italia i francobolli si possono comprare non soltanto alla posta, ma anche alle tabaccherie.

Il 15 agosto è il compleanno di Pia. La famiglia Ruggieri festeggia la giovane ospite con una piccola festa. C'è una bella torta con diciassette candeline. Pia soffia sulle candeline ed esprime il desiderio di ritornare in Italia. Tra i regali che Pia riceve per il suo compleanno ci sono tre libri molto utili per imparare la lingua e le istituzioni italiane.

Franco spiega a Pia i verbi italiani e Pia promette di impararli bene prima di leggere le biografie e le fiabe.

Quando il giorno della partenza arriva tutti sono molto tristi. Ma Pia presto rivedrà Franco a Chicago. Arrivederci Italia!

B. Rispondere alle seguenti domande con frasi complete.

1. Quali sono i giorni della settimana?
2. Quali sono i mesi dell'anno?
3. Perchè Pia va in Italia?
4. Che cosa impara Pia in Italia?

5. Come si chiama la famiglia di Franco?
6. Come si chiama la famiglia di Pia?
7. Quale *i*sola v*i*sitano i M*e*rola?
8. Chi è la guida e il maestro di Pia in Italia?
9. Che cosa fanno i M*e*rola a Ischia?
10. Dove si trova la città sepolta?
11. Quanti fratelli e sorelle ha Franco?
12. Chi è sempre affamato?
13. Chi dice che a Chicago n*e*vica sempre?
14. Quando Pia e Franco v*i*sitano Roma dove vanno la sera?
15. Quale importante lezione di gramm*a*tica Franco dà a Pia?
16. Quanti anni compie Pia il 15 agosto?
17. Quali regali riceve Pia per il suo compleanno?
18. Da chi riceve un disco di canzoni napoletane?
19. Che cosa si impara leggendo le biografie di uomini e donne illustri?
20. Che cosa si impara leggendo le fiabe?

C. Scr*i*vere un breve componimento intitolato VACANZE IN ITALIA.

Part Two

UOMINI E DONNE ILLUSTRI

Note that in this section cognates will be generally omitted from glossaries. Whenever in doubt about a word, consult the master vocabulary at the end of the book.

MARCO POLO

(1254–1325?)

Il Milione

accolse he, she welcomed: from *accogliere*
l'aspetto appearance
il cartografo cartographer
cercarono they sought: from *cercare*
cominciò he, she began: from *cominciare*
il commercio commerce
il concittadino fellow-citizen
il convitato dinner guest
si convinsero they were convinced: from *convincersi*
cremisino crimson, deep purplish red
la cucitura seam
dapprima at first
ha dato he, she gave: from *dare*
diedero they gave: from *dare*
avevano dimenticato they had forgotten: from *dimenticare*
il disegno drawing, design
disfare to undo, to unmake
esprimersi to express oneself
l'Estremo Oriente Far East
fausto happy
la favola fable
favoloso fabulous, legendary
fiabesco fable-like
il forestiero foreigner, stranger
il Gran Khan the Emperor of China
grosso big
ignoto unknown
indossarono they wore: from *indossare*
inoltre besides
il Levante the East
lontano far
il Medio Evo the Middle Ages
la mèta goal
il milione million
nemmeno not even
l'Occidente the West
l'orlo hem
il panno cloth
parecchio several
la patria native country
la pietra stone
poichè since
il Ponente the West
i posteri posterity
poterono, *or* potettero they were able: from *potere*
pretendevano they claimed, expected: from *pretendere*
si racconta they recount, say: from *raccontare*
il racconto story
il raso satin
la regina queen
la ricchezza wealth
riconobbe he, she recognized: from *riconoscere*
rifare to do again
si ritirarono they withdrew: from *ritirarsi*
riuscirono they succeeded: from *riuscire*

sembr*a*vano they seemed: from *sembrare*
la Seren*i*ssima Rep*u*bblica the Republic of Venice
il sogno dream
spinse it pushed: from *spingere*
stanco tired
aveva udito he, she had heard: from *udire*
il velluto velvet
i vestiti clothes
il viaggiatore traveler
lo zio uncle
con sè with himself, with herself
per incanto by magic
per ischerzo jokingly
senza dubbio doubtless
in salvo in safety

Venezia, regina del Mare Adri*a*tico, un tempo Seren*i*ssima Repubblica, è la città del sogno. Con i suoi canali, le g*o*ndole, i palazzi, la magn*i*fica Bas*i*lica di San Marco, questa città è la mèta di viaggiatori da tutto il mondo. Eppure Venezia ha dato al mondo i suoi grandi viaggiatori tra cui senza dubbio il più famoso è Marco Polo. I suoi viaggi avventurosi in Cina sono favolosi e perfino il suo ritorno in p*a*tria dopo questi viaggi ha del meraviglioso e del leggend*a*rio.

Si racconta che quando Marco, il padre Niccolò e lo zio Matteo ritorn*a*rono a Venezia dall'Oriente, nessuno li riconobbe, nemmeno le persone di famiglia. I Veneziani cred*e*vano i viaggiatori morti da anni e anni poichè erano assenti dalla città da quasi un quarto di s*e*colo. Il loro aspetto era molto cambiato non soltanto perchè era passato tanto tempo, ma anche perchè *e*rano molto stanchi per il lungo viaggio. Inoltre i viaggiatori av*e*vano difficoltà ad esprimersi nella lingua nativa che av*e*vano quasi dimenticata. Allora chi erano questi tre forestieri con vestiti di panno grosso che pretend*e*vano farsi ricon*o*scere dalla famiglia e dai concittadini?

Durante un fausto banchetto che di*e*dero per celebrare il loro ritorno, i tre viaggiatori si ritir*a*rono nelle loro c*a*mere parecchie volte per cambiarsi in eleganti *a*biti cremisini di raso, di damasco e di velluto. Poi Marco, che era il più giovane, portò fuori i vestiti t*a*rtari di panno grosso che indoss*a*vano al loro arrivo e cominciò a disfarli. Da orli e cuciture come per incanto cad*e*vano z*a*ffiri, smeraldi, diamanti e rubini. Per portare in salvo le ricchezze ricevute dall'imperatore cinese, i viaggiatori le avevano scambiate per queste gemme.

Alla vista di tante pietre preziose i convitati si conv*i*nsero che i tre u*o*mini erano veramente i Polo di ritorno da terre favolose e lontane. Allora tutta Venezia accolse i tre viaggiatori con feste e onori e Marco stesso cominciò a circolare racconti delle fiabesche ricchezze orientali per tutta la città. Poichè lui parlava di milioni e milioni posseduti dal Gran Khan, per ischerzo, i suoi spiritosi concittadini cominci*a*rono a chiamarlo Marco Milione. Questo nome i p*o*steri di*e*dero al suo libro che dapprima Marco aveva intitolato *Il libro delle maraviglie del mondo.*

Ma ai contemporanei di Marco che vivevano nel Medio Evo, quando mai nessuno aveva viaggiato nell'Estremo Oriente, i racconti del libro *Il Milione* sembravano favole. In realtà il libro di Marco è generalmente un vero e proprio documento di usi e costumi e della geografia di luoghi fino allora ignoti in Occidente.

Nei secoli seguenti *Il Milione* diventò molto utile a viaggiatori, mercanti e cartografi. Studiando il libro di Marco Polo i cartografi poterono rifare il disegno dell'Asia dal Mar Rosso al Levante. I mercanti cercarono nuovi mercati per il loro commercio e la descrizione dell'opulenza della Cina e del Giappone spinse Cristoforo Colombo a cercare una via più breve verso l'Estremo Oriente navigando per ponente. Si dice che Colombo portava sempre con sè *Il Milione* durante i suoi famosi viaggi.

Esercizi

A. Conversazione

1. Che cos'è la Serenissima Repubblica?
2. Di chi è la mèta Venezia?
3. Chi è il più famoso dei grandi viaggiatori veneziani?
4. Dove viaggiò Marco Polo?
5. Quando Marco, il padre e lo zio ritornarono a Venezia chi li riconobbe?
6. Che cosa fecero i viaggiatori durante un fausto banchetto?
7. Che cosa cadeva da orli e cuciture?
8. Perchè i Veneziani chiamavano Marco Polo, Marco Milione?
9. Dapprima come aveva intitolato Marco il suo libro?
10. Chi aveva viaggiato in Estremo Oriente nel Medio Evo?
11. Che cosa sembravano i racconti del libro *Il Milione?*
12. In realtà che cos'è il libro di Marco?
13. Perchè *Il Milione* era utile ai mercanti?
14. Che cosa fecero i cartografi?
15. Che cosa portava sempre con sè Cristoforo Colombo?

B. (a) Completare con l'imperfetto e il passato remoto del verbo ESSERE.

imperfetto

1. Lui ________________ a casa di Mario.
2. Io ________________

3. Voi ____________________

4. Loro ____________________

5. Essi ____________________

6. Lei ____________________

passato remoto

1. Voi ____________________ a Venezia per le vacanze estive.

2. Tu ____________________

3. Egli ____________________

4. Lei ____________________

5. Loro ____________________

6. Noi ____________________

(b) Completare con l'imperfetto e il passato remoto del verbo AVERE.

imperfetto

1. Lei ____________________ molte gemme.

2. Tu ____________________

3. Noi ____________________

4. Voi ____________________

5. Loro ____________________

6. Essa ____________________

passato remoto

1. Lui ____________________ un bel regalo da Giovanni.

2. Voi ____________________

3. Tu ____________________

4. Essi ____________________

5. Io ____________________

6. Noi ____________________

[XXVII] LEZIONE VENTISETTESIMA

abbastanza enough, rather
si accompagnarono they joined: from *accompagnarsi*
l'ambasciatore ambassador
l'ambasceria *also* **l'ambasciata** embassy, message
attendere to wait
attraverso across
avanzarono they advanced: from *avanzare*
la battaglia battle
fu catturato he, she was captured: from *catturare*
conobbe he, she met: from *conoscere*
consegnare to deliver
contenente containing
la corte court
dettò he, she dictated: from *dettare*
dirigevano they directed: from *dirigere*
il dotto scholar
dovettero they were obliged: from *dovere*
fino, fin as far as, until, even
francese French
Genova Genoa
genovese Genoese
il giovinetto young boy, youth
la guerra war
l'imbarcazione boat, craft
insegnare to teach
intrapresero they undertook: from *intraprendere*
inviare to send
il letterato man of letters
fu letto it was read: from *leggere*
mandava he, she was sending: from *mandare*
mirava he, she aimed at: from *mirare*
il nipote grandson, nephew
il papa pope
il papato papacy
la peripezia vicissitude
persico Persian
il prigioniero prisoner
raggiunsero they reached: from *raggiungere*
rimasero they remained: from *rimanere*
era scoppiato it had burst out: from *scoppiare*
lo scopritore discoverer
scritto written
il signore Lord
la terra earth, land
fu tradotto it was translated: from *tradurre*
traversando crossing: from *traversare*
il Trecento the 14th century
si trovava it was found: from *trovarsi*
a causa owing to
nel frattempo in the meanwhile
nell'interno in the interior
prendere moglie to take a wife
di tanto in tanto from time to time

Poichè Niccolò e Matteo Polo erano mercanti, facevano viaggi nel Mediterraneo e nel Medio Oriente. Dirigevano anche un'agenzia a Soldaia nella lontana Crimea. Nel 1260 (milleduecentosessanta) per il loro commercio intrapresero un viaggio fino alle terre del Volga, ma sulla via del ritorno in Occidente, a causa di una guerra che era scoppiata nel frattempo, invece di ritornare in patria, avanzarono verso i paesi dell'interno.

Dopo tre anni passati a Buchara in Persia, dove ebbero molti onori, si accompagnarono a un'ambasceria che Holaghu Khan[1] di Persia mandava in Cina. Dopo un anno di viaggio attraverso l'Asia Centrale, viaggiarono fino a Sciang-tu a nord di Pechino dove si trovava la corte cinese. Kublai Khan,[2] nipote di Gengis Khan e signore di tutti i Tartari,[3] li accolse con molti riguardi perchè desiderava avere informazioni sugli stati del mondo latino e sul papato. Al loro ritorno in Occidente dopo parecchi anni portarono un'ambasceria di Kublai Khan al papa per ottenere da questo di inviare maestri, dotti e missionari in Cina per insegnare la religione cristiana.

Quando i fratelli ritornarono in patria nel 1269 (milleduecentosessantanove), la moglie di Niccolò era morta e suo figlio Marco era un giovinetto di quindici anni. Nel frattempo anche il papa Clemente IV (quarto) era morto e Niccolò e Matteo dovettero attendere due anni l'elezione del nuovo papa Gregorio X (decimo) per consegnare l'ambasceria di Kublai. Poichè Gregorio X si interessava moltissimo alle missioni tra i Tartari e mirava a convertirli, nel 1271 (milleduecentosettantuno) i fratelli Polo partirono nuovamente portando con loro Marco. Questa volta andarono alla corte di Kublai Khan come ambasciatori del Papa. Marco aveva soltanto diciassette anni quando partirono da Venezia, ma era intelligentissimo e presto dimostrò una straordinaria vocazione come scopritore.

Il viaggio fu lungo e pieno di peripezie. Prima andarono per mare fino a Hormuz nel golfo persico, ma poi, non avendo solide imbarcazioni, decisero di continuare per terra. Traversando la regione desertica del Khorasan verso il Badashshan e il Pamir, continuarono attraverso il Gran Deserto del Gobi e raggiunsero le regioni del Turkestan cinese e la Mongolia. Arrivarono alla residenza di Kublai Khan nel 1275 (milleduecentosettantacinque). I tre Veneziani rimasero in Cina per diciassette anni.

Di ritorno a Venezia, Marco prese moglie ed ebbe tre figlie. Viveva una vita abbastanza tranquilla, ma di tanto in tanto faceva ancora qualche viaggio per mare. Nel 1298 (milleduecentonovantotto) si trovò nella battaglia di Curzola tra Genova e Venezia e fu catturato dai Genovesi. Mentre era prigioniero a Genova, Marco conobbe il letterato

1. *Khan* is a title used in Iran (ancient Persia) and other countries of Asia. It is a title held by hereditary rulers or tribal chiefs. In the Middle Ages *Khan* was the supreme ruler of the Tartar tribes, as well as emperor of China, usually a descendant of Genghis Khan.

2. Kublai Khan (1216-1294) was the founder of the Mongol dynasty in China. He was the grandson of Genghis Khan.

3. Tartar is a member of the various tribes chiefly Mongolian and Turkish, who, originally under the leadership of Genghis Khan, overran Asia and much of Eastern Europe in the Middle Ages.

Rustichello da Pisa che scriveva in lingua "d'oil", cioè in francese antico. Marco dettò il racconto delle sue avventure in Oriente a Rustichello. Così *Il Milione,* scritto in francese e contenente molte forme di lingua italiana, fu poi tradotto in tutte le lingue europee e fu letto in tutta l'Europa fin dal principio del Trecento.

Esercizi

A. Conversazione

1. Perchè Niccolò e Matteo fac*e*vano viaggi nel Mediterr*a*neo e nel Medio Oriente?
2. Perchè avanz*a*rono nell'interno sulla via del ritorno in Occidente?
3. Dove si trovava la corte cinese?
4. Chi era Kublai Khan?
5. Perchè accolse Niccolò e Matteo con molti riguardi?
6. A quale Papa i Polo consegn*a*rono l'ambasceria di Kublai?
7. In quale anno partì Marco con il padre e con lo zio?
8. Fu f*a*cile il viaggio dei tre Polo?
9. Quanti anni aveva Marco quando part*i*rono da Venezia?
10. Che cosa dimostrò Marco?
11. Quanti anni i Polo rim*a*sero in Cina?
12. Da chi fu catturato Marco?
13. A chi dettò *Il Milione?*
14. In quale lingua fu scritto il libro?
15. In quali lingue fu tradotto?

B. Studiare e scr*i*vere l'imperfetto e il passato remoto dei verbi FARE, MANDARE e DOVERE. Qual'è il participio di questi verbi?

l'abitante inhabitant
appresero they learned: from *apprendere*
l'argento silver
il banano banana palm[1]
la canfora camphor
la canna da zucchero sugar cane
la cannella cinnamon
la carta moneta paper money
il cigno swan
conosciuto known
conquistato conquered
il dattero date palm
la descrizione description
il dettaglio detail
disimpegnare to disengage
divenne he, she became: from *divenire*
la fabbrica factory
la fiducia confidence
il Giappone Japan
il grifone griffin
si guadagnò he, she earned: from *guadagnarsi*
l'incarico charge
il lettore reader
migliaia thousands
montagnoso mountainous
Nanchino Nanking
narra he, she narrates: from *narrare*
nero black
la nettezza neatness
la noce moscata nutmeg
notevole noteworthy
l'oro gold
il pavone peacock
Pechino Peking
il pepe pepper
la pernice partridge
il popolo people
raccoglieva he, she gathered: from *raccogliere*
raffinato refined
aveva scelto he, she had chosen: from *scegliere*
la scimmia monkey
sconosciuto unknown
seguiva he, she followed: from *seguire*
soddisfare to satisfy
il sovrano sovereign
la spezia spice
strano strange
sveglio wide-awake
l'uccello bird
andare a caccia to go hunting
di ogni genere of every description

Il Milione non è un racconto d'itinerari cronologici, nè è un'autobiografia. Invece è un libro pieno di descrizioni delle regioni e dei popoli della Cina. Nel suo libro Marco chiama la Cina il Catai. Di Marco apprendiamo che egli imparò quattro lingue orientali e che dal suo arrivo si guadagnò la fiducia e l'affetto di Kublai Khan. Alla corte c'erano altri stranieri, Turchi, Armeni, Persiani e Arabi, ma Marco, per la sua sveglia intelligenza, divenne il favorito del Gran Khan. Seguiva l'imperatore alla sua residenza estiva, assisteva alle feste di corte e andava a caccia con Kublai.

Kublai mandò Marco in numerose missioni in molti paesi del Catai,

1. Note that *la banana,* the fruit, is feminine.

onore grandissimo per uno straniero. Ma il suo più grande onore fu quello di diventare governatore di una provincia conquistata dal sovrano. Per tre anni, fino al 1287 (milleduecentottantasette), Marco governò la famosa città di Jangiu, situata a nord est della moderna Nanchino.

Nel racconto di Marco le città cinesi sono presentate opulenti e fiabesche. Marco ne narra le meraviglie. Narra di una metropoli Quinsai, oggi chiamata Heng-chow, ricca di migliaia di fabbriche, di bellissimi ponti e di migliaia di bagni. Questa città aveva più di un milione e mezzo di case. Marco descrive la vita raffinata degli abitanti, i loro onesti costumi, la loro affluenza e nettezza.

Anche notevole è la descrizione che Marco fa di Cambaluc, cioè della città che oggi si chiama Pechino e che Kublai Khan aveva scelto come capitale dell'impero. Poichè Marco fece moltissimi viaggi nel Catai per disimpegnare gli incarichi di Kublai, egli descrive non soltanto città, ma anche regioni deserte e montagnose. Marco raccoglieva informazioni di ogni genere per soddisfare la curiosità dell'imperatore e il suo proprio desiderio di scoperte e di conoscenza.

Spesso descrive piante e animali asiatici, specialmente quelli sconosciuti in Occidente. Descrive leopardi, tigri, scimmie, elefanti, rinoceronti e serpenti. Racconta dettagli di uccelli esotici, tra cui pernici, cigni, pavoni e i favolosi grifoni. Marco fa anche utili descrizioni della flora. Descrive gli alberi del pane e del vino, la canna da zucchero, i datteri, i banani con i "frutti di paradiso", le canne di bambù del Tibet e le piante di spezie come la canfora, la cannella, il pepe bianco e nero e la noce moscata.

Inoltre Marco è il primo Occidentale a dare informazioni di luoghi e paesi orientali non veduti da lui, ma conosciuti attraverso conversazioni con mercanti e piloti che li avevano visitati. Parla per primo del "paese del sol levante", l'isola meravigliosa che egli chiama lo Zipangu, cioè il moderno Giappone, ricco di oro e di perle. Altri paesi allora sconosciuti in Occidente e di cui Marco dà informazioni sono il Laos, il Siam e il Tibet. Dal libro di Marco Polo i lettori europei appresero informazioni climatiche della Russia e della Siberia, delle ignote acque dell'Oceano Pacifico e dell'Oceano Indiano. Ci sono perfino informazioni dell'Abissinia, della costa dell'Africa orientale e dell'isola di Madagascar.

Il Milione contiene anche racconti di riti religiosi, del Budda e di costumi strani, ma Marco dà anche informazioni pratiche come la descrizione dell'eccellente servizio postale in Cina e della carta moneta che il Gran Khan distribuiva nelle provincie conquistate dopo che ne ritirava l'oro e l'argento.

Esercizi

A. Conversazione

1. È un'autobiografia *Il Milione*?
2. Quante lingue orientali imparò Marco?
3. Chi erano gli altri stranieri alla corte di Kublai?
4. Dove andava Marco con l'imperatore?
5. Come sono presentate le città cinesi nel racconto di Marco?
6. Perchè era famosa Quinsai?
7. Come si chiamava Pechino?
8. Quale fu il più grande onore che ebbe Marco?
9. Quali animali descrive Marco?
10. Quali alberi e piante?
11. Aveva visitato il Giappone Marco?
12. Che cosa appresero i lettori europei dal libro di Marco?
13. Marco fa il racconto di quali paesi fino allora sconosciuti in Occidente?
14. Quali sono altre informazioni pratiche che dà Marco?
15. Quando e dove distribuiva la carta moneta il Gran Khan?

B. Cambiare il verbo dal presente al passato remoto.

1. Marco *apprende* ________________ molto nel Catai.
2. Noi *veniamo* ________________ dall'Italia.
3. Lui *diviene* ________________ cittadino americano.
4. Io *apprendo* ________________ l'italiano.
5. Tu *scegli* ________________ una moglie.
6. Loro *divengono* ________________ buoni.
7. Niccolò e Matteo *scelgono* ________________ una casa grande.
8. Voi *divenite* ________________ genitori.

[XXIX] LEZIONE VENTINOVESIMA

acconsentì he, she consented: from *acconsentire*
annunzia he, she announces: from *annunziare*
circondato surrounded
compreso included
il Duecento the 13th century
l'epidemia epidemic
l'esploratore explorer
la flottiglia fleet of small ships
l'impresa enterprise
morì he, she died: from *morire*
perdere to lose
la principessa princess
il re king
il Rinascimento Renaissance
salparono they set sail: from *salpare*
lo scorbuto scurvy
avevano servito they had served: from *servire*
la sosta stop, pause
la sposa bride
lo stretto strait
terrestre terrestrial
tuttavia yet
il vedovo widower
avere la nostalgia to be homesick

Anche il viaggio di ritorno in patria dei tre viaggiatori ha del fantastico. Col passare degli anni cominciarono ad avere la forte nostalgia di Venezia e desideravano ardentemente ritornare in Occidente. Marco aveva quasi quarant'anni e il padre e lo zio ne avevano più di sessanta.

Il Gran Khan naturalmente non desiderava perdere questi tre stranieri che lo avevano servito bene e a lungo. Tuttavia acconsentì al loro ritorno con un nuovo incarico importante. Dovevano accompagnare la principessa Cocacin in Persia. Questa principessa era destinata a diventare la sposa del re Argon di Persia, che era rimasto vedovo. Questa volta i Polo intrapresero il loro viaggio di ritorno per mare.

Nel 1292 (milleduecentonovantadue) con una flottiglia di quattordici navi e una comitiva di più di seicento persone salparono da Zaiton, un importante porto, e poi navigarono per lo stretto di Singapore, facendo necessarie soste a Malacca, a Giava e a Ceylon. Esplorando le coste dell'India e navigando intorno all'intera Asia Meridionale, arrivarono a Hormuz dopo quindici mesi.

Possibilmente a bordo ci fu un'epidemia di scorbuto perchè soltanto diciotto persone arrivarono a destinazione compresi i Polo e la principessa. Dopo nove mesi in Persia, i viaggiatori poterono ritornare in patria nel 1295 (milleduecentonovantacinque).

Marco passò i suoi ultimi anni tranquillamente circondato dalla sua famiglia e senza dubbio raccontando le sue avventure meravigliose. Forse morì nel 1324 (milletrecentoventiquattro) o nel 1325 (milletrecentoventicinque).

Il Milione è considerato il libro più importante del Duecento. Uomo del Medio Evo, tuttavia per la sua vita din*a*mica e avventurosa, Marco annunzia l'energia del Rinascimento e dei tempi nostri. Di lui un critico moderno ha scritto che fu "il più grande esploratore terrestre di tutti i tempi e di tutti i paesi". Ma la sua più grande impresa fu senza dubbio di scr*i*vere il suo libro. Da quasi sette s*e*coli *Il Milione* rimane il primo documento dell'Estremo Oriente in Occidente.

Esercizi

A. Conversazione

1. Col passare degli anni che cosa cominci*a*rono a sentire i Polo?
2. Perchè il Gran Khan non desiderava p*e*rdere i tre stranieri?
3. Perchè acconsentì al loro ritorno?
4. Di chi doveva diventare sposa la principessa Cocacin?
5. Quante persone c'*e*rano nella comitava dei Polo?
6. Questa volta viaggi*a*rono per mare o per terra?
7. Da dove salp*a*rono?
8. Dove f*e*cero necessarie soste?
9. Perchè soltanto diciotto persone arriv*a*rono a destinazione?
10. Quando ritorn*a*rono in patria i viaggiatori?
11. Come passò Marco i suoi *u*ltimi anni?
12. Perchè Marco Polo annunzia l'energia del Rinascimento?
13. Che cosa ha detto di Marco un cr*i*tico moderno?
14. Quale fu la più grande impresa di Marco Polo?
15. Perchè?

B. (a) Completare all'imperfetto del verbo DOVERE.

1. Io ____________________ andare a Ven*e*zia.
2. Noi ____________________
3. Lei ____________________
4. Loro ____________________
5. Tu ____________________

(b) Completare al passato remoto del verbo MORIRE.

1. Lui ____________________ dal caldo.
2. Voi ____________________
3. Essi ____________________

4. Tu ______________________

5. Noi ______________________

(c) Completare al passato prossimo del verbo DIRE.

1. Esse ______________________ la verità.

2. Noi ______________________

3. Io ______________________

4. Lui ______________________

5. Tu ______________________

GINEVRA DE' BENCI

(1457–1520)

La Bencina di Leonardo in America

abbagliante dazzling
l'abbigliamento attire
alcuno some, someone
l'amore love
appare it appears: from *apparire*
attraente attractive
la bocca mouth
il bottoncino small button
la camicetta blouse
campestre rural
i capelli hair
il capolavoro masterpiece
cascante falling
castano auburn
chiuso closed
il collo neck
il copricapo headgear
il corpetto waistcoat, vest
dignitoso dignified
dipinse he, she painted: from *dipingere*
dipinto painted; painting
il dono gift
eretto erect
la fanciulla girl
fedele faithful
fedelmente faithfully
fissa he, she stares: from *fissare*
il frutice shrub
la ghirlanda garland
il ginepro juniper
giovanile youthful
si intravedono they are glimpsed at: from *intravedere*
intrecciato interwined
il laccetto little lace
il lauro laurel
il nastro ribbon
l'occhio eye
l'ombra shade
il paesaggio landscape
pallido pale
pettinato combed
il pittore painter
proviene it originates: from *provenire*
il quadro picture
il ramoscello twig
il riccioletto little curl
riflettere to reflect.
risalta it stands out: from *risaltare*
ritrarre to portray
il ritratto portrait
rossiccio reddish
scuro dark
lo sfondo background
lo sguardo look
soffuso suffused
lo specchio mirror
lo spirito mind, soul
gli Stati Uniti United States
la testa head
triste sad
il verso backside
il volto face

Uno dei doni del genio italiano all'America è il ritratto di Ginevra de' Benci di Leonardo da Vinci.[1] Le opere di Leonardo non sono numerose, ma questo capolavoro si può ammirare proprio nella capitale degli Stati Uniti, nella National Gallery of Art, il grande museo di Washington D.C.[2]

Poichè Leonardo aspirava alla perfezione, ha lasciato soltanto un piccolo gruppo di opere. Questo grande genio del Rinascimento italiano[3] lavorava per molto tempo a un progetto, cercando di ritrarre i più piccoli dettagli della natura e generalmente non considerava mai il lavoro finito. Leonardo aveva una conoscenza straordinaria del carattere umano. Secondo lui un'opera d'arte deve essere come uno specchio e deve riflettere fedelmente i movimenti dello spirito del soggetto dipinto dal pittore.

Alcuni contemporanei di Leonardo affermano che la figura del quadro è una fedele riproduzione della giovane donna che si chiamava Ginevra de' Benci. Leonardo dipinse un ritratto psicologico poichè il carattere della fanciulla appare nei dettagli del dipinto.

La figura giovanile è dignitosa. La testa è eretta e Ginevra fissa l'osservatore con uno sguardo diretto. Al contrario della Monna Lisa che sorride, Ginevra è seria. L'espressione della bocca e degli occhi è malinconica, forse triste. I capelli di un attraente colore castano chiaro sul rossiccio sono pettinati all'indietro con numerosissimi riccioletti cascanti intorno al pallido viso di linee purissime e delicate. La luce illumina il volto espressivo e il collo aristocratico della giovane donna. I colori dell'abbigliamento armonizzano con la persona e con lo sfondo.

Se gli abiti riflettono la sua personalità, Ginevra doveva essere una donna semplice, senza molta vanità. I colori sono sedati ma eleganti. Il rossiccio del corpetto con laccetti azzurri risalta sulla camicetta trasparente chiusa modestamente al collo con un bottoncino. Sull'indietro della testa Ginevra ha un copricapo secondo l'uso delle donne fiorentine del suo tempo. Una stola scura completa il suo abbigliamento.

La luce soffusa sulla figura è tenue piuttosto che abbagliante e proviene dall'alto. Ma la figura risalta sulla grande massa di ginepri

1. Leonardo da Vinci (1452-1519), Italian painter, sculptor, architect, musician, engineer, mathematician, and scientist.

2. This portrait was brought to the U.S. in February 1967 from Liechtenstein, a small principality between Austria and Switzerland. Apparently the masterpiece belonged to the Liechtenstein collection since the 17th century and was probably acquired at the time when the Benci family died out in 1611 and the estate was liquidated.

3. *Rinascimento italiano,* Italian Renaissance, the activity, spirit or time of the great revival of art, literature, and learning beginning in the 14th century and extending through the 16th century, marking the transition from the medieval to the modern world.

che s*e*rvono da sfondo. Questo contrasto tra luce e ombra forma lo *sfumato*[4] per cui le opere di Leonardo sono famose.

I ginepri sono fr*u*tici che con il loro nome simbol*e*ggiano il nome stesso della gi*o*vane donna poichè *ginevra* è la libera forma femminile della parola *ginepro.* Gli *a*lberi e il paesaggio campestre che si intrave*e*dono all'estrema destra del quadro indietro ai ginepri compl*e*tano lo sfondo che simboleggia l'amore di Ginevra per la quiete della campagna.

Questo quadro è il solo dipinto da Leonardo anche sul verso. Sul pannello posteriore, infatti, è rappresentata in grisaglia[5] una ghirlanda di lauro e di palma. Un ramoscello di ginepro è intrecciato a un nastro orizzontale con l'iscrizione latina *Virtutem forma decorat:* la bellezza adorna la virtù.

Esercizi

A. Conversazione

1. Dove si trova il ritratto di Ginevra de' Benci?
2. Chi dipinse il ritratto?
3. Perchè Leonardo lavorava lungo tempo a un progetto?
4. Secondo Leonardo che cosa si deve rifl*e*ttere in un'opera d'arte?
5. Perchè è un ritratto psicol*o*gico quello di Ginevra de' Benci?
6. Di che colore sono i capelli e come sono pettinati?
7. È felice Ginevra?
8. Come sono gli *a*biti di Ginevra?
9. Come si chiama il contrasto tra luce e ombra?
10. Quali fr*u*tici sono nello sfondo?
11. Che cosa simbol*e*ggiano i ginepri?
12. Come si sa che Ginevra amava la campagna?
13. Sono tutti i quadri di Leonardo dipinti sul verso?
14. Che cosa è rappresentata sul pannello posteriore?
15. Quali sono le parole dell'iscrizione?

B. Da quali verbi der*i*vano INTRAVEDERE e PROVENIRE? Scr*i*vere questi verbi alla prima e alla seconda persona singolare e alla seconda persona plurale del presente, imperfetto e passato remoto.

4. *sfumato* is the subtle and minute gradation of tone and color used to blur or veil the contours of a form in painting. Leonardo was an expert in the use of this technique.

5. *grisaglia,* grisaille, monochromatic painting in shades of gray.

affascinante fascinating
l'ammiratore admirer
aggiungere to add
altero haughty
ammalato ill
l'aneddoto anecdote
si apprende one learns: from *apprendere*
il banchiere banker
benamato well-beloved
il che which
cittadino civic; citizen
la dama lady
discendeva he, she descended: from *discendere*
distinto distinguished
divoto, *or* devoto pious, devout
dorato golden
gravemente seriously
le labbra lips
la leggiadrìa comeliness
il marito husband
marmoreo marble-like
il matrimonio marriage
nacque he, she was born: from *nascere*
nomina he, she names: from *nominare*
è paragonata it is compared
rifuggente fleeing
ritraggono they portray: from *ritrarre*
era scappata she had fled: from *scappare*
il soprannome nickname
sottrarsi to escape from
aveva sposato he, she had married: from *sposare*
la statura height
la tristezza sadness
vermiglio vermilion, brilliant red
il vizio vice
la carta geografica map
versare in difficili condizioni to be in a difficult situation

Bella e virtuosa, chi era Ginevra de' Benci? Il suo aspetto altero e la sua bellezza marmorea nel quadro ritraggono fedelmente la realtà fisica e morale della giovane donna? Come le altre figure femminili di Leonardo,[1] la Ginevra del ritratto appare misteriosa e perciò è affascinante.

Ginevra de' Benci nacque nell'agosto del 1457 (millequattrocentocinquantasette), figlia di Amerigo Benci, un ricco banchiere fiorentino. La famiglia Benci aveva insigni tradizioni culturali e influenza politica. Il fratello Giovanni era il benamato di Ginevra. Era amico intimo di Leonardo con cui scambiava libri, carte geografiche e pietre preziose. Spesso Leonardo era ospite dei Benci e molto probabilmente durante uno dei suoi soggiorni con la famiglia dipinse Ginevra.

All'età di sedici anni Ginevra aveva sposato Luigi Niccolini nella casa dei suoi genitori, un palazzo ancora oggi in Firenze a Via de' Benci. Il marito di Ginevra era vedovo e aveva trentadue anni. Discendeva da

1. The most famous feminine portrait by Leonardo is the Mona Lisa, also called "La Gioconda," now in the Louvre museum in Paris.

una distinta famiglia, eminente nel governo di Firenze da alcune generazioni. Luigi divenne gonfaloniere[2] della città nel 1478 (millequattrocentosettantotto) e priore[3] nel 1480 (millequattrocentottanta).

In quell'anno Ginevra aveva solo ventitrè anni, ma era stata ammalata gravemente. Tuttavia fu proprio nel 1480 che Leonardo dipinse il suo ritratto. In questo stesso periodo ci fu uno sc*a*ndalo nella famiglia Benci e la famiglia Niccolini versava in diff*i*cili condizioni finanziarie. A queste tragedie familiari si deve aggi*u*ngere che Ginevra non ebbe mai figli, il che può anche spiegare la sua tristezza nel ritratto di Leonardo.

Forse gli sc*a*ndali e la malattia influenz*a*rono Ginevra a rifugiarsi in campagna. Da due sonetti scritti per lei da Lorenzo il Magn*i*fico[4] si apprende che Ginevra era scappata da Firenze in una villa di campagna per sottrarsi ai vizi e alla corruzione cittadina. Lorenzo chiama Ginevra "*a*nima gentile" e "*a*nima divota", rifuggente le tentazioni della città.

Dunque Ginevra era virtuosa. Da una l*e*ttera scritta da Roma da un ammiratore si apprende che era anche religiosissima e che era poetessa. Secondo questa l*e*ttera, le dame romane la consider*a*vano modello di virtù, di intelligenza e di grazia. La palma e il lauro sul verso del ritratto di Leonardo sono s*i*mboli dei poeti.

Fisicamente Ginevra era bella. Il Poliziano[5] la n*o*mina nella sua collezione di an*e*ddoti chiam*a*ndola *La Bencina*. Senza dubbio questo soprannome diminutivo sign*i*fica che Ginevra era di statura piccola e delicata. In alcuni poemi latini di altri due contemporanei Ginevra è descritta come la più bella fanciulla di Firenze con capelli castani dorati e occhi bell*i*ssimi. La sua grazia è paragonata a quella di Venere, il suo collo bianco alla neve e le sue labbra verm*i*glie ai fiori in primavera.

Bella e virtuosa, Ginevra de' Benci fu l'ispirazione di eminenti poeti e del genio universale di Leonardo da Vinci. Dopo cinque s*e*coli, la leggiadrìa di questa giovane donna fiorentina del Rinascimento vive in un capolavoro d'arte, in un grande museo nella capitale degli Stati Uniti d'Am*e*rica.

2. *Gonfaloniere*, gonfalonier, was a chief of civil government.

3. *Priore*, prior, was the position of chief magistrate during the Middle Ages and Renaissance.

4. Lorenzo de' Medici, called Lawrence the Magnificent (1449-92), was a poet, patron of the arts and literature, and ruler of Florence, 1478-92.

5. Angelo Poliziano (1454-94), Italian classical scholar, teacher, and poet.

Esercizi

A. Conversazione

1. Chi era il padre di Ginevra?
2. A che età Ginevra sposò Luigi Niccolini?
3. Che cosa divenne Luigi nel 1480?
4. Quanti anni aveva Ginevra quando Leonardo dipinse il suo ritratto?
5. Chi era il benamato di Ginevra?
6. Di chi era amico *i*ntimo Giovanni?
7. Che cosa influenzò Ginevra a rifugiarsi in campagna?
8. Come la chiama Lorenzo il Magnifico?
9. Ebbe figli Ginevra?
10. Che cosa si apprende da una l*e*ttera scritta da un ammiratore?
11. Come consider*a*vano Ginevra le dame romane?
12. Di chi sono il s*i*mbolo la palma e il lauro?
13. Perchè il Poliziano chiama Ginevra *La Bencina?*
14. Era bella e virtuosa Ginevra?
15. Dove vive oggi la leggiadrìa di questa gi*o*vane donna fiorentina del Rinascimento?

B. (a) Dare le seguenti forme del verbo RITRARRE ai tempi indicati.

	presente	*imperfetto*	*futuro*	*passato remoto*
1. io	____________	____________	____________	____________
2. egli	____________	____________	____________	____________
3. noi	____________	____________	____________	____________
4. essi	____________	____________	____________	____________

(b) Scr*i*vere il verbo NASCERE all'imperfetto e al passato remoto.

RIPETIZIONE

A. Vero o falso

1. Tra i viaggiatori veneziani Marco Polo è il più famoso.
2. Quando Marco, il padre e lo zio ritornarono a Venezia tutti li riconobbero.
3. Diedero un fausto banchetto per celebrare la regina.
4. I tre viaggiatori si cambiarono in abiti cremisini di raso, di damasco e di velluto.
5. Da orli e cuciture cadevano molti milioni.
6. *Il Milione* divenne molto utile a viaggiatori, mercanti e cartografi.
7. Per ischerzo i suoi spiritosi concittadini cominciarono a chiamarlo Marco Milione.
8. Niccolò e Matteo facevano viaggi in America.
8. Kublai Khan era l'imperatore di Cina.
10. Al ritorno Niccolò e Matteo portarono un'ambasciata di Kublai Khan al Papa.
11. Nel 1269 la moglie di Niccolò lo aspettava a Venezia.
12. Marco prese moglie ed ebbe tre figli.
13. Nel 1298 Marco si trovò nella battaglia di Curzola.
14. A Genova Marco conobbe un famoso pittore.
15. Marco governò la famosa città di Nanchino.
16. Quinsai era ricca di migliaia di fattorie.
17. Kublai Khan aveva scelto Roma come capitale dell'impero.
18. Marco descrive la canna da zucchero, i datteri, e le piante di spezie.
19. Marco imparò dieci lingue orientali.
20. Marco visitò il Giappone.
21. Marco descrive animali esotici.
22. Marco non dà informazioni pratiche.

23. Il Gran Khan ritirava l'oro e l'argento e poi distribuiva la carta moneta nelle provincie conquistate.
24. Cristoforo Colombo portava sempre con sè *Il Milione*.
25. Marco Polo è un uomo del Medio Evo, ma annunzia l'energia del Rinascimento e dei tempi nostri.
26. Le opere di Leonardo da Vinci sono molto numerose.
27. La National Gallery of Art si trova a Washington D.C.
28. Il ritratto di Ginevra de' Benci è in un museo in Europa.
29. Leonardo da Vinci non aveva una buona conoscenza del carattere umano.
30. Leonardo dipinse il ritratto quando Ginevra aveva sedici anni.
31. Ginevra indossa degli abiti semplici ed eleganti.
32. Ginevra aveva i capelli neri.
33. Il contrasto tra luce ed ombra si chiama *sfumato*.
34. Ginevra era bella, ma non era virtuosa.
35. Ginevra ebbe molti figli.
36. Il marito di Ginevra fu gonfaloniere e priore.
37. Il Poliziano chiama Ginevra *La Bencina* perchà era molto alta.
38. Lorenzo de' Medici scrisse due sonetti per Ginevra.
39. Luigi Niccolini era il padre di Ginevra.
40. Ginevra amava la campagna.

B. DETTATO

1. la fanciulla
2. l'aspetto
3. la noce moscata
4. il nastro
5. il cartografo
6. il vizio
7. il papa
8. la Cina
9. il volto
10. la carta geografica
11. il pittore
12. il marito
13. il racconto
14. lo zio
15. la moglie
16. il viaggiatore
17. il Medio Evo
18. il Rinascimento
19. il pepe
20. il prigioniero
21. la pietra
22. il capolavoro
23. il collo
24. i capelli
25. l'aneddoto

C. Dare le forme corrette dei verbi in italiano.

1. Il ritorno *(has)* del meraviglioso e del leggendario.
2. Leonardo *(painted)* un ritratto psicologico.
3. Marco Polo *(was born)* a Venezia.

4. In questo periodo ci *(was)* uno sc*a*ndalo.
5. I Polo *(had)* molti onori.
6. Luigi Niccolini *(descended)* da una distinta famiglia.
7. Marco *(took)* moglie.
8. *Il Milione (became)* molto utile a mercanti e viaggiatori.
9. Il carattere della fanciulla *(appears)* nei dettagli del dipinto.
10. La bellezza *(adorns)* la virtù.

D. In classe ogni studente dà l'equivalente inglese delle seguenti parole.

milione, favoloso, morale, famoso, persona, difficoltà, arrivo, geografia, prezioso, T*a*rtaro, latino, Marco, contempor*a*neo, cinese, Cina, p*o*polo, tradizione, presentare, descr*i*vere, arte, collezione, provincia, servire, malinc*o*nico, realtà, finire, progetto, ammirare, simboleggiare, influenza, governo, culturale, Veneziano, sonetto, ispirazione, eminente, fiorentino, *i*ntimo, condizione, finanziario

GALILEO GALILEI

(1564–1642)

Eppur si muove!

l'allievo pupil
applicare to apply
asserendo asserting: from *asserire*
avviare to start
battagliero warlike
la bilancia scales
la bilancetta small scales
la caduta fall
la camerata club
il campo field
il collega colleague
comprese he, she understood: from *comprendere*
distaccarsi to part
il dotto scholar
il duomo cathedral
egregiamente splendidly
il figliuolo son
la folla crowd
il fondatore founder
il grave weight
idrostatico hydrostatic
s'immatricolò he, she registered: from *immatricolarsi*
la lampada lamp
il lettore lecturer; reader
il liuto lute
la metà half, middle
la misura measure
il moto motion
si muove it moves: from *muoversi*
ottenne he, she obtained: from *ottenere*
il pendolo pendulum
il pensiero thought, idea
il primogenito first-born
proponevano they proposed: from *proporre*
rifiutò he, she refused: from *rifiutare*
si riuniva he, she met: from *riunirsi*
lo scienziato scientist
la scoperta discovery
seguendo following: from *seguire*
sensibile of the senses
lo stupore amazement
suonava he, she played: from *suonare*
accendersi d'entusiasmo to be fired with enthusiasm
la Torre pendente the Leaning Tower

Galileo Galilei fu il fondatore della scienza sperimentale moderna. Tutta la sua vita questo grande scienziato rifiutò di accettare precetti dogmatici e tradizionali perchè credeva alla propria ragione, all'osservazione dei fatti e alle esperienze sensibili.

Il padre Vincenzo Galilei educò il figliuolo alla libertà di pensiero.

Infatti Vincenzo fu lui stesso grande innovatore nel campo della musica e verso la metà del sedicesimo secolo si riuniva con altri insigni musicisti in casa del Conte Bardi in Firenze per studiare teorie musicali. Così nacque la famosa Camerata dei Bardi o Camerata fiorentina dove si diede una nuova direzione alla musica.

Poichè Vincenzo era mercante, per alcuni anni la famiglia si trasferì a Pisa dove nel 1564 (millecinquecentosessantaquattro) nacque il primogenito Galileo. Dieci anni dopo la famiglia ritornò a Firenze, ma nel 1581 (millecinquecentottantuno) il giovane Galileo era di nuovo a Pisa dove s'immatricolò all'Università per seguire studi in medicina e in filosofia. Il padre lo incoraggiava alla nobile professione medica perchè da ragazzo Galileo dimostrava grande versatilità. Si interessava alla poesia, suonava egregiamente il liuto e l'organo e dipingeva eccellenti quadri. Il padre comprese il genio del figliuolo e voleva avviarlo a una professione lucrativa e dignitosa.

Tuttavia sotto l'influenza di illustri maestri, presto Galileo si accese di entusiasmo per la matematica e per le osservazioni di fisica. Nel 1583 (millecinquecentottantatrè), a soli diciannove anni, fece la prima scoperta. Osservando una lampada che oscillava nel Duomo di Pisa, Galileo scoprì l'isocronismo delle piccole oscillazioni del pendolo. Più tardi applicò questi primi studi in varie esperienze di misure, di tempi e di moti alle osservazioni astronomiche.

Nel 1585 (millecinquecentottantacinque), abbandonati gli studi di medicina definitivamente, Galileo ritornò a Firenze per dedicarsi alla matematica e alla fisica. Cominciò a studiare attentamente le opere di Euclide[1] e quelle di Archimede[2] e nel 1586 (millecinquecentottantasei) inventò la *bilancetta,* poi detta la bilancia di Archimede o bilancia idrostatica.

A Firenze il giovanissimo scienziato cominciò a guadagnarsi la stima dei maggiori matematici di quei tempi e così ottenne la nomina a lettore di matematica nell'Università di Pisa. Durante tre anni a Pisa cominciò a distaccarsi dalle teorie di Aristotele[3] seguendo invece quelli che proponevano la teoria moderna del moto. Si dice che Galileo fece l'esperimento della caduta dei gravi dall'alto della Torre pendente tra lo stupore e lo scandalo degli Aristotelici[4] e davanti a una folla di

1. *Euclide,* Euclid, a Greek geometrician and educator who lived about 300 B.C.

2. *Archimede,* Archimedes (287-212 B.C.), Greek mathematician, physicist, and inventor.

3. *Aristotele,* Aristotle (384-322 B.C.), a Greek philosopher, pupil of Plato and tutor of Alexander the Great.

4. *Aristotelici,* Aristotelians or Peripatetics, pertaining to Aristotle's school of philosophy. Aristotelian logic is the traditional formal logic, especially in the modified form taught in the Middle Ages.

allievi e colleghi. Già da questo periodo della sua prima giovinezza Galileo dimostrava un car*a*ttere l*i*bero e battagliero, asserendo le sue opinioni con convinzione e perseveranza. Risultato del suo studio sul movimento fu l'*o*pera *De motu*[5] scritta in latino per i dotti. Quest'*o*pera apre la via alla din*a*mica moderna.

Esercizi

A. Conversazione

1. Chi fu il fondatore della scienza sperimentale moderna?
2. Che cosa rifiutò di accettare Galileo?
3. Come educò il figliuolo Vincenzo Galilei?
4. Con chi si riuniva Vincenzo Galilei?
5. Che cosa si fece nella Camerata dei Bardi?
6. Che cosa dimostrava da ragazzo Galileo?
7. Amava Galileo la matem*a*tica e la f*i*sica?
8. Quali studi abbandonò a Pisa nel 1585?
9. Di chi studiò le *o*pere Galileo?
10. Com'è anche detta la *bilancetta*?
11. Che fece Galileo durante tre anni a Pisa?
12. Da dove fece Galileo l'esperimento della caduta dei gravi?
13. Davanti a chi fece questo esperimento?
14. Che car*a*ttere dimostrava Galileo dalla sua prima giovinezza?
15. A che cosa apre la via l'*o*pera *De motu*?

B. Scr*i*vere PROPORRE al presente, al futuro e al passato remoto.

C. Da quale verbo deriva OTTENERE? Dare le forme di questo verbo ai tempi indicati.

	presente	*passato remoto*	
1. Galileo	________________	________________	molto successo.
2. Io	________________	________________	
3. Voi	________________	________________	
4. Essi	________________	________________	
5. Noi	________________	________________	
6. Tu	________________	________________	

5. *De motu, About Motion.*

l'adesione participation
approfondì he, she deepened: from *approfondire*
il cannocchiale binoculars
il carcere prison
il capo head
la cattedra professorship
celeste heavenly
chiedere to ask
si destavano they awakened: from *destarsi*
il dominio rule, domain
eliocentrico heliocentric
la fase phase
la fermezza firmness
Giove Jove, Jupiter
il granduca Grand Duke
l'indice index
intanto meanwhile
la macchia spot
il mantenimento sustenance, support
la montagna mountain
mostrare to show
naturale illegitimate, natural
la notizia news, report
l'occhiale binoculars
Olanda Holland
fu onorato he, she was honored: from *onorare*
ottico optical
Padova Padua
la pena punishment
la pianura plain
il prestito loan
si riassumono they are resumed: from *riassumere*
si ristabilì he, she re-established himself, herself: from *ristabilirsi*
scolparsi to defend oneself
la sconfitta defeat
il sospetto suspicion
lo strumento instrument
suora, *or* **suor** sister, nun
tardi late
il trattato treatise
tuttavia yet
aver notizia to hear
far parte to belong
la Sacra Scrittura Holy Scriptures

Quando nel 1591 (millecinquecentonovantuno) morì Vincenzo Galilei lasciando una numerosa famiglia, Galileo divenne il capo di quella famiglia e perciò dovè cercare un'occupazione più lucrativa. L'anno seguente ottenne la cattedra di matematica all'Università di Padova. Questa città faceva parte del dominio della Serenissima Repubblica di Venezia dove l'atmosfera era molto più liberale. A Padova Galileo passò diciotto anni che furono tra i più felici e produttivi della sua vita. Tuttavia spesso doveva chiedere prestiti per provvedere al mantenimento della madre e delle sorelle. In questo periodo conobbe e amò la Veneziana Marina Gamba da cui ebbe tre figli naturali. La primogenita Virginia divenne Suor Maria Celeste che era la sua benamata e che gli fu di grande conforto negli anni difficili.

In questi anni a Padova Galileo compilò un trattato sulle fortificazioni e perfezionò il compasso di proporzione, utilissimo all'industria militare e civile. Inoltre approfondì i suoi studi di astronomia. Già nel 1597 (millecinquecentonovantasette) in lettere sia all'amico Iacopo

Mazzoni che a Keplero[1] cominciò a manifestare la sua fede nelle teorie eliocentriche di Copernico[2]. Ma fu nel 1604 (milleseicentoquattro) in alcune lezioni a Pisa che lo scienziato annunziò per la prima volta pubblicamente la sua adesione al copernicanesimo.

Sempre a Padova, nel 1609 (milleseicentonove) Galileo ebbe notizia di uno strumento ottico inventato in Olanda. Ricevuta la notizia, Galileo costruì e perfezionò *l'occhiale* o *cannocchiale* per vedere oggetti lontani come se fossero[3] vicini. Così nacque il telescopio. Cominciate le osservazioni celesti con questo strumento, Galileo potè osservare i quattro satelliti di Giove, le montagne e pianure della Luna, le fasi di Venere e più tardi le macchie del Sole.

Galileo fu onorato da Cosimo II (secondo) dei Medici per la sua invenzione del telescopio. Il Granduca di Toscana era suo protettore e Galileo gli dedicò il *Sidereus Nuncius*[4] in cui si riassumono le sue prime scoperte astronomiche. Nel 1610 (milleseicentodieci), per invito del Granduca, Galileo si ristabilì a Firenze.

Intanto si destavano i sospetti dell'Inquisizione per le opinioni di Galileo intorno al moto della terra. Nel 1615 (milleseicentoquindici) andò a Roma per scolparsi e per difendere le dottrine copernicane. Per ordine del Papa Paolo V (quinto), la Congregazione dell'Indice condannava la dottrina dell'eliocentrismo come falsa e contraria alla Sacra Scrittura. A quest'epoca Galileo aveva ancora molti amici a Roma, tuttavia la sua fermezza nel voler mostrare l'impossibilità del sistema aristotelico e di quello tolemaico[5] gli procurarono una grave sconfitta. Sotto pena di carcere gli fu proibito di insegnare le dottrine del sistema copernicano.

Esercizi

A. Conversazione

1. Quando si trovò Galileo capo di famiglia?
2. Quando ottenne la cattedra di matematica a Padova?

1. *Keplero,* Johann Kepler (1571-1630), German astronomer.
2. *Copernico,* Nicolaus Copernicus (1473-1543), Polish astronomer who promulgated the now accepted theory that the earth and the other planets move around the sun.
3. *come se fossero,* as if they were.
4. *Sidereus Nuncius, Messenger of the Stars.*
5. *Tolemaico,* Ptolemaic system elaborated by Ptolomy and modified by others, according to which the earth was the fixed center of the universe, with the heavenly bodies moving about it. *Ptolomy,* Claudius Ptolomaeus (A.D. 127-151), Greek mathematician, astronomer, and geographer.

3. Quanti anni passò a P*a*dova?
4. F*u*rono anni felici?
5. Che cosa doveva chi*e*dere spesso?
6. Chi era la figlia benamata di Galileo?
7. Quale trattato Galileo compilò a P*a*dova?
8. Che cosa approfondì?
9. Che cosa annunziò Galileo nel 1604?
10. Che notizia ebbe dall'Olanda?
11. Che cosa perfezionò?
12. Che cosa osservò Galileo col telesc*o*pio?
13. Chi era C*o*simo II dei Medici?
14. Perchè nel 1615 Galileo andò a Roma?
15. Perchè la Congregazione dell'*I*ndice condannava la dottrina dell'eliocentrismo?

B. Cambiare le seguenti forme del verbo FARE ai tempi indicati.

1. *Faccio* una scoperta. (futuro, imperfetto)
2. *Faremo* un viaggio a P*a*dova. (imperfetto, passato remoto)
3. L'allievo *faceva* progressi. (futuro, passato prossimo)
4. Essi *hanno fatto* un esperimento. (imperfetto, passato remoto)
5. *Facesti* un prestito a tuo fratello. (presente, futuro)

[XXXV] LEZIONE TRENTACINQUESIMA

l'abiura abjuration
abiurare to abjure
anzi on the contrary
appaiono they appear: from *apparire*
apparve it appeared: from *apparire*
la capacità capability
cieco blind
convinto convinced
la credenza belief
debole weak
esponeva he, she exposed: from *esporre*
fermamente firmly
il gioiello jewel
Iddio God
il malanno illness
massimo greatest
il nemico enemy
opponeva he, she opposed: from *opporre*
fu permesso it was permitted: from *permettere*
potente powerful
il saggiatore essayer
lo scritto writing
fu sequestrato it was censored: from *sequestrare*
in ginocchio on one's knees

Convinto delle sue teorie eliocentriche, Galileo dovè passare il resto della sua vita a combattere per le sue credenze, ma senza successo. I suoi nemici erano potenti, comprendendo non solo l'Inquisizione, ma anche gli Aristotelici che da secoli seguivano tradizioni rigorose.

Nel 1632 (milleseicentotrentadue) apparve il celebre *Dialogo sopra i due massimi sistemi* in cui Galileo esponeva scientificamente gli argomenti favorevoli e contrari ai sistemi di Copernico e di Tolomeo. Quest'opera fu sequestrata e Galileo fu chiamato di nuovo a Roma davanti al Tribunale dell'Inquisizione. Ora anche il nuovo Papa Urbano VIII (ottavo), che da cardinale era stato amico di Galileo, divenne suo nemico.

Vecchio, debole e malato, lo scienziato dovè abiurare in ginocchio alle sue credenze. Secondo la leggenda, mentre confessava la sua colpa, Galileo mormorò fra sè *Eppur si muove!* Questa leggenda non è confermata dai suoi biografi, tuttavia in un quadro di Murillo[1] dipinto verso il 1645 (milleseicentoquarantacinque), queste parole appaiono sotto il ritratto di Galileo prigioniero.

Oltre all'abiura Galileo fu condannato al carcere e dopo alcuni mesi, poichè soffriva di molti malanni, gli fu permesso di ritirarsi nella sua villa "Il Gioiello" in Arcetri presso Firenze. Qui, cieco e sofferente, Galileo restò fino alla morte quasi prigioniero, circondato dai suoi discepoli, tra cui i più famosi furono Vincenzo Viviani e Evangelista Torricelli.[2] Ma fino all'ultimo istante della sua vita Galileo continuò

1. Bartolomeo Esteban Murillo (1617-1682), Spanish painter.
2. Vincenzo Viviani (1622-1703), Italian mathematician; Evangelista Torricelli (1608-1647), Italian physicist.

a studiare e a lavorare. Altri suoi scritti importantissimi sono *Il Saggiatore* e l'*u*ltima *o*pera intitolata *Dialoghi e Discorsi delle Nuove Scienze.* Morì nel 1642 (milleseicentoquarantadue) l'anno stesso in cui nacque Newton[3] che continuò l'*o*pera sulla gravitazione dei corpi cominciata dal grande Italiano.

Galileo Galilei è considerato uno dei più grandi geni scientifici di tutti i tempi. Questo scienziato non opponeva la scienza alla religione, anzi credeva fermamente che Iddio ha dato all'uomo la capacità di contribuire al progresso leggendo "il grande libro della Natura".

Esercizi

A. Conversazione

1. Perchè Galileo dovè passare il resto della sua vita a comb*a*ttere?
2. Chi *e*rano i nemici di Galileo?
3. Quale *o*pera apparve nel 1632?
4. Che cosa esponeva Galileo in questo di*a*logo?
5. Era amico di Galileo Urbano VIII?
6. A che cosa dovè abiurare lo scienziato?
7. Secondo la leggenda che cosa mormorò Galileo mentre confessava la sua colpa?
8. Dove app*a*iono le parole *Eppur si muove!?*
9. A che cosa fu condannato Galileo?
10. Dove gli fu permesso di ritirarsi?
11. Chi furono i più famosi disc*e*poli di Galileo?
12. Quali sono altri scritti importantissimi di Galileo?
13. Chi nacque nel 1642? Chi morì?
14. Opponeva la scienza alla religione Galileo?
15. Secondo questo grande scienziato che cosa ha dato Iddio all'uomo?

B. Studiare e scr*i*vere il verbo APPARIRE all'imperfetto e al passato remoto.

3. Sir Isaac Newton (1642-1727), English scientist, astronomer, and mathematician.

GIOACCHINO ROSSINI

(1792–1868)

Musica gioconda

l'accompagnatore accompanist
l'ambiente surroundings
l'animo mind, soul
appassionò he, she impassioned: from *appassionare*
Il Barbiere di Siviglia *The Barber of Seville*
La cambiale di matrimonio *The Marriage Bill*
il canto singing
il clavicembalo harpsichord
il corno horn
la gaiezza gaiety
il genere genre, kind
giocondo gay
il musicista musician, composer
la nascita birth
noto known
l'Ottocento the 19th century
La pietra del paragone *The Touchstone*
prevalente prevailing
il quartetto quartet
fu rappresentato it was performed: from *rappresentare*
fu ripetuto it was repeated: from *ripetere*
si risvegliava it was reawakening: from *risvegliarsi*
la spinetta spinet
la stagione season
lo scrittore writer
soprattutto above all
il suonatore player
teatrale theatrical
la voce voice
opera buffa comic opera

Nella sua nota biografia di Gioacchino Rossini, il grande scrittore francese Stendhal[1] scrisse che la musica di questo compositore è tipicamente italiana. La gaiezza e la semplicità sono le caratteristiche principali delle composizioni di Rossini. Nella sua musica si riflette lo spirito latino, giocondo sotto il cielo azzurro d'Italia. Rossini è soprattutto il Maestro dell'opera buffa. *Il Barbiere di Siviglia* è uno dei più grandi capolavori di questo genere.

Il genio musicale di Rossini è ricco di spontaneità e le orchestrazioni e le arie che egli compose riflettono l'atmosfera dell'amore per la libertà prevalente in Italia ai suoi tempi. La musica di Rossini, infatti, dominò il teatro per tutta la prima metà dell'Ottocento, cioè in quel

1. Stendhal (Marie Henri Beyle, 1783–1842), French novelist and critic.

periodo in cui l'intera penisola italiana si risvegliava e gli animi aspiravano alla libertà e all'indipendenza.

Gioacchino era destinato alla musica fin dalla nascita poichè suo padre era suonatore di corno e sua madre era artista di canto. Nacque nel 1792 (millesettecentonovantadue) a Pesaro, porto sul Mare Adriatico tra le Marche e la Romagna. Dapprima prese lezioni di spinetta senza molto profitto. Ma presto il suo genio musicale si manifestò quando la famiglia si trasferì a Bologna e Gioacchino trovò un maestro che lo appassionò allo studio del clavicembalo e coltivò la sua bellissima voce. Continuò per qualche tempo i suoi studi musicali al Conservatorio ma poi li abbandonò per trovare lavoro come suonatore di viola e accompagnatore di clavicembalo nei piccoli teatri di provincia dove lavoravano i suoi genitori.

Così il giovane musicista cominciò a conoscere l'ambiente teatrale e le opere di moda ai suoi tempi. Studiava indipendentemente composizione e imparava la tecnica musicale praticamente dai quartetti e dalle sinfonie di Haydn e di Mozart.[2]

A sedici anni aveva già scritto alcune cantate, ma nel 1810 (milleottocentodieci), a soli diciotto anni, compose la prima opera, *La cambiale di matrimonio,* che fu rappresentata a Venezia. Due anni dopo ebbe il suo primo trionfo al Teatro della Scala di Milano con *La pietra del paragone* che fu ripetuta per cinquanta rappresentazioni nella prima stagione.

Esercizi

A. Conversazione

1. Che cosa scrisse Stendhal nella biografia di Rossini?
2. Quali sono le caratteristiche delle composizioni di Rossini?
3. Che cosa si riflette nella sua musica?
4. Soprattutto di che genere di opera è Rossini il Maestro?
5. Che cosa riflettono le orchestrazioni e le arie che Rossini compose?
6. In che epoca dominò il teatro la musica di Rossini?
7. A che cosa aspiravano gl'Italiani nella prima metà dell'Ottocento?
8. Perchè Rossini era destinato alla musica?
9. Dove si trova Pesaro?

2. Franz Joseph Haydn (1732–1809), Austrian composer; Wolfang Amadeus Mozart (1756–91), Austrian composer.

10. Quando si manifestò il genio musicale di Rossini?
11. Che genere di lavoro trovò nei piccoli teatri di provincia?
12. Che cosa studiava indipendentemente?
13. Quanti anni aveva Rossini quando compose la prima opera?
14. Dove fu rappresentata *La cambiale di matrimonio*?
15. Con quale opera ebbe Rossini il suo primo trionfo al Teatro della Scala di Milano?

B. Studiare e scrivere il verbo RISVEGLIARSI all'imperfetto e al passato remoto.

acclamato applauded
l'adulazione flattery
l'arguzia witticism
si ascoltarono they were heard: from *ascoltare*
attraeva he, she attracted: from *attrarre*
la barzelletta jest, joke
il brio mirth
si cantavano they were sung: from *cantare*
ha compiuto he, she has reached: from *compiere*
aveva composto he, she had composed: from *comporre*
si diffuse it spread: from *diffondersi*
echeggiare to echo
la farsa farce
febbrile feverish
festeggiato celebrated
fu fischiato it was hissed: from *fischiare*
la giocondità jocundity
godere to enjoy
L'italiana in Algeri *The Italian in Algiers*
Mosè in Egitto *Moses in Egypt*
la novità novelty
oramai by this time
Otello *Othello*
la pacatezza staidness
Parigi Paris
il preludio overture
pronto ready
il rappresentante representative
la rappresentazione performance
La scala di seta *The Silken Ladder*
scaturiva it sprang: from *scaturire*
il Settecento the 18th century
spetta it belongs: from *spettare*
la strada road, street
Tancredi *Tancred*
Guglielmo Tell *William Tell*
bel canto a smooth, flowing style of singing
del tutto altogether
il motto di spirito witty saying

Intanto la febbrile attivià musicale di Rossini continuava. Proprio nel 1812 (milleottocentododici) compose sei opere fra cui la farsa *La scala di seta,* anche oggi molto popolare. In soli due anni si presentarono nove delle sue opere in alcuni dei maggiori teatri italiani. Il pubblico cominciava ad appassionarsi alle novità musicali delle sue composizioni. La musica del Settecento non era più sufficiente con la sua idillica pacatezza. La musica di Rossini era invece dinamica, giovanile, esuberante. I crescendo delle sue composizioni sembravano echeggiare i nuovi tempi eroici dell'era napoleonica. E in quel tempo lo Stendhal scrivera: "È qui in Italia un uomo del quale si parla più che di Napoleone; è un compositore di musica e non ha compiuto i vent'anni".

Nel 1813 (milleottocentotredici) il pubblico di Venezia accolse con grande entusiasmo il *Tancredi* e *L'italiana in Algeri.* Le melodie di queste opere non si ascoltarono solo al teatro, ma si suonavano sui clavicembali e si cantavano nelle strade.

Il talento musicale di Rossini scaturiva da un temperamento tutto brio e giocondità. Festeggiato da tutti, bello di persona, Rossini attraeva l'adulazione e l'ammirazione femminile. Sempre pronto al sorriso, amava raccontare barzellette e dire arg*u*zie e motti di sp*i*rito.

Queste caratter*i*stiche personali si manifest*a*vano nelle sue *o*pere buffe, particolarmente ne[1] *Il Barbiere di Siviglia,* che Rossini compose in brevissimo tempo nel 1816 (milleottocentosedici), quando aveva ventiquattro anni. *Il Barbiere* fu rappresentato per la prima volta al Teatro Argentina di Roma sotto la direzione dello stesso Rossini. Alla prima rappresentazione l'*o*pera fu fischiata, ma dalla seconda sera cominciò a godere il grande favore del p*u*bblico fino a diventare una delle *o*pere più popolari di tutti i tempi.

Oltre alle *o*pere buffe, Rossini compose varie *o*pere serie. Tra esse le più importanti sono *Otello, Mosè in Egitto* e *Guglielmo Tell.* Quest'ultima è famosa in tutto il mondo per il prel*u*dio che spesso si suona ai concerti.

A trentasette anni Rossini aveva già composto trentanove *o*pere, ma da quel tempo, per ragioni non del tutto chiare, il Maestro si dedicò ad altri g*e*neri. Rossini sposò Isabella Colbran, una famosa soprano spagnola per la quale compose molte *o*pere.

La fama di Rossini si diffuse non solo in Italia, ma per tutta l'Europa. Per qualche tempo fu a Vienna e poi a Parigi dove passò gli *u*ltimi venti anni della sua vita, sempre festeggiato e acclamato. Rossini coltivò il bel canto e le grandi orchestrazioni, ma fu specialmente Maestro dell'*o*pera buffa. Questo g*e*nere, nato in Italia, è il s*i*mbolo musicale dell'*a*nima italiana. E a Rossini spetta la gloria di esserne il più grande rappresentante.

Esercizi

A. Conversazione

1. Qual'è una delle *o*pere che Rossini compose nel 1812?
2. Quante *o*pere si present*a*rono in soli due anni?
3. Perchè il p*u*bblico cominciava ad appassionarsi alle *o*pere di Rossini?
4. Quali sono le caratter*i*stiche della m*u*sica di Rossini?
5. Che cosa scrisse lo Stendhal di Rossini?
6. Le melodie di quali *o*pere si cominci*a*rono a suonare sui clavic*e*mbali e a cantare nelle strade?
7. Da che cosa scaturiva il talento musicale di Rossini?
8. Che cosa attraeva il giovane Rossini?

1. *ne,* translate *in.*

9. Qual'è la più famosa *opera* buffa di Rossini?
10. Che cosa amava raccontare il Maestro?
11. Fu acclamato *Il Barbiere* alla prima rappresentazione?
12. Qual'è una delle più famose *opere* serie di Rossini e perchè?
13. Quante *opere* aveva composto Rossini all'età di 37 anni?
14. Chi sposò Rossini?
15. Di che cosa gli spetta la gloria?

B. Cambiare il presente del verbo ASCOLTARE ai tempi indicati.

1. Giovanni *ascolta* la musica di Rossini. (imperfetto)
2. I ragazzi *ascoltano* la radio. (futuro)
3. Io *ascolto* le parole della mamma. (passato remoto)
4. Noi *ascoltiamo* un bel concerto. (passato prossimo)
5. Voi *ascoltate* il vento. (futuro)
6. Tu *ascolti* il racconto di Marco. (imperfetto)

RIPETIZIONE

A. Trovare l'equivalente inglese delle parole italiane.

1. tardi	a. scientist
2. la suora	b. season
3. Iddio	c. vice
4. il brio	d. writer
5. il gioiello	e. jewel
6. giocondo	f. God
7. la torre	g. novelty
8. cieco	h. half, middle
9. il corno	i. staidness
10. la metà	j. tower
11. la stagione	k. harpsichord
12. lo scienziato	l. mirth
13. la novità	m. by this time
14. il clavic*e*mbalo	n. the 19th century
15. lo scrittore	o. ready
16. la pacatezza	p. birth
17. Parigi	q. player
18. pronto	r. horn
19. oramai	s. road, street
20. il vizio	t. blind
21. il campo	u. gay
22. febbrile	v. Paris
23. il suonatore	w. sister, nun
24. l'Ottocento	x. late
25. la n*a*scita	y. feverish
26. la strada	z. field

B. Vero o falso

1. Galileo fu il fondatore della scienza sperimentale moderna.
2. Vincenzo Galilei apparteneva alla Camerata dei Bardi ed era musicista.
3. Galileo fece la prima scoperta all'età di 19 anni.
4. Dalla sua prima giovinezza Galileo dimostrava un carattere molto calmo.
5. Galileo s'immatricolò all'Università di Pisa per seguire studi in astronomia.
6. Da ragazzo Galileo suonava il clavicembalo.
7. Nel 1586 Galileo inventò la *bilancetta.*
8. Poi divenne lettore di matematica all'Università di Pisa.
9. Galileo fece l'esperimento della caduta dei gravi dall'alto del Duomo di Pisa.
10. A Padova approfondì i suoi studi di astronomia.
11. Galileo scrisse *De motu* che apre la via alla dinamica moderna.
12. Quando il padre morì, Galileo divenne capo di famiglia.
13. La primogenita di Galileo era artista di canto.
14. Galileo costruì *l'occhiale* o *cannocchiale.*
15. Col telescopio Galileo osservò perfino le macchie del sole.
16. Nel 1615 Galileo andò a Roma per difendere le dottrine copernicane.
17. Il celebre *Dialogo sopra i due massimi sistemi* espone gli argomenti scientifici sui due sistemi di Tolomeo e di Copernico.
18. La frase *Eppur si muove!* appare in un quadro di Murillo.
19. Galileo non abiurò mai alle sue credenze.
20. Newton nacque nel 1642 l'anno stesso in cui morì Galileo.
21. Rossini nacque a Pesaro, un porto sul Mare Adriatico.
22. Il genio musicale di Rossini è ricco di spontaneità.
23. Rossini aveva una bellissima voce.
24. Rossini non era bello di persona.
25. Questo compositore era sempre triste.
26. La musica di Rossini è piena di tristezza.
27. La musica di Rossini non riflette il carattere italiano.
28. Rossini è soprattutto il Maestro dell'*opera buffa.*
29. *Il Barbiere di Siviglia* non è un'opera buffa.
30. Il preludio del *Guglielmo Tell* è famoso in tutto il mondo perchè spesso si suona ai concerti.

C. Dare l'infinito dei seguenti verbi.

1. si muove
2. seguendo
3. si riassumono
4. opponeva

5. fu permesso
6. fu rappresentato
7. appassionò
8. aveva composto
9. si cant*a*vano
10. fu fischiato
11. si ascolt*a*rono
12. attraeva
13. ha compiuto
14. asserendo
15. comprese
16. fu ripetuto
17. si risvegliava
18. s'immatricolò
19. si riuniva
20. rifiutò

D. In classe ogni studente dà l'equivalente inglese delle seguenti parole.

fortificazione, *e*poca, fase, sat*e*llite, dogm*a*tico, astron*o*mico, telesc*o*pio, Inquisizione, opinione, dottrina, di*a*logo, confessare, abiurare, tribunale, leggenda, spinetta, biografia, g*e*nio, composizione, quartetto, artista, conservat*o*rio, sinfonia, trionfo, soprano, attività, melodia, autore, direzione, id*i*llico, teatro, viola, concerto, indipendenza, astronomia, *o*rgano, p*e*ndolo, esperienza, osservazione, liuto.

GIUSEPPE GARIBALDI

(1807–1882)

L'eroe dei due mondi

abbattere to overthrow
acquistò he, she acquired: from *acquistare*
l'apprendistato apprenticeship
apprese he, she learned: from *apprendere*
l'armatore shipowner
arruolandosi enlisting: from *arruolarsi*
il Brasile Brazil
il brigantino brig
la camicia shirt
coinvolto involved: from *coinvolgere*
condivise he, she shared: from *condividere*
conosciuto having met: from *conoscere*
la cospirazione conspiracy, plot
si diffuse it spread: from *diffondere*
si distinse he distinguished himself: from *distinguersi*
fallirono they failed: from *fallire*
fu ferito he, she was wounded: from *ferire*
giravano they circulated: from *girare*
guerriero warlike
si imbarcò he, she embarked: from *imbarcarsi*
s'innamorò he, she fell in love: from *innamorarsi*
marinaresco sailor-like
Marsiglia Marseilles
il mestiere trade
la monarchia monarchy
il mozzo cabin boy
il pericolo danger
il principio beginning
randagio wandering
represse he, she put down: from *reprimere*
respingendo driving back: from *respingere*
si era ribellato he, she had rebelled: from *ribellarsi*
rimase he, she remained: from *rimanere*
la Sardegna Sardinia
scacciare to drive out
il seguace follower
la società society
spinto driven: from *spingere*
la tartana tartan
il tiranno tyrant
il titolo title
si unì he, she united: from *unirsi*
valorosamente bravely
il volontario volunteer
navi di cabotaggio ships for coasting trade

Giuseppe Garibaldi è il più popolare e benamato eroe del Risorgimento italiano.[1] Questo grande generale dedicò la sua vita e il suo genio militare alla causa della libertà. Non solo combattè valorosamente per la liberazione e per l'unificazione d'Italia, ma acquistò anche fama considerevole nell'America Meridionale. Perciò gli è stato dato il titolo leggendario di "eroe dei due mondi".

Fin da ragazzo più che l'amore per i libri Giuseppe mostrava un ardente desiderio di avventure eroiche e meravigliose. Era coraggiosissimo ed aveva una grande passione per il mare e per i viaggi. Nacque a Nizza[2], figlio di Domenico, un piccolo armatore e capitano di navi di cabotaggio. All'età di quindici anni si imbarcò come mozzo su di un brigantino che andava a Odessa, poi a bordo della tartana di suo padre. Così cominciò la sua vita avventurosa e randagia.

Durante parecchi viaggi nel Levante conobbe altri Italiani che come lui giravano per il mondo e da loro apprese le tristi condizioni in cui versava l'Italia. D'allora in poi, alla sua passione marinaresca si aggiunse quella politica.

Al principio dell'Ottocento l'Italia non era una nazione libera perchè la maggior parte delle regioni italiane erano dominate da governi stranieri. Garibaldi fu uno dei più importanti uomini d'azione che si dedicarono alla causa della liberazione della patria.

Conosciuto Giuseppe Mazzini, il grande rivoluzionario e patriota, Garibaldi entrò a far parte della *Giovine Italia*. Questa società segreta fu creata dal Mazzini nel 1832 (milleottocentotrentadue) per diffondere nelle masse italiane il sentimento nazionale. Mazzini voleva abbattere le varie monarchie della penisola, scacciare l'Austria, che occupava importanti regioni italiane, e riunire tutta l'Italia sotto un regime repubblicano.

Le cospirazioni del 1833-34 della *Giovine Italia* fallirono perchè il re di Sardegna Carlo Alberto represse le insurrezioni. Questo sovrano naturalmente voleva unificare l'Italia in una monarchia. Coinvolto in queste cospirazioni, Garibaldi fu condannato a morte e dovè rifugiarsi a Marsiglia. Da questa città francese nel 1835 si imbarcò per Rio de Janeiro dove trovò molti Italiani tra cui erano numerosi i patrioti e gli associati alla *Giovine Italia*.

Garibaldi rimase nell'America Meridionale per dodici anni e fu proprio in questo periodo che fece il suo apprendistato come uomo d'azione e

1. *Risorgimento* is the period of or the movement for the liberation and unification of Italy (about 1750 to 1870).

2. *Nizza,* Nice, was an Italian city until 1860. When Garibaldi was born, it was under Napoleonic rule, but Garibaldi was truly Italian because his family had emigrated from a small town outside of Genoa. When his native city was ceded to France in 1860, Garibaldi was extremely upset and unhappy.

di guerra. Fu anche in questo periodo che acquistò fama internazionale e il titolo di “eroe dei due mondi”.

Nell’Am*e*rica Meridionale infatti Garibaldi contribuì alla liberazione del Brasile e dell’Uruguay. Spinto dalla sua inclinazione ad azioni pol*i*tiche e guerriere, si unì ai repubblicani della provincia brasiliana di Rio Grande do Sul che si era ribellata contro il governo imperiale di Don Pedro II (secondo). La sua vita fu piena di peripezie e di per*i*coli. Garibaldi fu ferito in un combattimento navale e più tardi in Argentina fu anche imprigionato e torturato.

Durante il periodo brasiliano Garibaldi conobbe e s’innamorò di Anita, la donna che divenne il più grande amore della sua vita. Anita si chiamava Anna Maria Rib*e*iro da Silva ed era brasiliana. Dall’unione di Anita e di Garibaldi n*a*cquero tre figli, Menotti, Teresita e Ricciotti. Anita era anche fervente patriota e coraggiosissima. Condivise tutti i per*i*coli del marito e morì giovan*i*ssima in Italia.

Nel 1841 (milleottocentoquarantuno) dal Brasile Garibaldi andò a Montevideo dove presto riprese il mestiere delle armi, arruol*a*ndosi al servizio dell’Uruguay nella guerra con l’Argentina che allora era governata dal tiranno Manuel Rosas. Garibaldi si distinse intrepidamente per terra e per mare contro le forze di Rosas per la difesa di Montevideo.

Fu in questo periodo che i volontari della Legione italiana formata da Garibaldi indoss*a*rono per la prima volta la cam*i*cia rossa. I Garibaldini o seguaci di Garibaldi d’allora in poi f*u*rono sempre riconosciuti per le loro camice rosse che divennero s*i*mbolo di libertà repubblicana.

In Uruguay con la Legione italiana Garibaldi vinse la batt*a*glia di Cerro e quella di Sant’Antonio in cui si coprì di gloria, respingendo nella primavera del 1846 forze superiori. La Batt*a*glia di Sant’Antonio divenne famosa in Am*e*rica e in Europa e Garibaldi acquistò fama mondiale.

Esercizi

A. Conversazione

1. Perchè fu Garibaldi *l’eroe dei due mondi?*
2. Dove e quando nacque Garibaldi?
3. Qual’era l’occupazione del padre di Garibaldi?
4. Su che cosa si imbarcò Garibaldi all’età di qu*i*ndici anni?
5. Quali passioni aveva Garibaldi?
6. Era l*i*bera l’Italia al principio dell’Ottocento?
7. Chi era Giuseppe Mazzini?

8. Che cos'era la *Giovine Italia?*
9. Perchè Garibaldi fu condannato a morte?
10. Quanto tempo rimase Garibaldi nell'Am*e*rica Meridionale?
11. Con chi si unì Garibaldi in Brasile?
12. Di che nazionalità era Anita e come si chiamava?
13. Contro chi combattè Garibaldi nell'Uruguay?
14. Chi *e*rano i Garibaldini?
15. Di che cosa *e*rano s*i*mbolo le camice rosse?

B. Scr*i*vere il verbo INNAMORARSI ai tempi indicati. (Note that the preposition *di,* or its variations, always follows this verb).

	presente	*passato remoto*	
1. Loro	________	________	di quest'isola.
2. Tu	________	________	di lei.
3. Voi	________	________	del bambino di Giovanni.
4. Io	________	________	di lui.
5. Noi	________	________	dell'Italia.

era accorso he had hastened: from *accorrere*
ardimentoso bold
l'asilo shelter
austriaco Austrian
la campagna campaign
la candela candle
combattè he, she fought: from *combattere*
aveva condiviso he, she had shared: from *condividere*
il condottiero leader
disciogliere to dissolve
duro harsh, hard
entrambe both
l'esercito army
l'esilio exile
finalmente finally
inseguito pursued: from *inseguire*
l'intrepidezza bravery
la lotta struggle
i Mille Garibaldi's thousand
mondiale world-wide
il moto uprising
la pastorizia stock-breeding
il partito party
perdè he, she lost: from *perdere*
il regno kingdom
rimproveravano they reproached: from *rimproverare*
la ritirata retreat
rivolse he, she addressed: from *rivolgere*
sconfisse he, she defeated: from *sconfiggere*
la Sicilia Sicily
soddisfacendo satisfying: from *soddisfare*
soffrì he, she suffered: from *soffrire*
sopraffatto overcome: from *sopraffare*
spedito sent: from *spedire*
spossato exhausted: from *spossare*
successe he, she succeeded: from *succedere*
temevano they feared: from *temere*
il terreno ground, soil
il valore bravery
visse he, she lived: from *vivere*
la vittoria victory
da un capo all'altro from one end to the other
mettersi a servizio to enter into the service
di ritorno back
stare a cuore to be interested in the welfare of

Nel 1848 (milleottocentoquarantotto) in Italia cominciarono i moti rivoluzionari contro l'Austria. Garibaldi finalmente ritornò in patria e presto si mise al servizio di Vittorio Emanuele che successe a Carlo Alberto nel 1849. La libertà dell'Italia stava più a cuore a Garibaldi del suo credo repubblicano. Egli amava la patria più dei partiti. D'allora in poi combattè valorosamente da un capo all'altro della penisola per scacciare gli stranieri.

Ma nella sua vita Garibaldi ebbe anche molti nemici. I Repubblicani italiani gli rimproveravano di essere passato al servizio della monarchia. I nemici della patria, i Borboni, i Francesi e gli Austriaci lo temevano per il suo valore. Anche il governo del Regno di Sardegna talvolta non si fidava di Garibaldi a causa della sua intrepidezza e della sua fama mondiale. Perciò alcune volte l'eroe soffrì la prigione e due volte l'esilio.

Oltre ai dodici anni passati nell'America Meridionale, Garibaldi dovè andare in esilio per altri due anni dal 1851 (milleottocentocinquantuno) al 1853 (milleottocentocinquantatrè). L'eroe, che era accorso in difesa della Repubblica romana, nel 1849 (milleottocentoquarantanove) sconfisse i Francesi del generale Oudinot e i Borbonici spediti contro la repubblica. Comunque, sopraffatto dal numero superiore dei nemici e inseguito dagli Austriaci, dovè disciogliere la Legione. Poichè non aveva ricevuto asilo in Sardegna, dovè lasciare l'Italia. Proprio in questa ritirata per la difesa di Roma Garibaldi perdè Anita. Ella aveva condiviso con il marito i pericoli della ritirata e morì spossata dalle fatiche. Garibaldi questa volta andò a Nuova York dove lavorò in una fabbrica di candele e poi viaggiò nell'America Centrale e Meridionale e in Cina.

Nella lotta per la liberazione d'Italia che fu lunga e dura, Garibaldi partecipò in numerose imprese militari con il suo esercito di volontari. Ma uno degli episodi più famosi della sua carriera militare fu quello detto dei Mille. Con pochi più di mille uomini, Garibaldi salpò da Quarto vicino a Genova il 6 maggio 1860 (milleottocentosessanta) verso la Sicilia dove era scoppiata la rivoluzione contro i Borboni. Durante alcuni mesi i Garibaldini, sotto il comando del loro coraggioso condottiero, riuscirono a liberare il Regno delle due Sicilie dal dominio borbonico.

Due famose battaglie di questa campagna furono quelle di Calatafimi il 15 maggio e quella di Milazzo il 20 giugno 1860. In entrambe queste battaglie, Garibaldi e i Mille riuscirono a sconfiggere le forze borboniche il cui numero era molto superiore al loro. Dopo queste vittorie Garibaldi incontrò re Vittorio Emanuele a Teano vicino a Napoli e gli rivolse per primo il saluto: "Viva il re d'Italia!". L'Italia fu dichiarata una nazione libera e indipendente nel 1861.

Quando Garibaldi non partecipava a imprese ardimentose, spesso si rifugiava a Caprera, una piccola isola vicino alla Maddalena a Nord Est della Sardegna. Di ritorno dall'America nel 1854 (milleottocentocinquantaquattro) aveva comprato una parte del terreno dell'isola e si dedicava alla pastorizia e all'agricoltura. Morì a Caprera nel 1882 (milleottocentottantadue).

Oggi l'Italia, indipendente e unita, deve molto a questo grande eroe che visse una vita dedicata alla libertà e divenne uno dei più famosi difensori della causa per l'indipendenza dei popoli.

Esercizi

A. Conversazione

1. Quando cominci*a*rono i moti rivoluzionari?
2. A chi successe Vittorio Emanuele II?
3. Che cosa stava a cuore a Garibaldi?
4. Che cosa gli rimprover*a*vano i Repubblicani italiani?
5. Dove andò in es*i*lio Garibaldi dal 1851 al 1853?
6. Che cosa faceva a Nuova York?
7. Quando e come morì Anita?
8. Quale fu uno degli episodi più famosi della carriera militare di Garibaldi?
9. Chi *e*rano i Mille?
10. Quali furono le due più importanti batt*a*glie combattute dai Mille?
11. Da chi liber*a*rono i Mille il Regno delle due Sicilie?
12. Come salutò Garibaldi Vittorio Emanuele?
13. Quando divenne l*i*bera e indipendente l'Italia?
14. Quando non combatteva, dove si rifugiava Garibaldi?
15. Che cosa faceva Garibaldi a Caprera?
16. Perchè l'Italia l*i*bera e indipendente deve molto a Garibaldi?

B. Scr*i*vere il verbo V*I*VERE al futuro e al passato remoto.

C. Dare il participio passato dei seguenti verbi.
ACC*O*RRERE, COMB*A*TTERE, CONDIV*I*DERE, INSEGUIRE, P*E*RDERE, RIMPROVERARE, RIV*O*LGERE, SCONF*I*GGERE, SODDISFARE, SOFFRIRE, SOPRAFFARE, SPOSSARE, SUCC*E*DERE, TEMERE, V*I*VERE

FRANCESCA SAVERIO CABRINI

(1850–1917)

La Santa americana

la barchetta small boat
il bisogno need
la carta paper
il comune minicipality
il contadino farmer
deficiente lacking
il denaro money
l'emigrante emigrant
fabbricare to build
la fantasticherìa day-dream
la fiducia trust
fondò he, she founded: from *fondare*
la fonte source
Francesca Frances
giocando playing: from *giocare*
il giuoco game
l'immigrante immigrant
Inghilterra England
l'intraprendenza initiative
Leone Leo
Lombardia Lombardy
magistrale pertaining to teaching
malfermo unsteady
l'orfanotrofio orphanage
propagarsi to spread
la Provvidenza Providence
questuando begging: from *questuare*
raccogliere to collect
riempire to fill
il ruscello brook
sognava he, she dreamt: from *sognare*
la sorte lot
Spagna Spain
spiccato remarkable
troppo too
il vescovo bishop
i viveri provisions
il voto vow
l'abito monacale nun's habit
la casa di riposo rest home
la pietra miliare milestone
il Sacro Cuore Sacred Heart

Si chiamava Francesca ma quando era bambina le diedero il diminutivo di Cecchina perchè era di statura piccola e di salute fragilissima. Come tutti i bambini Cecchina giocando faceva fantasticherie. Il suo giuoco preferito era di fabbricare barchette di carta e di riempirle di violette. Nella fantasia della bambina queste violette diventavano missionari imbarcati per un lungo viaggo verso paesi lontani, viaggiando sulle acque di un ruscello vicino al suo villaggio nativo in Lombardia. Cecchina sognava già allora di diventare suora missionaria e di andare a convertire i popoli della lontana Cina. Ma invece Francesca Cabrini doveva diventare la Madre e la Santa degli emigranti italiani in America.

Nata in una famiglia di contadini nel comune di Sant'Angelo di Lodi, Francesca era la più giovane di tredici figli e ricevette una solida educazione religiosa. Fino a diciotto anni si dedicò agli studi magistrali, ottenendo il diploma di maestra. A quest'epoca già aveva fatto voto di verginità e cominciava ad aveve visioni.

A causa della sua salute malferma, dapprima le autorità ecclesiastiche non le consentirono di prendere l'abito monacale. Ma la sua incredibile serenità e la sua energia spirituale presto divennero fonte di ispirazione a tutti quelli che la circondavano e nel 1877 riuscì a prendere i voti. Il suo innato coraggio è meglio espresso nelle sue famose parole: "Per me il mondo intero è troppo piccolo". Francesca si sentiva destinata dalla Provvidenza a grandi imprese e cominciò la sua missione internazionale quando aveva trent'anni.

Nel 1880 fondò a Codogno l'Istituto delle Missionarie del Sacro Cuore aggiungendo al suo nome quello di Saverio.[1] Questa fu una pietra miliare nella sua vita perchè tra orfanotrofi, ospedali, dispensari, laboratori, conventi e case di riposo per i vecchi, Francesca doveva fondare più di sessantacinque istituti.

I suoi mezzi finanziari erano sempre deficienti ma, avendo illimitata fiducia nella Provvidenza, Francesca subito riuscì ad aprire altre Congregazioni in tutta la Lombardia. Comunicando il suo spirito di carità agli altri, trovava sempre benefattori che si interessavano alla sua causa missionaria. Spesso andava con le sue suore questuando nelle strade delle città dove si trovava al momento e riusciva a raccogliere denaro e viveri.

Nel 1887 andò a Roma per ottenere l'approvazione del suo Istituto da Papa Leone XIII. In questa occasione iniziò un'altra Congregazione nella Città Eterna da dove poi il suo apostolato doveva propagarsi ad altre città italiane, alla Francia, alla Spagna, all'Inghilterra e eventualmente ai continenti americani. Il Papa presto divenne suo grande amico e protettore perchè comprese che questa piccola suora aveva una spiccata intuizione e eccezionali qualità missionarie.

In quest'epoca Madre Cabrini conobbe Giovanni Battista Scalabrini, vescovo di Piacenza, il quale aveva fondato la Congregazione di San Carlo Borromeo e si interessava alla sorte degli immigranti italiani negli Stati Uniti. Comprendendo l'ardente spirito missionario di Francesca, il suo coraggio e la sua intraprendenza, Monsignor Scalabrini la convinse del bisogno della sua opera in America.

1. *Saverio* is the Italian version of *Xavier*. Saint Francis Xavier (1506-1552) was called the apostle of India and, as a missionary, he went as far as Japan. He was always Mother Cabrini's favorite saint.

Esercizi

A. Conversazione

1. Quale diminutivo di*e*dero a Francesca e perchè?
2. Qual'era il suo giuoco preferito?
3. Che cosa divent*a*vano le violette nella fantasia di Cecchina?
4. Che cosa sognava fin da bambina?
5. Da che famiglia nacque Francesca?
6. Che diploma ottenne a diciotto anni?
7. Perchè dapprima le autorità ecclesi*a*stiche non le consent*i*rono di pr*e*ndere l'*a*bito monacale?
8. Quali sono le sue famose parole?
9. Quanti istituti fondò Francesca?
10. A che età aveva cominciato la sua missione internazionale?
11. Come *e*rano sempre i suoi mezzi finanziari?
12. Questuando con le sue suore che cosa riusciva a racc*o*gliere?
13. Che cosa fondò nella Città Eterna nel 1887?
14. Dove si propagò il suo apostolato?
15. A che cosa la convinse Monsignor Scalabrini?

B. Scr*i*vere i seguenti verbi ai tempi indicati secondo il soggetto.

	trapassato prossimo	*trapassato remoto*
1. Tu (*fondare*)	________________	________________
2. Egli (*giocare*)	________________	________________
3. Loro (*sognare*)	________________	________________
4. Voi (*sognare*)	________________	________________
5. Io (*fondare*)	________________	________________

l'accoglienza reception
si adoperò he, she endeavored: from *adoperarsi*
l'aiuto aid
ambientarsi to become accustomed
anzitutto first of all
l'arcivescovo archbishop
arduo difficult
il buonumore happy disposition
burrascoso stormy
canonizzò he, she canonized: from *canonizzare*
la chiesa church
condusse he, she led: from *condurre*
consigliò he, she advised: from *consigliare*
contrasse he, she caught: from *contrarre*
l'edificio building
l'elemosina alms
la febbre fever
il lavoratore workman
marittimo maritime
il medico physician
micidiale deadly
nonostante in spite of
perseguire to pursue
la proprietà property
il prete priest
pur, *or* **pure** even
la questua begging
riportò he, she carried off: from *riportare*
la salvezza safety, salvation
si scoraggiava he, she was discouraged: from *scoraggiarsi*
lo sforzo effort
sorsero they rose: from *sorgere*
sovrumano superhuman
la traversata crossing
umile humble
in cerca di in search of
all'estero abroad
in maggioranza for the most part
mezzi di trasporto means of transportation
del tutto totally

Nel 1889, su una nave con millecinquecento emigranti, Francesca fece il primo viaggio verso l'America con sei suore della sua Congregazione. Questa fu la prima di ventiquattro traversate che doveva fare per perseguire le sue missioni. Aveva una grande paura del mare, ma durante tutti i suoi viaggi, lei stessa sofferente, incoraggiava le suore e gli altri passeggeri quando il tempo diveniva burrascoso e i viaggiatori soffrivano di mal di mare e temevano qualche disastro marittimo.

Arrivata a Nuova York con grandi speranze e molto entusiasmo, ricevette un'accoglienza non del tutto incoraggiante. Monsignor Corrigan, l'arcivescovo di Nuova York, l'aveva invitata in America, ma ora le comunicò che non c'era nessuna casa disponible e le consigliò di ritornare in Italia.

Ma Francesca non si scoraggiava facilmente. Riunendo tutte le sue risorse spirituali, pur non conoscendo nemmeno una parola d'inglese, cominciò la sua questua per fondare la prima casa del Sacro Cuore nel Nuovo Mondo. Le difficoltà sembravano insormontabili, ma con il suo coraggio e la sua perseveranza, Madre Cabrini riportò la prima vittoria su terra americana. Con l'aiuto di una benefattrice riuscì a fondare la prima casa a Nuova York sulla cinquantanovesima strada dove iniziò un orfanotrofio per bambini italiani. L'anno seguente trasferì l'orfanotrofio a West Park, vicino a Peekskill in una proprietà che già era riuscita ad acquistare.

La necessità della missione di Francesca in America diviene più chiara quando si conosce la situazione degli immigranti italiani. Anzitutto il loro numero di anno in anno diveniva sempre più grande. Tra il 1870 e il 1916 più di diciotto milioni d'Italiani avevano emigrato all'estero e in maggioranza erano andati negli Stati Uniti e nell'America Meridionale.

Negli Stati Uniti gli immigranti avevano difficoltà ad ambientarsi perchè non conoscevano la lingua inglese e spesso si trovavano in luoghi dove non avevano contatto con altri Italiani. Talvolta non c'erano nè medici, nè maestri, nè preti. Madre Cabrini comprese la necessità di provvedere a questi bisogni. Comprese la solitudine dei malati, dei prigionieri e degli umili lavoratori che per anni e anni vivevano lontani dalle loro famiglie. Grazie alla sua opera presto cominciarono a sorgere scuole, chiese e dispensari. Il 1895 fu una data importantissima per Madre Cabrini perchè in quell'anno fondò l'ospedale Columbus per gl'Italiani di Nuova York. Più tardi due altri ospedali Columbus sorsero a Chicago e a Seattle.

Così la piccola suora prodigava la sua opera di beneficenza in tutte le più grandi città americane, da Nuova Orleans a Los Angeles, da Chicago a Denver. Ma la sua energia inesauribile non limitò quest'opera soltanto agli Stati Uniti, poichè Madre Cabrini portò la sua missione anche al Nicaragua, al Brasile e all'Argentina. Tuttavia tutte queste attività missionarie richiedevano sforzi sovrumani. I viaggi erano difficili perchè i mezzi di trasporto erano spesso inadeguati e le condizioni climatiche micidiali. Tante volte la piccola suora era sola e malata in grandi città sconosciute in cerca di edifici e di elemosine. Ma la sua energia spirituale le dava coraggio e la spingeva a nuove imprese ardue per la salvezza dei suoi Italiani.

Mentre viaggiava nell'America Meridionale contrasse la malaria e negli ultimi otto anni della sua vita spesso soffriva di forti attacchi di febbre. Ma nonostante le sue sofferenze fisiche, era sempre di buonumore e una serenità incredibile irradiava continuamente dalla sua piccola persona. Fino all'ultimo istante della sua vita si adoperò in opere umanitarie. Nel 1917, durante una visita all'ospedale Columbus di Chicago, soffrì un grave attacco di malaria che la condusse alla morte.

Il mondo intero riconobbe la santità di Francesca e le sue opere ancora oggi sono testimoni della sua missione sovrumana. Poichè nel 1909, in una cerimonia a Seattle, era diventata cittadina degli Stati Uniti, quando Pio XII la canonizzò nel 1946, Francesca Saverio Cabrini diventò la prima santa americana.

Esercizi

A. Conversazione

1. Quando fece il primo viaggio in America Madre Cabrini?
2. Quante traversate fece?
3. Che cosa faceva a bordo?
4. Che accoglienza ricevette a Nuova York?
5. Chi l'aveva invitata in America?
6. Conosceva l'inglese Francesca quando arrivò a Nuova York?
7. Quale fu la sua prima vittoria in America?
8. Chi l'aiutò?
9. Perchè la missione di Francesca era necessaria in America?
10. Perchè gl'immigranti negli Stati Uniti avevano difficoltà ad ambientarsi?
11. In quali città americane prodigava la sua opera Francesca?
12. Erano adeguati i mezzi di trasporto ai suoi tempi?
13. Che cosa contrasse Madre Cabrini nell'America Meridionale?
14. Quali sono i più famosi ospedali che ella fondò negli Stati Uniti?
15. Perchè Francesca Saverio Cabrini è la prima santa americana?

B. Completare le seguenti frasi col verbo SORGERE secondo il tempo in parentesi. (Use the auxiliary *essere*)

1. Il sole ______________________ in oriente. (*presente*)
2. Molte difficoltà ______________________ tutti i giorni. (*imperfetto*)
3. Dispensari e orfanotrofi ______________________ dappertutto. (*trapassato prossimo*)
4. Quella sera la luna ______________________ chiarissima. (*passato remoto*)
5. In quel luogo una fonte ______________________ dal terreno. (*trapassato prossimo*)
6. Gli ospedali Columbus ______________________ a Nuova York, a Chicago e a Seattle. (*passato remoto*)

ARTURO TOSCANINI

(1867–1957)

La bacchetta magica

la bacchetta baton, wand
il cantante singer
si era cimentato he, she had ventured: from *cimentarsi*
il compagno comrade
si confezionavano they were manufactured: from *confezionare*
dirigere to conduct
esordì he, she made a debut: from *esordire*
la fanciullezza childhood
improvvisamente suddenly
legato attached, tied
meravigliarsi to wonder
la mensa table
la minestra soup
parco frugal
parmigiano of Parma, Parmesan
il pasto meal, repast
il pianoforte piano
il podio podium
povero poor
la prova test
qualcuno somebody
recitano they recite, perform: from *recitare*
regio royal
la romanza ballad
salì he, she mounted: from *salire*
il sarto tailor
la sartoria tailor's shop
scherzosamente playfully
sostituire to substitute
sottomesso submitted: from *sottomettere*
Torino Turin
il trentennio space of thirty years
si vantava he, she boasted: from *vantarsi*
il violoncellista cellist
il violoncello cello
dare le dimissioni to resign
il direttore d'orchestra orchestra conductor

Arturo Toscanini nacque a Parma, antichissima città dell'Emilia con insigni tradizioni musicali. I Parmigiani hanno un notevole senso musicale e sono critici severissimi. Musicisti e cantanti che recitano in questa città sono sottoposti alla prova suprema. Senza dubbio l'atmosfera della sua città natale ebbe grande influenza sull'arte di Toscanini che doveva diventare uno dei più grandi direttori d'orchestra del mondo.

Il padre di Arturo era un modesto sarto che, come tutti i Parmigiani, aveva una grande passione per la musica. La sartoria del padre era anche il soggiorno della famiglia. Mentre si confezionavano abiti, spesso si cantavano arie di opere e qualcuno talvolta leggeva libri classici. Fu in questa modesta sartoria che Arturo imparò ad amare autori classici quali Shakespeare, Manzoni e Hugo.[1] Perciò non c'è da meravigliarsi se il grande artista si vantava delle sue origini parmigiane. Spesso il Maestro raccontava aneddoti della sua fanciullezza e scherzosamente alludeva a sè stesso col nome di contadino. Anche ai tempi in cui aveva acquistato onori e fama mondiale, Toscanini rimase molto parco. Il suo pasto preferito era pane e minestra, i soli cibi che generalmente erano disponibili alla mensa familiare della sua fanciullezza povera.

A nove anni Arturo entrò nella Regia Scuola di musica di Parma da cui nel 1885 ottenne il diploma di composizione, pianoforte e violoncello. Dapprima esordì come violoncellista con l'orchestra del Teatro Regio di Parma e di altre orchestre, in Italia e nell'America Meridionale. Tuttavia negli anni al Conservatorio si era già cimentato come direttore di un'orchestra formata tra i suoi compagni e aveva anche composto alcune romanze.

La prima occasione di dirigere una grande orchestra gli si presentò nel 1886, quando aveva soli diciannove anni. A Rio de Janeiro in Brasile, a una rappresentazione di *Aida*[2] fu chiamato a sostituire il direttore che improvvisamente aveva dato le dimissioni. Benchè giovanissimo, Arturo già aveva reputazione di eccezionale musicista. Questa prima rappresentazione a Rio fu un vero trionfo e Toscanini continuò a dirigere dodici opere fino alla fine della stagione.

Di ritorno in Italia dal Brasile, esordì nel novembre di quello stesso anno al Teatro Carignano di Torino. Oramai il pubblico già riconosceva nel giovane Maestro un grande artista per cui fu chiamato a dirigere le orchestre di alcuni dei più famosi teatri italiani. Fu al Teatro Carlo Felice di Genova, al Comunale di Bologna e anche in altri grandi teatri. Nel 1899 salì sul podio del Teatro della Scala di Milano. A soli trentadue anni era direttore d'orchestra di questo teatro che è la mèta suprema di tutti i musicisti del mondo. Per più di un trentennio, nonostante le frequenti assenze, Toscanini rimase legato alla Scala.

1. Alessandro Manzoni (1785-1873), Italian novelist, poet, and dramatist. Victor Hugo (1802-1885), French poet, novelist, and dramatist.
2. *Aida,* an opera by Giuseppe Verdi.

Esercizi

A. Conversazione

1. Quali tradizioni ha la città di Parma?
2. Perchè musicisti e cantanti sono sottoposti alla prova suprema?
3. Che cos'era il padre di Toscanini?
4. Che cosa si faceva nella sartoria?
5. Dove imparò Toscanini ad amare la m*u*sica e gli autori cl*a*ssici?
6. Come alludeva il Maestro scherzosamente a sè stesso?
7. Qual'era il pasto preferito di Toscanini e perchè?
8. Quando ottenne il diploma dalla R*e*gia Scuola di m*u*sica di Parma?
9. In che cosa si era cimentato negli anni al Conservatorio?
10. Quando ebbe la prima occasione di dir*i*gere una grande orchestra?
11. Chi sostituì?
12. Ebbe successo in questa prima rappresentazione?
13. Dove esordì nel novembre di quello stesso anno?
14. In quali altri teatri italiani fu Toscanini?
15. Quale teatro è la mèta suprema di tutti i musicisti del mondo?

B. Scr*i*vere il verbo VANTARSI alla terza persona singolare e plurale del passato prossimo, trapassato prossimo, trapassato remoto e futuro anteriore.

accanito fierce
l'acume acumen
applaudito applauded
batteva he, she beated: from *battere*
il canto singing
concertare to arrange
concluse he, she concluded: from *concludere*
eseguì he, she executed: from *eseguire*
frantumava he, she smashed: from *frantumare*
la funzione function
Germ*a*nia Germany
indimentic*a*bile unforgettable
l'ira anger
la l*a*crima tear
il m*e*rito merit
m*i*nimo least
minuzioso minute
novantenne ninety years old
privato deprived
restò he, she remained: from *restare*
scatenava he, she unchained: from *scatenare*
lo sc*o*ppio outbreak
la sfumatura shading
lo spett*a*colo performance, show
la truppa troop
le registrazioni discogr*a*fiche phonographic recordings

Già dai primi anni della sua carriera, Toscanini ebbe il m*e*rito di dare un orientamento moderno alla funzione del direttore d'orchestra. Secondo Toscanini, il direttore è il centro di tutte le forze dello spett*a*colo ed è completamente respons*a*bile dell'esecuzione delle composizioni musicali. Il direttore deve preparare e concertare le opere minuziosamente, deve sc*e*gliere il repertorio liberamente e mostrare fermezza coi cantanti e con tutti i musicisti dell'orchestra. Insomma nelle mani di Toscanini la bacchetta del direttore divenne lo strumento magn*e*tico della rappresentazione musicale.

Naturalmente tutto ciò richiedeva una preparazione eccezionale, una conoscenza profonda delle *o*pere. Il Maestro interpretava fedelmente, ma con intelligenza e acume, il messaggio musicale dei compositori. Studiava per lunghe ore le biografie degli autori, leggeva art*i*coli scritti da loro e ne studiava le *o*pere con minuziosa attenzione. Conosceva le *o*pere così intimamente che le dirigeva a memoria. E l'esecuzione doveva essere sempre perfetta.

Musicisti e cantanti ador*a*vano il Maestro, che tuttavia spesso scatenava su di loro l'ira del suo temperamento cr*i*tico, quando essi fac*e*vano anche un m*i*nimo errore. Talvolta batteva la bacchetta con tanto *i*mpeto che la frantumava. Spesso per ottenere i risultati desiderati, indicava le sfumature musicali col canto, con la sua voce.

Durante la sua lunga carriera, durata quasi settant'anni, il Maestro diresse le orchestre dei più insigni teatri europei. Ma i grandi successi di Toscanini non si limitarono all'Europa. Spesso dirigeva nei teatri dell'America Meridionale e nel 1911 fu chiamato alla direzione del Metropolitan a Nuova York dove restò fino allo scoppio della prima guerra mondiale nel 1915. Restò in Italia per tutta la durata della guerra, organizzando spettacoli e concerti di beneficenza per le truppe. Ritornò a Nuova York nel 1926 e, dal 1929 al 1936, divenne il direttore principale dell'Orchestra Filarmonica di quella città.

Accanito nemico del regime fascista, durante la dittatura di Mussolini e di Hitler, rifiutò di dirigere sia in Italia che in Germania. Alla fine della seconda guerra mondiale, dopo l'armistizio, ritornò in Italia per dare nuova vita alla musica italiana. L'll maggio 1946, con un lungo, indimenticabile e applauditissimo concerto alla Scala, inaugurò la sala di quel teatro ricostruito dalle rovine della guerra.

Nel 1937, quando Toscanini aveva già settant'anni, aveva accettato con esitazione la direzione dell'orchestra della N.B.C. di Nuova York. Quest'orchestra fu creata espressamente per lui e Toscanini vi si dedicò con tutta la sua passione artistica. Nel 1954, avendo compiuto ottantasette anni, il Maestro si convinse che doveva dire addio alla sua arte. Il 4 aprile, con un concerto dell'orchestra della N.B.C., che egli aveva amata e diretta per diciassette anni, Toscanini concluse la sua carriera. Si racconta che alla fine del concerto invece di deporre la bacchetta la lasciò cadere e abbandonò la sala con le lacrime agli occhi. Privato della sua arte, Toscanini morì tre anni dopo, nel 1957, a Riverdale in Nuova York, quasi novantenne.

La grande arte di Toscanini si manifestò in un repertorio ricchissimo. Ma il Maestro si distinse particolarmente per le sue eccezionali esecuzioni delle opere di Verdi e di Wagner[1] e per le sinfonie di Beethoven.[2] Ancora oggi si può godere il suono inimitabile della musica diretta con la sua bacchetta magica grazie alle numerosissime registrazioni discografiche che egli eseguì.

Esercizi

A. Conversazione

1. Che merito ebbe Toscanini?
2. Secondo il Maestro qual'è la funzione del direttore d'orchestra?
3. Che cosa deve scegliere il direttore?
4. Come interpretava Toscanini il messaggio musicale dei compositori?

1. Giuseppe Verdi, (1813-1901), Italian composer; Richard Wagner, (1813-1883), German composer.
2. Ludwig van Beethoven, (1770-1827) German composer.

5. Come conosceva le *o*pere?
6. Come doveva essere l'esecuzione?
7. Perchè talvolta il Maestro scatenava la sua ira su musicisti e cantanti?
8. Perchè frantumava la bacchetta?
9. Quando fu chiamato al Metropolitan?
10. Perchè rifiutò di dir*i*gere sia in Italia che in Germ*a*nia durante il fascismo?
11. Dove diresse un indimentic*a*bile concerto nel 1946?
12. Quale orchestra fu creata per Toscanini?
13. Quando diede l'addio alla sua arte?
14. Dove morì Toscanini?
15. Per quali esecuzioni si distinse specialmente Toscanini?

B. Scr*i*vere il verbo RESTARE ai tempi indicati. (Use the auxiliary *essere.*)

	futuro	*futuro anteriore*
1. Noi	____________	____________
2. Io	____________	____________
3. Loro	____________	____________
4. Egli	____________	____________
5. Tu	____________	____________
6. Ella	____________	____________

RIPETIZIONE

A. DETTATO

1. il mozzo
2. il brigantino
3. la tartana
4. la traversata
5. la pastorizia
6. il giuco
7. il pericolo
8. la ritirata
9. il valore
10. la bacchetta
11. la barchetta
12. la fantasticheria
13. la carta
14. il riposo
15. la questua
16. l'orfanotrofio
17. la sorte
18. il sarto
19. il medico
20. il ruscello
21. il buonumore
22. la febbre
23. il prete
24. il violoncellista
25. l'accoglienza
26. la fanciullezza
27. il pianoforte
28. la minestra
29. il vescovo
30. la lacrima

B. Completare in italiano scegliendo la frase appropriata in parentesi.

1. Fin da ragazzo Giuseppe Garibaldi mostrava *(l'amore per i libri; un desiderio di avventure)*.
2. Conosciuto Mazzini, Garibaldi *(entrò a far parte della Giovine Italia; andò in Inghilterra)*.
3. Acquistò fama internazionale e il titolo di *(eroe italiano; eroe dei due mondi)*.
4. Anita era *(italiana; brasiliana)*.
5. I Garibaldini furono sempre riconosciuti per le loro *(camice rosse; camice nere)*.
6. La libertà dell'Italia *(stave a cuore; non importava)* a Garibaldi.

7. Uno degli episodi più famosi della carriera militare di Garibaldi fu quello detto *(della Sardegna; dei Mille).*
8. Garibaldi perdè *(la madre; Anita)* durante la ritirata per la difesa di Roma.
9. Caprera è *(una grande città; una piccola isola).*
10. A Caprera Garibaldi si dedicava *(ai libri; all'agricoltura).*
11. Il giuoco preferito di Cecchina era di fabbricare *(barchette; aeroplani).*
12. Francesca era la *(prima; più giovane)* di tredici figli.
13. Francesca si sentiva destinata *(dal padre; dalla Provvidenza)* a grandi imprese.
14. Francesca ottenne il diploma di maestra *(a vent'anni; a diciotto anni).*
15. Tra orfanotrofi, ospedali, dispensari, laboratori, conventi e case di riposo per i vecchi, Francesca fondò *(sessantacinque; dieci)* istituti.
16. Aveva una grande paura *(degli aeroplani; del mare).*
17. Con l'aiuto di una *(suora; benefattrice)* fondò la prima casa a Nuova York.
18. La necessità della missione di Francesca in America diviene più chiara quando si conosce la situazione *(degli Americani; degli emigranti italiani).*
19. Più di *(diciotto milioni; quaranta milioni)* d'Italiani avevano emigrato all'estero.
20. Morì durante una visita all'ospedale Columbus di *(Chicago; Seattle).*
21. Parma è un'antichissima città *(dell'Emilia; della Lombardia).*
22. Il padre di Arturo come tutti i *(Parmigiani; Romani)* aveva una grande passione per la musica.
23. Spesso il Maestro *(raccontava aneddoti; non diceva niente).*
24. Fu chiamato a sostituire il direttore d'orchestra a una rappresentazione di *(Guglielmo Tell; Aida).*
25. A soli trentadue anni era direttore d'orchestra al *(Metropolitan; Teatro della Scala).*
26. Secondo Toscanini *(il direttore; il cantante)* è il centro dello spettacolo.
27. Toscanini *(conosceva a memoria; leggeva)* le opere.
28. Spesso indicava le sfumature musicali con *(il violoncello; con la sua voce).*
29. La grande arte di Toscanini si manifestò con un repertorio *(molto piccolo; ricchissimo).*
30. Toscanini morì *(a settant'anni; quasi novantenne).*

C. Dare l'infinito dei seguenti verbi.

1. condivise
2. si imbarcò
3. spinto
4. soffrì
5. si fidava
6. giocando
7. si era cimentato
8. diresse
9. salì
10. si vantava
11. frantumava
12. batteva
13. contribuì
14. con*o*bbero
15. *e*rano

D. In classe ogni studente dà l'equivalente inglese delle seguenti parole.

eroe, popolare, passione, a bordo, importante, rivoluzionario, patriota, società, brasiliano, difesa, legione, vitt*o*ria, coraggioso, santa, immigrante, diploma, emigrante, violetta, fantasia, visione, Provvidenza, benefattore, mission*a*rio, continente, Congregazione, incoraggiare, entusiasmo, perseveranza, proprietà, necessità, energia, Argentina, mal*a*ria, serenità, istante, v*i*sita, cr*i*tico, cl*a*ssico, reputazione, eccezionale

PAPA GIOVANNI XXIII

(28 ottobre 1958–3 giugno 1963)

Il buon pastore

aggiornare to update
agiato well-to-do
almeno at least
l'apertura opening
apportare to bring
la campana bell
il cappellano chaplain
il concilio council
convennero they came together: from *convenire*
l'ebreo Jew
faticoso exhausting
festosamente joyfully
la fine end
fuori outside
Grecia Greece
l'inizio beginning
l'istruzione education
il millennio millennium
mirava it aimed at: from *mirare*
il Nunzio papal ambassador
il pastore shepherd
il pontefice pontiff
si proponeva he, she, it intended: from *proporsi*
il rapporto relationship
sacerdotale priestly
semplice simple, unaffected
lo scopo aim
suonavano they rang: from *suonare*
il tenente lieutenant
Turchia Turkey
aver luogo to take place
a differenza di unlike

L'll ottobre 1962 le campane di tutte le chiese di Roma suon*a*vano festosamente per annunziare l'apertura del Concilio ecum*e*nico Vaticano II. Per la Chiesa catt*o*lica questo era un evento importantissimo perchè i concili sono molto rari. In due millenni sono stati convocati solo venti concili, due di essi negli *u*ltimi quattro s*e*coli, e l'*u*ltimo, Vaticano I, ebbe luogo a Roma nel 1870.

La convocazione di Vaticano II fu una delle più grandi *o*pere di Papa Giovanni XXIII. I diff*i*cili e faticosi lavori preparatori lo occup*a*rono per tre anni, cioè quasi dal princ*i*pio del suo pontificato. A differenza dei concili precedenti, Vaticano II non si proponeva solo un programma di riforma interna della Chiesa cattolica. Esso mirava alla riunione con gli ortodossi, cioè con i catt*o*lici dei riti orientali, si proponeva di garantire la libertà religiosa per tutte le fedi e soprattutto incoraggiava rapporti cordiali con gli ebrei, con i mussulmani e con le altre religioni.

Duemilacinquecento prelati convennero a Roma da cinque continenti per l'apertura del Concilio. Come per tutti i concili precedenti anche la convocazione di Vaticano II determinò la fine di un'epoca e l'inizio di una nuova. Ma lo scopo principale di questo concilio era lo stesso dell'intero pontificato di Papa Giovanni: elevare la vita spirituale dell'umanità intera.

La sua intenzione nei brevissimi anni come Pontefice della Chiesa cattolica fu di aggiornarla, cioè di modernizzare molti degli elementi che la rendevano antiquata. Uomo di fede e di natura semplicissima, pastore di anime, Giovanni XXIII possedeva eccezionali qualità apostoliche. Egli desiderava ardentemente di riunire uomini di ogni religione ed apportare la pace tra essi.

Angelo Giuseppe Roncalli nacque a Sotto il Monte, un villaggio presso Bergamo, nel 1881. La sua famiglia di agiati contadini era semplice e di istruzione modesta, però ricca di umanità e molto religiosa. Angelo entrò il Seminario di Bergamo a undici anni, seguendo l'aspirazione naturale di tante famiglie di contadini di avviare almeno uno dei loro figli alla vita ecclesiastica. Dopo la sua ordinazione sacerdotale nel 1904, Angelo passò più di dieci anni a Bergamo come segretario del Vescovo di quella città. Finita la prima guerra mondiale, nella quale servì come tenente cappellano, Angelo si dedicò all'opera missionaria per la propagazione della fede.

Nel 1925 cominciò a estendere la sua attività pastorale fuori Italia, prima come delegato apostolico in Bulgaria, in Turchia e in Grecia e poi, dal 1944 al 1952, come Nunzio Apostolico in Francia. Divenuto cardinale nel 1953, fu nominato Patriarca di Venezia, così terminando la sua brillante e lunga carriera diplomatica.

Esercizi

A. Conversazione

1. Perchè l'11 ottobre 1962 suonavano festosamente le campane di Roma?
2. Perchè era il Concilio un evento importantissimo?
3. Quanti concili si sono convocati in due millenni?
4. Quanto tempo i lavori preparatori occuparono Papa Giovanni?
5. A che cosa mirava Vaticano II?

6. Qual'era lo scopo principale di questo concilio?
7. Perchè Papa Giovanni voleva aggiornare la Chiesa?
8. Quali erano le qualità eccezionali di Giovanni XXIII?
9. Era povera la famiglia di Angelo?
10. Perchè Angelo entrò nel Seminario?
11. Come e dove passò più di dieci anni?
12. Come servì nella prima guerra mondiale?
13. Che cosa fece nel 1925?
14. Che cosa era in Francia?
15. Quando diventò cardinale?

B. Da quale verbo deriva CONVENIRE? Scrivere le seguenti forme di questo verbo ai tempi indicati.

	presente	*passato remoto*	*trapassato prossimo*
1. Noi	__________	__________	__________
2. Tu	__________	__________	__________
3. Essi	__________	__________	__________
4. Io	__________	__________	__________
5. Lei	__________	__________	__________

fu accolto it was welcomed: from *accogliere*
l'affabilità affability
ateo atheistic
attirarono they attracted: from *attirare*
la bontà goodness
il cambiamento change
la cattedra di San Pietro the Holy See
fu eletto he, she was elected: from *eleggere*
episcopaliano Episcopalian
avevano evitato they had avoided: from *evitare*
filippino Philippine
il genero son-in-law
giapponese Japanese
la gioia joy
il gregge flock
meno fewer
le mura the walls
la nomina nomination
ottantesimo eightieth
il segno mark, sign
sorprese he, she surprised: from *sorprendere*
Sua Santità His Holiness the Pope
uscendo going out: from *uscire*
usurpato usurped
il visitatore visitor
aver fretta to be in a hurry
a piedi on foot
per esempio for instance

Nell'ottobre del 1958, essendo morto Pio XII, Angelo Roncalli fu eletto papa. La sua nomina alla cattedra di San Pietro fu accolta con gioia da tutto il mondo cattolico, tuttavia sorprese molti che lo consideravano un papa di transizione a causa della sua avanzata età di settantasette anni.

Ma già assumendo il nome di Giovanni XXIII, il nuovo Papa mostrò che intendeva lasciare un segno indimenticabile nella storia della Chiesa. Da più di cinquecento anni i papi avevano evitato questo nome usurpato da un antipapa,[1] ma Angelo Roncalli pensava soltanto all'apostolo Giovanni che per tradizione era ricordato per la sua bontà e per la sua carità evangelica.

Inoltre da secoli i papi si erano isolati nella Città del Vaticano senza contatti con il popolo. Giovanni XXIII spesso lasciò le mura del Vaticano, uscendo a piedi per Roma, visitando chiese, ospedali e prigioni, ispirando con la sua affabilità e col suo sorriso gioviale gli umili e i grandi.

Le azioni di Giovanni XXIII subito attirarono l'attenzione e l'ammirazione del mondo intero. Visitatori di tutte le religioni accorrevano al Vaticano: il dottor Geoffrey Fisher, arcivescovo di Canterbury, la regina Elisabetta II d'Inghilterra, il reverendo Liechtenberger, presidente

1. Baldassare Cossa (1370-1419), an antipope, was also named Giovanni XXIII. He was deposed in 1415.

della chiesa episcopaliana degli Stati Uniti e tanti altri visitarono il Papa. Perfino Nikita Kruscev[2] inviò a Sua Santità gli auguri per il suo ottantesimo compleanno. E Papa Giovanni sorprese il mondo intero quando ricevette in Vaticano Alexei Agiubei, giornalista ateo e marxista, genero di Kruscev.

Il Papa aveva fretta perchè era vecchio. In meno di cinque anni di pontificato la sua attività fu non solo rivoluzionaria, ma dinamica, febbrile. Prima di lui nessun papa non intraprese mai tanti progetti. Per esempio nel 1960 fu il primo papa a nominare un cardinale giapponese, uno filippino e uno africano.

Il suo programma di riforma fu vastissimo, ma le sue mète principali si riassumono nelle sue due maggiori encicliche, *Mater et Magistra* e *Pacem in Terris*.[3] La prima considera i cambiamenti tecnologici, politici e sociali nel mondo moderno; la seconda guarda al bisogno dell'umanità di superare i pericoli delle varie ideologie politiche e dottrine filosofiche per vivere in pace.

Le sue semplici origini contadine diedero a Papa Giovanni XXIII molto senso comune, mentre i suoi viaggi e le sue residenze all'estero lo prepararono alla profonda conoscenza di differenti nazioni. Papa Giovanni fu veramente *il buon pastore* perchè il suo gregge era il mondo intero e la sua mèta principale la pace tra gli uomini di buona volontà.

Esercizi

A. Conversazione

1. Quando fu eletto papa Angelo Roncalli?
2. Perchè alcuni lo credevano un papa di transizione?
3. Perchè i papi avevano evitato il nome di Giovanni XXIII?
4. Uscivano i papi dalla Città del Vaticano?
5. Usciva Giovanni XXIII?
6. Chi furono alcuni dei suoi visitatori importanti?
8. Perchè Giovanni XXIII aveva fretta?
12. Che cosa considera *Mater et Magistra?*
13. A che cosa guarda *Pacem in Terris?*
14. Che cosa diede al Papa il suo senso comune?
15. Perchè Giovanni XXIII fu il *buon pastore?*

B. Scrivere tre frasi col verbo ELEGGERE al presente, al passato remoto e al futuro. Da quale verbo deriva *eleggere?*

2. Nikita S. Khrushchev, Russian political leader and premier of the U.S.S.R., 1958-64.
3. *Mater et Magistra*, Mother and Teacher; *Pacem in Terris*, Peace on Earth.

ENRICO FERMI

(1901–1954)

Un genio della fisica nucleare

l'alpinismo mountain climbing
l'avanguardia vanguard
la bancherella street stall
Campo dei Fiori flea market in Rome
cauto cautious
il diletto delight
il fisico physicist
il giocattolo toy
impegnandosi becoming involved: from *impegnarsi*
l'incaricato lecturer
l'ingegno talent
l'insegnamento teaching
la laurea doctorate
il mesone meson[1]
il motorino small motor
nascosto hidden
il nuoto swimming
la pesca fishing
la proprietà property
la ricerca research
rovistare to rummage
il saggio essay
lo sposo husband, groom
il suono sound
svolse he, she developed: from *svolgere*
il tesoro treasure
l'umore disposition
di gran lunga superiore far superior
fare un concorso to participate in a competition
lo sport dello sci skiing

Quando nel 1954 Enrico Fermi morì prematuramente a Chicago a cinquantatrè anni, la sua attività era più intensa che mai. A quell'epoca si occupava delle proprietà dei mesoni e della radiazione cosmica, impegnandosi nella pura ricerca teorica e sperimentale. Infatti tutta la sua vita questo grande fisico si dedicò al progresso della scienza sia nel formulare teorie che nel dimostrarle con l'esperimento. Il suo genio consiste proprio nella sua capacità di svolgere queste due distinte attività in maniera eccezionale.

Però Fermi fu un uomo completo perchè, oltre ad essere uno dei più insigni fisici del ventesimo secolo, fu sposo e padre esemplare e esercitò la carriera di professore con grande passione. Aveva straordi-

1. *meson* is any of several elementary particles having a mass intermediate between that of an electron and a proton.

naria resistenza fisica e amava le attività sportive come il tennis, il nuoto e la pesca, praticando con particolare diletto l'alpinismo e lo sport dello sci. Di umore sereno e talvolta gaio, era tuttavia calmo, cauto e metodico.

Fin da ragazzo, oltre agli studi scolastici, Enrico dimostrava grande curiosità scientifica, facendo esperimenti e studi privati. Con suo fratello Giulio, che egli adorava e che morì inaspettatamente a quindici anni, Enrico costruiva giocattoli meccanici e motorini elettrici. Inconsolabile per la perdita di Giulio, si dedicò completamente allo studio. Spesso con l'amico Enrico Persico andava al mercato di Campo dei Fiori in Roma, la sua città natale, per rovistare le bancherelle di libri usati e per trovare qualche tesoro nascosto. La prima scoperta di Fermi fu un vecchio libro di fisica scritto in latino nel 1840. Enrico studiò questo libro minuziosamente e da esso derivò la base di tutti i suoi studi successivi.

Incoraggiato da un amico del padre, che comprese il suo genio, nel 1918 il giovane fece un concorso per l'ammissione alla Scuola Normale di Pisa per studiare fisica. Svolse il saggio di ammissione intitolato "Caratteri distintivi dei suoni" così brillantemente da dimostrare che già allora il calibro della sua preparazione e della sua intuizione scientifica era di gran lunga superiore a quello dei suoi contemporanei.

D'allora in poi, le teorie e gli esperimenti di Fermi furono sempre all'avanguardia e maestri e colleghi riconobbero in lui un ingegno originale. Ottenuta la laurea in fisica nel 1922, passò alcuni mesi in Germania a studiare e poi andò all'Università di Firenze quale incaricato, così iniziando la sua carriera d'insegnamento.

Esercizi

A. Conversazione

1. Quanti anni aveva Fermi quando morì a Chicago nel 1954?
2. Di che cosa si occupava a quell'epoca?
3. In che cosa consiste il suo genio?
4. Perchè Fermi era un uomo completo?
5. Quali attività sportive amava?
6. Era di umore triste?
7. A che età morì suo fratello Giulio?
8. Che cosa costruiva con suo fratello?
9. Dove andava con l'amico Enrico Persico?
10. Quale fu la prima scoperta di Fermi?
11. Che cosa fece nel 1918?

12. Che saggio svolse per l'ammissione alla Scuola Normale di Pisa?
13. Che cosa dimostrò in questo saggio?
14. Che cosa riconobbero maestri e colleghi?
15. Dove cominciò Fermi la sua carriera d'insegnamento?

B. Dare le forme del verbo SVOLGERE secondo il soggetto ai tempi indicati.

	imperfetto	*trapassato prossimo*	
1. Loro	________	______________	un saggio difficile.
2. Voi	________	______________	
3. Tu	________	______________	
4. Noi	________	______________	
5. Io	________	______________	

l'aggiornamento updating
alacremente briskly
è annoverato he, she is enumerated: from *annoverare*
appartenente belonging
assunse he, she assumed: from *assumere*
il bombardamento bombardment
capitanato led
il carburante fuel
dovuto due
il fermio fermium
la grafite graphite
l'illuminazione lighting
l'impiego use, employ
innumer*e*vole innumerable
lento slow
la memoria memoir, recollection
monoat*o*mico monoatomic
il neutrone neutron
il Novecento the 20th century
il parassita parasite
la particella particle
la pila pile
prima at first
la quantizzazione quantization
sono raccolti they are collected: from *raccogliere*
la radioattività radioactivity
razziale racial
il reattore reactor
il riscaldamento heating
il sottomarino submarine
sottrarre to take away
la stat*i*stica statistics
lo strato layer
supplire to provide
svolto explicated, developed: from *svolgere*
l'uranio uranium
la vetta apex
il ve*i*colo spaziale space vehicle

In questo periodo cominciò i suoi lavori importantissimi tra cui quello sulla teoria che si chiama "la stat*i*stica di Fermi", cioè sulla quantizzazione del gas monoat*o*mico. Era il 1926 e Fermi ritornò a Roma dove divenne parte del gruppo capitanato dal Professor Orso Mario Corbino e cominciò ad insegnare all'Università di Roma.

Corbino era uno scienziato progressivo che sosteneva l'aggiornamento della scuola di f*i*sica romana. A Roma negli anni seguenti con Fermi lavor*a*rono anche Edoardo Amaldi, Bruno Pontecorvo, Franco Rasetti e Emilio Segrè, tutti scienziati che poi dov*e*vano acquistare fama mondiale. L'attività svolta da Fermi in questi anni e successivamente è disponibile in numerosissimi suoi scritti che sono raccolti nelle *Note e Memorie di Enrico Fermi.*

In quest'*e*poca, dopo lavori te*o*rici di grande importanza, si dedicò allo studio sui neutroni, cioè prima scoprì la radioattività artificiale dovuta al bombardamento dei neutroni e poi investigò le proprietà caratter*i*stiche di quelle particelle. Per la scoperta di nuove sostanze radioattive appartenenti all'intero campo degli elementi e del potere selettivo dei neutroni lenti, Fermi ricevette il Premio Nobel per la f*i*sica nel 1938. Quest'anno segnò anche un'altra pietra miliare per

Fermi poichè decise di emigrare negli Stati Uniti per sottrarre la famiglia alle persecuzioni razziali del dittatore Mussolini.

Negli Stati Uniti la sua maggiore attività scientifica fu sperimentale e continuò a dedicarsi all'insegnamento. Fu prima alla Columbia University in Nuova York e poi, dal 1942, all'Università di Chicago. A Chicago, lavorando con un gruppo di scienziati, il 2 dicembre 1942 Fermi raggiunse la vetta della sua carriera, realizzando la prima *pila* o *reattore nucleare*, costituita da strati di grafite alternati a strati di uranio e grafite. Questa scoperta fu un vero trionfo tecnologico.

In quest'epoca gli Stati Uniti erano impegnati nella seconda guerra mondiale e la Germania di Hitler lavorava alacremente a creare armi distruttive. Gli Stati Uniti dovettero prepararsi alla difesa. A Los Alamos nel Nuovo Messico, un gruppo di fisici composto da Fermi, Oppenheimer, Lawrence e molti altri collaborò all costruzione della prima bomba atomica, esplosa ad Alamagordo, nel deserto del Nuovo Messico, il 16 luglio 1945.

Dopo la fine della guerra, quando il Presidente Eisenhower iniziò la campagna degli atomi per la pace, si cominciarono a trovare innumerevoli impieghi dell'energia nucleare. Nell'applicazione industriale essa si può trasformare in forza elettrica per l'illuminazione delle città, per il riscaldamento delle case, per sottomarini atomici e per molti altri usi. È stata anche impiegata, più limitatamente, come carburante per navi e per supplire a specifici bisogni di missili e veicoli spaziali. I radioisotopi che sono prodotti in reattori nucleari si sono utilizzati in medicina e in agricoltura.

Il genio di Enrico Fermi contribuì largamente all'avanzamento della fisica nucleare. Poichè nel 1944 egli assunse la cittadinanza degli Stati Uniti, oggi è annoverato tra i più famosi italo-americani del Novecento. L'elemento *fermio* è così chiamato in suo onore.

Esercizi

A. Conversazione

1. Quali lavori cominciò Fermi in questo periodo?
2. Di quale gruppo divenne parte nel 1926?
3. Chi era Orso Mario Corbino?
4. Quali scienziati lavorarono con Fermi a Roma negli anni seguenti?
5. È disponibile l'attività svolta da Fermi in questo periodo?
6. A quale studio si dedicò e cosa scoprì?
7. Perchè Fermi ricevette il Premio Nobel nel 1938?

8. Perchè Fermi decise di emigrare in Am*e*rica?
9. Che cosa realizzò a Chicago il 2 dicembre 1942?
10. In che cosa *e*rano impegnati gli Stati Uniti in quest'*e*poca?
11. Chi *e*rano gli scienziati che collabor*a*rono con Fermi alla costruzione della prima bomba at*o*mica?
12. Dove e quando esplose la prima bomba at*o*mica?
13. Chi iniziò la campagna degli *a*tomi per la pace?
14. Quali sono le applicazioni più importanti dell'energia nucleare?
15. Perchè Enrico Fermi è annoverato tra i più famosi *i*talo-americani del Novecento?

B. Scr*i*vere il verbo ASS*U*MERE al futuro e al passato prossimo.

FEDERICO FELLINI

(1920–)

L'universo poetico del regista

accanto beside
ha assunto has assumed: from *assumere*
avveniristico futuristic
certo of course
il circo circus
il collegio boarding school
il derelitto derelict
la diva film star
il dopoguerra post-war period
si gira one shoots a film: from *girare*
imbecille imbecile
immaginativo imaginative
l'improvvisatore improviser
la lista cast
il mestiere trade
movimentato eventful
si opponeva it was opposed: from *opporsi*
il peccatore sinner
la pellicola film
fu premiato it was awarded: from *premiare*
la regia staging
il regista movie director
si rileva one perceives: from *rilevare*
la rinomanza renown
scappare to run away
lo scenarista scenarist
la sceneggiatura scenario
sondare to fathom
si sviluppa it develops: from *svilupparsi*
il tema theme
tentò he, she attempted: from *tentare*
in parte partly

Dal periodo dopo la seconda guerra mondiale il cinema italiano ha assunto un'importanza internazionale. Questa rinomanza è dovuta al lavoro di insigni registi cinematografici che hanno trasformato il film in un'opera d'arte. Accanto ai più famosi registi quali Roberto Rossellini, Alberto Lattuada, Vittorio De Sica e Luchino Visconti emerge la figura di Federico Fellini. Uno dei suoi entusiastici biografi lo ha chiamato un *fenomeno*. Certo Fellini è un uomo eccezionale. Esuberante, immaginativo, spiritoso, dinamico e indipendente, Fellini è dotato di grande curiosità psicologica.

A dodici anni Federico tentò di scappare dal collegio per seguire un circo, risentendo la severa disciplina che si opponeva al suo fervente desiderio di libertà e di avventure. Non molto ambizioso negli studi, tuttavia amava appassionatamente il disegno e la storia dell'arte. Quando a sedici anni si trasferì a Roma da Rimini, la sua città natale, si occupò in diversi mestieri, specialmente disegnando caricature nei ristoranti e facendo disegni per racconti avveniristici.

Durante la sua giovinezza molto movimentata visse varie esperienze che si riflettono nella sua arte di regista. Pieno di fantasia e desideroso di confessarsi, Fellini inserisce elementi autobiografici nelle sue pellicole. Ciò si riflette non tanto nei fatti, ma si rileva piuttosto nei conflitti che si determinano nelle anime dei suoi personaggi.

Fellini è improvvisatore. Preferisce creare il testo della sceneggiatura continuamente, mentre si gira il film. Non è mai sicuro del soggetto a cui lavora perchè esso si sviluppa secondo l'ispirazione del momento. La sua regia è dunque intuitiva e Fellini si propone di sondare i movimenti dell'anima umana che determinano le azioni dei personaggi.

Dopo una breve carriera come giornalista, Fellini esordì nel cinema con Rossellini, regista legato al movimento neorealistico del dopoguerra. Fellini lavorò con Rossellini come scenarista nei famosi film *Roma città aperta* del 1945 e *Paisà* del 1947.[1] Le sceneggiature di queste due pellicole furono premiate con l'Oscar e avviarono Fellini alla sua carriera di regista.

Nel 1950 debuttò nella regia dirigendo con Alberto Lattuada *Luci di varietà*.[2] Poi nel 1952 e nel 1953 diresse da solo *Lo sceicco bianco* e *I vitelloni*.[3] Ma la fama di Fellini regista divenne veramente internazionale con il film *La strada*[4] del 1954 per cui ottenne molti onori e fu anche premiato a Hollywood con l'Oscar. Questo film, che ha come protagonista la moglie di Fellini, la diva Giulietta Masina, è la storia di un'imbecille, due acrobati e un bruto. L'imbecille si chiama Gelsomina ed è una giovane semplice e pura, simbolo della purezza nel mezzo della corruzione. Il tema della purezza opposta al vizio ritorna spesso nei film di Fellini.

Negli anni seguenti diresse altri importanti film, ma mostrò la sua originalità e indipendenza di regista nel 1959 con *La dolce vita*.[5] Questo film, in cui la lista degli attori è internazionale, creò un grande scandalo perchè riflette come in uno specchio la corruzione fisica e morale dell'alta società romana. Interrogato sulla *Dolce vita,* Fellini ha dichiarato che infatti la protagonista di questo film è Roma, la grande città, la Babilonia di tutti i tempi. Tuttavia anche questa volta Fellini

1. *Roma città aperta, Open City; Paisà* is a dialect form meaning "peasant," or "belonging to the same town."
2. *Luci di varietà, Variety Lights.*
3. *Lo sceicco bianco, The White Sheik; I vitelloni, The Big Loafers.*
4. *La strada, The Road.*
5. *La dolce vita, The Good Life.*

introduce il tema dell'innocenza nel mezzo della totale depravazione sociale.

Dopo il 1959 altri notevoli film sono *8½ (Otto e mezzo)* e *Giulietta degli spiriti,* entrambi lavori di fantasia, e *Satiricon.*[6] Quest'ultimo ritorna a Roma antica, alla sua decadenza sociale, ed è fondato sulla *sa*tira di Petronio, autore romano dei tempi di Nerone.[7] *Amarcord* è un altro film importantissimo perchè è pieno dei ricordi dell'adolescenza di Fellini nella sua città natale di R*i*mini.

I primi film di Fellini rappresent*a*rono una transizione tra il c*i*nema neoreal*i*stico del dopoguerra e il c*i*nema italiano moderno. Maestro di questa nuova arte, nei suoi film Fellini inserisce un messaggio morale. Tra i suoi personaggi ci sono derelitti, mostri, idioti e peccatori. Tutti questi simboleggiano l'imperfezione umana e ric*o*rdano la necessità della redenzione.

Gli amici chi*a*mano Federico Fellini *il poeta,* in parte per il suo temperamento art*i*stico e poi perchè ha dato un orientamento personale alla regia cinematogr*a*fica. Trasferendo le proprie esperienze al suo lavoro, Fellini ha trasformato il film in un universo po*e*tico.

Esercizi

A. Conversazione

1. Perchè il c*i*nema italiano ha assunto un'importanza internazionale?
2. Quali sono alcuni dei più famosi registi?
3. Perchè un bi*o*grafo ha chiamato Fellini un *fenomeno?*
4. Perchè Federico tentò di scappare dal collegio?
5. Dove nacque Fellini?
6. Quali mestieri fece a Roma?
7. Che cosa inserisce Fellini nelle sue pell*i*cole?
8. Perchè è improvvisatore?
9. Con chi esordì nel c*i*nema Fellini?
10. In quali film lavorò con Rossellini?
11. Quale film rese Fellini famoso nel 1954?
12. Qual'è il messaggio dei film di Fellini?
13. In quale pell*i*cola mostrò la sua originalità?
14. Perchè *La dolce vita* creò un grande sc*a*ndalo?

6. *8½ (Otto e mezzo), Eight and a Half; Giulietta degli spiriti, Juliet of the Spirits; Satiricon, Satyricon.*

7. *Petronio,* Gaius Petronius Arbiter (died A.D. 66?), Roman satirist, author of *Satyricon.*

15. Secondo Fellini chi è la vera protagonista di questo film?
16. Quali sono altre pell*i*cole di Fellini dopo il 1959?
17. A che cosa ritorna *Satiricon?*
18. Perchè *Amarcord* è un film importantissimo?
19. Che cosa simbol*e*ggiano derelitti, mostri, idioti e peccatori nei film di Fellini?
20. Perchè gli amici chi*a*mano questo regista *il poeta?*

B. Dare il participio passato e il gerundio dei seguenti verbi ASS*U*MERE, GIRARE, OPPORRE, NASCERE, RILEVARE, SVILUPPARE

RIPETIZIONE

A. Vero o falso

1. Vaticano I ebbe luogo a Roma nel 1950.
2. Vaticano II incoraggiava soprattutto i rapporti cordiali con gli ebrei, con i mussulmani e con fedeli di altre religioni.
3. Duemilacinquecento prelati convennero a Roma da cinque continenti.
4. Angelo Roncalli nacque da un famiglia di poveri contadini.
5. Nella prima guerra mondiale servì come capitano cappellano.
6. Angelo Roncalli fu eletto papa nel 1961.
7. Da più di cinquecento anni i papi avevano evitato il nome di Giovanni XXIII.
8. Nikita Kruscev inviò a Sua Santità gli auguri per il suo novantesimo compleanno.
9. Il Papa non eveva fretta perchè era giovane.
10. Le sue due famose encicliche sono *Mater et Magistra* e *Pacem in Terris*.
11. Enrico Fermi morì molto vecchio a Roma.
12. Il genio di Enrico Fermi consiste nella sua capacità di unire teoria e esperimento.
13. Questo grande scienziato non amava nessuna attività sportiva.
14. Enrico Fermi adorava il fratello Giulio.
15. Il suo saggio di ammissione alla Scuola Normale di Pisa era intitolato "Caratteri distintivi dei suoni".
16. Ottenuta la laurea in fisica nel 1922, Fermi andò a studiare in Germania.
17. Una sua importante teoria si chiama "la statistica di Fermi".
18. Il Professor Orso Mario Corbino sosteneva l'aggiornamento della scuola di fisica fiorentina.

19. Fermi ricevette il Premio Nobel nel 1938.
20. Negli Stati Uniti la sua maggiore attività scientifica fu sperimentale.
21. Il genio di Fermi contribuì largamente all'avanzamento della f*i*sica nucleare.
22. Uno dei suoi entusi*a*stici bi*o*grafi ha chiamato Federico Fellini un fen*o*meno.
23. A d*o*dici anni Federico tentò di scappare da un circo.
24. Fellini non ha affatto fantasia.
25. Fellini è improvvisatore.
26. Crea il testo della sceneggiatura mentre si gira il film.
27. Fellini si propone di sondare i movimenti dell'*a*nima umana.
28. Fellini esordì nel cinema con Rossellini.
29. Lavorò come scenarista nel film *Roma città aperta.*
30. La diva Giulietta Masina è la sorella di Fellini.
31. Giulietta Masina è Gelsomina nel film *La strada.*
32. *Satiricon* è fondato sulla storia di Roma moderna.
33. Federico Fellini ha dato un orientamento personale alla regia cinematogr*a*fica.
34. Fellini è Maestro del c*i*nema italiano moderno.
35. Questo regista ha trasformato il film in un universo po*e*tico.

B. Trovare l'equivalente inglese dei seguenti aggettivi.

1. agiato	a. slow
2. giapponese	b. eventful
3. immaginativo	c. good
4. lento	d. rich
5. po*e*tico	e. imaginative
6. ricco	f. futuristic
7. buono	g. old
8. sacerdotale	h. well-to-do
9. avvenir*i*stico	i. hidden
10. faticoso	j. angry
11. s*e*mplice	k. priestly
12. v*e*cchio	l. bad
13. catt*o*lico	m. Catholic
15. nascosto	n. simple
	o. poetic
	p. Japanese
	q. exhausting

C. In classe ogni studente dà l'equivalente inglese delle seguenti parole.

mill*e*nnio, affabilità, episcopaliano, usurpato, ammirazione, reverendo, filippino, residenza, attività, enc*i*clica, Vaticano, f*i*sica, mesone, sport, professore, sci, esperimento, teoria, carriera, Germania, ammissione, at*o*mico, preparazione, avanguardia, bomba, bombardamento, fermio, grafite, monoat*o*mico, neutrone, uranio, stat*i*stica, sottomarino, reattore, forza, radioattività, pila, ve*i*colo, energia, universo, derelitto, immaginativo, circo, film, scenarista, curiosità, depravazione, imbecille, acr*o*bata, corruzione, disciplina, protagonista

D. Scr*i*vere un componimento su una delle biografie studiate.

Part Three

LE BELLE FIABE ITALIANE

Quattordici

Un uomo e una donna avevano tredici figli maschi.° Quando nacque un altro figlio, maschio anche lui, lo chiamarono Quattordici.

Presto il raggazzo diventò grande° e un giorno sua madre gli disse: — Oramai sei grande e perciò devi aiutare i tuoi fratelli. Tutti e tredici° sono nel campo a lavorare la terra° ed è ora che anche tu lavori.

La madre gli diede il cesto della colazione per tutti e quattordici e Quattordici si avviò al campo.° Nel cesto c'erano quattordici pagnotte di pane,° quattordici caciotte° e quattordici bottiglie di vino.

Quando Quattordici fu a mezza strada gli venne una grande fame e una grande sete.° Senza pensare ai fratelli, mangiò tutto il pane, tutte le caciotte e bevve tutto il vino.

Rimasti digiuni,° i tredici fratelli dissero a Quattordici:
— Via, prendi la zappa e comincia a zappare.
— Sì, ma la zappa che voglio deve pesare quattordici libbre.

I fratelli trovarono la zappa che Quattordici voleva. Allora lui fece una scommessa con loro.°
— Vediamo chi sarà il primo ad arrivare all'altro lato del campo — disse.

Tutti e quattordici cominciarono a zappare, ma Quattordici fu il primo a raggiungere l'altro lato del campo. D'allora in poi,° Quattordici continuò a lavorare e a mangiare per quattordici. I poveri fratelli pativano la fame° e diventarono magri magri.°

Allora il padre e la madre decisero di mandare Quattordici per il mondo. E Quattordici partì.

C'era un ricco contadino che voleva prendere a servi-

figli maschi, male children

diventò grande, grew up

tutti e tredici, all thirteen of them

lavorare la terra, to till the soil

si avviò al campo, started out for the field

pagnotte di pane, loaves of bread

caciotte, round shapes of cheese

gli venne . . . . sete, he became very hungry and very thirsty

Rimasti digiuni, Forced to fast

fece una scommessa, made a bet

D'allora in poi, From then on

pativano la fame, suffered from hunger

magri magri, very thin

zio° quindici zappatori. Quattordici gli disse che lui lavorava per quattordici, però voleva mangiare e avere il salario per quattordici. — Va bene, — disse il contadino, — ti prendo al mio servizio invece di quattordici zappatori. Se sei veramente così bravo, hai bisogno soltanto dell'aiuto di un altro uomo. Tra te e lui dovete fare il lavoro per quindici lavoratori.

prendere a servizio, to hire

Poi l'uomo e Quattordici andarono a lavorare nel campo e ogni volta che l'uomo dava una zappata, Quattordici zappava per quattordici. Così finì di zappare tutta la campagna in un baleno.°

in un baleno, in a flash of lightning

Finito il lavoro, il ricco contadino pensò di liberarsi di Quattordici perchè ora non aveva più bisogno di un lavoratore che mangiava per quattordici e prendeva il salario per quattordici. — Devi farmi un piacere,° — gli disse. — Ti voglio mandare all'Inferno da Lucibello con una lettera. Ti dò sette mule e quattordici tini° che Lucibello deve riempire d'oro. — Sì, va bene! Però per fare quello che volete ho bisogno di una tenaglia° di quattordici libbre, — rispose Quattordici.

Devi farmi un piacere, You must do me a favor

tini, vats

tenaglia, pincers

Il contadino trovò la tenaglia di quattordici libbre e Quattordici si avviò con le mule e con i tini verso l'Inferno. Alle porte dell'Inferno trovò i diavoli che facevano la guardia° e non volevano chiamare il loro capo.

facevano la guardia, stood guard

— Ma io ho una lettera! — gridò Quattordici. — Lucibello deve riempire i tini del mio padrone pieni d'oro!

Dal profondo dell'Inferno° Lucibello gridò a Quattordici di scendere giù. Nell'Inferno c'erano quattordici diavoli pronti ad afferrarlo e a divorarlo. Ma Quattordici era anche lui pronto con la tenaglia. Uno alla volta, tirò la lingua a tutti e quattordici diavoli lasciandoli morti. Ora restava soltanto Lucibello, il capo di tutti i diavoli.

Dal profondo dell'Inferno, From the bottom of Hell

Lucibello disse: — Hai visto che cosa hai fatto? Hai ucciso tutti i miei diavoli ed ora io solo non posso riempire i tini d'oro per il tuo padrone.

— Lascia fare a me,° — rispose Quattordici, — e lui stesso riempì i quattordici tini pieni d'oro.

Lascia fare a me, Allow me

Dopo aver ringraziato Lucibello, Quattordici stava per andarsene° quando quel diavolo lo afferrò per divorarlo. Quattordici pronto, allora gli tirò la lingua con la tenaglia. Poi si mise Lucibello sulle spalle appeso alla tenaglia° e uscì dall'Inferno con le mule e con i tini pieni d'oro.

stava per andarsene, was about to leave

si mise . . . . tenaglia, hang Lucibello from the pincers on his back

Quando arrivò alla casa del padrone legò Lucibello alla tavola della cucina. Allora il diavolo gli domandò che cosa doveva fare adesso.

– Adesso? Adesso te ne devi ritornare immediatamente all'Inferno, – rispose Quattordici – ma ti devi portare il mio padrone con te.

Il diavolo scappò via in un baleno, e tirandosi dietro il padrone di Quattordici, andò all'Inferno.

Così Quattordici divenne lui il padrone di tutte quelle ricchezze.

Conversazione

1. Quanti fratelli aveva Quattordici?
2. Quando diventò grande dove lo mandò la mamma?
3. Che cosa c'era nel cesto?
4. Perchè Quattordici mangiò e bevve tutto?
5. Quanto doveva pesare la zappa che voleva Quattordici?
6. Per quanti lavorava e per quanti mangiava Quattordici?
7. Come diventarono i fratelli?
8. Che cosa decisero il padre e la madre?
9. Che cosa domandò Quattordici al ricco contadino?
10. Quanti zappatori voleva prendere al suo servizio il ricco contadino?
11. Quanti zappatori prese oltre a Quattordici?
12. Perchè poi il ricco contadino voleva liberarsi di Quattordici?
13. Dove lo mandò a prendere *i* tini d'oro?
14. Prima di andare che cosa chiese Quattordici al padrone?
15. Che cosa gridò Lucibello dal profondo dell'Inferno?
16. Quanti diavoli afferrarono Quattordici?
17. Con che cosa Quattordici tirava la lingua ai diavoli?
18. Che cosa fece Quattordici quando Lucibello voleva divorarlo?
19. Chi riempì i tini del padrone pieni d'oro?
20. Come finisce questa fiaba?

Gambara*

Un Re aveva un anello molto prezioso, ma un giorno non lo poteva trovare più. Fece una proclamazione pubblica, promettendo ricchezze e onori a un astrologo capace di scoprire dov'era l'anello.

C'era un contadino chiamato Gambara, senza quattrini e senza istruzione, ma molto scaltro.° – Certo posso fare anch'io l'astrologo,° – pensò. – Ora vado dal Re.

Il Re lo prese al suo servizio senza troppe domande e lo mise a studiare in una camera chiusa. Nella camera, oltre a un letto, c'erano una tavola e una sedia. Sopra la tavola c'erano i materiali per scrivere e un grosso libro di astrologia. Gambara non sapeva leggere e non sapeva scrivere perciò voltava le pagine del librone° disordinatamente senza capire nulla e con la penna faceva cento scarabocchi° sulla carta, fingendo di scrivere.

Tre servi, che spesso entravano nella camera a portargli il mangiare,° presero quegli scarabocchi per la scrittura difficile di un astrologo molto dotto.

Bisogna sapere° che questi servi avevano loro rubato° l'anello e perciò sapevano di essere colpevoli. E ogni volta che per fare il sapientone° Gambara li guardava con certe occhiate serie, i servi si credevano sospetti. Avendo una gran paura dell'astrologo,° lo salutavano e lo riverivano con molto riguardo.

Siccome Gambara, che pur non essendo astrologo, era tuttavia un contadino molto astuto, subito capì che i

senza quattrini . . . . scaltro, penniless and ignorant but very cunning

Certo . . . . astrologo, Surely, even I can be an astrologer

librone, big book

faceva cento scarabocchi, made a lot of scrawls

il mangiare, food

Bisogna sapere, You must know

avevano loro rubato, it had been these servants who had stolen

per fare il sapientone, to appear very wise

Avendo . . . . dell'astrologo, Being much afraid of the astrologer

*Note: The name *Gambara* is funny in this fable, because a similar word, *gambero,* means *crayfish, shrimp.*

servi dovevano sapere dov'era l'anello. Perciò pensò di tendere loro un trabocchetto.°

Un giorno all'ora del pranzo andò a nascondersi sotto il letto. Quando uno dei servi entrò portando un piatto con il mangiare, non vide nessuno nella camera. Da sotto il letto Gambara gridò: — Numero uno! — Il servo impaurito se ne scappò lasciando cadere il piatto.°

Anche quando il secondo servo entrò, sentì una forte voce che sembrava venire dall'abisso. — Numero due! — gridò Gambara. E anche il secondo servo scappò via.

Quando venne il terzo servo, Gambara gridò ancora più forte, — Numero tre! — Perciò anche questo servo scappò via tutto impaurito.°

Allora i tre furfanti si consigliarono sull'accaduto.° — L'astrologo ha scoperto il furto, — dissero. — Se lo dice al Re, siamo belli e finiti.° Perciò si decisero di ritornare dall'astrologo e di confessargli tutto. Gli offrirono una borsa d'oro, pregandolo di non tradirli.°

Gambara prese la borsa d'oro e disse: — Se non volete esser traditi, dovete fare come vi dico io. Vedete quel tacchino giù nel cortile? Fategli inghiottire l'anello° e al resto ci penso io.° — I servi obbedirono.

Allora Gambara andò dal Re. — Maestà, — gli disse, — io ho studiato giorno e notte° ed ora finalmente ho scoperto che un tacchino nel cortile ha inghiottito l'anello.

Il Re fece sventrare il tacchino° e così l'anello fu trovato. Il Re felicissimo subito premiò l'astrologo con enormi ricchezze e fece una festa in onore di lui° invitando tutta la Corte a uno splendido banchetto.

Tra le altre vivande squisite,° i servi portarono un vassoio pieno di gamberi, dono di un altro Re di un paese vicino.

Allora per mettere il contadino a un'altra prova,° il Re gli domandò: — Lo sai il nome delle bestie che sono in questo vassoio? Un astrologo come te deve sapere tutto!

Siccome questa era la prima volta che anche lui vedeva bestie simili, il contadino mormorò tra sè: — Ohimè, Gambara, Gambara. È arrivata la tua fine!

— Ah, sei proprio bravo,° — esclamò il Re, che non sapeva il nome del contadino. — Sì, quelle bestie si chiamano gamberi e tu sei veramente l'asrologo più dotto del mondo!

di tendere . . . . trabocchetto, to lay a snare for them

lasciando . . . . piatto, dropping the dish

tutto impaurito, very much afraid

si consigliarono sull'accaduto, discussed the event

siamo belli e finiti, we are done for

pregandolo di non tradirli, begging not to be betrayed

Fategli . . . . anello, Have it swallow the ring

al resto ci penso io, I will take care of everything else

giorno e notte, night and day

fece sventrare il tacchino, had the turkey disemboweled

fece una festa . . . . lui, gave a party in his honor

vivande squisite, delicious dishes

per mettere . . . . prova, to test the peasant again

Ah, sei proprio bravo, You surely are good

Così G*a*mbara se la scampò bella° e diventò un ricco contadino.

se la scampò bella, had a narrow escape

Conversazione

1. Che cosa non poteva trovare più un Re?
2. Che cosa fece il Re?
3. Era astr*o*logo G*a*mbara?
4. Era ricco e istruito G*a*mbara?
5. Come voltava le p*a*gine del librone?
6. Che cosa faceva sulla carta?
7. Perchè i servi entr*a*vano spesso nella c*a*mera?
8. Per che cosa pr*e*sero i servi quegli scarabocchi?
9. Chi aveva rubato l'anello?
10. Che cosa capì G*a*mbara?
11. Che cosa pensò di fare?
12. Dove si andò a nascondere all'ora del pranzo?
13. Che cosa gridò da sotto il letto?
14. Perchè i servi di*e*dero la borsa d'oro a G*a*mbara?
15. Chi inghiottì l'anello?
16. Perchè il Re premiò G*a*mbara?
17. Si conosc*e*vano i g*a*mberi in quel paese?
18. Che cosa mormorò tra sè il p*o*vero contadino?
19. Che cosa esclamò il Re?
20. Secondo Lei era scaltro o fortunato G*a*mbara?

La morte ha le scarpe logore

C'era un g*io*vane che voleva v*i*vere per sempre. Spesso pensava: – Certo ci sarà un paese dove la morte non arriva mai. Voglio trovarlo.

Un giorno decise di partire. Salutò il padre, la madre e tutti i suoi parenti e si mise in cammino.° A tutte le persone che incontrava per la strada faceva sempre la stessa domanda. – Scusate, mi sapete dire° dov'è il paese dove la morte non arriva mai? – Ma nessuno sapeva risp*o*ndere alla sua domanda.

Finalmente un giorno incontrò un vecchio con una barba bianca che tirava una piccola carretta a mano piena di pietre. – Scusate, buon uomo. Mi sapete dire dove posso trovare il paese dove la morte non arriva mai? – gli domandò. – Ma perchè, non vuoi morire? Se è proprio così – rispose il vecchio – resta con me e ai*u*tami. Vedi quella montagna? Una pietra alla volta° la devo spianare e finchè non finisco° non muori.

– Per quanto tempo ciò durerà?

– Su per giù un s*e*colo.°

– E poi devo sempre morire?°

– Sì, poi devi sempre morire.°

– No, grazie, ma questo non è il paese che cerco. Io non voglio morire mai.

Il giovane salutò il vecchio e poi continuò per la sua strada. Comminando per molto tempo arrivò in un bosco sconfinato.° Nel bosco incontrò un altro vecchio con una barba più lunga di quell'altro. Il vecchio tagliava i cespugli del bosco con una scure.° E tagliava, e tagliava. – Scusate, buon uomo, – gli domandò il g*io*vane –

si mise in cammino, started on his way

mi sapete dire, can you tell me

una pietra alla volta, rock by rock

finchè non finisco, non muori, until I finish you will not die

su per giù, more or less

devo sempre morire, do I still have to die

sconfinato, boundless

scure, axe

sapete insegnarmi la strada per un paese dove la morte non arriva mai?
— Se non vuoi morire, resta con me e ai*u*tami a tagliare il bosco, — rispose il vecchio. — Finchè non finisco non muori.
— Per quanto tempo questo durerà?
— Su per giù due *se*coli.
— E poi devo sempre morire?
— Certo, poi devi sempre morire. Ma perchè duecento anni non ti b*a*stano?
— No, non mi b*a*stano. Io voglio trovare un posto dove posso v*i*vere per sempre.

Così il gi*o*vane continuò per la sua strada.° Dopo aver camminato per parecchi mesi arrivò al mare. Seduto sulla riva c'era un vecchio con una barba bianca ancora più lunga degli altri due. Questo vecchio guardava un'*a*nitra che beveva l'acqua del mare.

continuò per la sua strada, went on his way

— Scusate, buon uomo, — disse il gi*o*vane. — Sapete dirmi se c'è un posto dove la morte non arriva mai?
— Se non vuoi morire resta con me a guardare quel-l'*a*nitra. Finchè non beve tutta l'acqua del mare, non muori.
— Per quanto tempo questo durerà?
— Su per giù tre *se*coli.
— E poi devo sempre morire?
— Sì, poi devi sempre morire.

Anche questa volta il gi*o*vane salutò il vecchio e continuò per la sua strada in cerca del paese dove la morte non arriva mai. Dopo un lungo cammino, una sera vide un bell*i*ssimo palazzo. Quando battè alla porta, venne ad aprire un vecchio con una barba bianca che gli arrivava fino ai piedi.°

che gli arrivava . . . . piedi, which came to his feet

— Scusate, signore, — disse il gi*o*vane, — ma io cerco un luogo dove non si deve morire mai.
— Ah, se non vuoi morire mai sei capitato bene!° Resta con me e puoi v*i*vere per sempre.

sei capitato bene, you came to the right place

— Ma poi non vi disturbo?
— No, anzi mi puoi fare compagnia.° Sono molto contento se resti.

mi puoi fare compagnia, you can keep me company

Conversazione

1. Che cosa voleva fare un gi*o*vane?
2. Che cosa voleva trovare?
3. Chi incontrò un giorno?
4. Che cosa tirava il vecchio?
5. Che cosa c'era nella p*i*ccola carretta a mano?
6. Quanto tempo ci voleva per spianare la montagna?
7. Dopo cento anni doveva sempre morire il gi*o*vane?
8. Com'era il bosco dove arrivò il gi*o*vane?
9. Che faceva il secondo vecchio?
10. Dove arrivò il gi*o*vane dopo parecchi mesi?
11. Che cosa faceva il vecchio seduto sulla riva?
12. Quanto tempo ci voleva all'*a*nitra per bere tutta l'acqua del mare?
13. Dove arrivava la barba del vecchio che venne ad aprire la porta del palazzo?
14. Perchè era capitato bene il gi*o*vane?
15. Perchè era contento il vecchio se il gi*o*vane restava con lui?

Il palazzo era lussuoso e il giovane viveva comodamente e tranquillamente. Così passarono anni e anni,° ma essendo felice, non aveva nessuna nozione° del tempo che passava. Finalmente un giorno disse al vecchio: — Io qui sono felice e contento,° però avrei un desiderio.

— Che desiderio?

— Per qualche tempo vorrei visitare la mia famiglia.

— Ma oramai tutti i tuoi parenti sono morti da anni e anni.

— Sì, va bene, però certo ci saranno discendenti.° E poi voglio rivedere il mio paese natale.

Il giovane era insistente perciò il vecchio disse: — Va bene! Però se non vuoi morire devi fare quello che ti dico io.

— Che cosa devo fare?

— Va' alla stalla e prendi il mio cavallo bianco che corre veloce come il vento.° Una volta in sella, ricordati di non smontare,° altrimenti muori immediatamente.

Il giovane andò a prendere il cavallo bianco, montò in sella e via col vento.° Passando per il luogo dove prima c'era il mare vide una vasta prateria. Invece del vecchio che guardava l'anitra, ora sulla riva c'erano soltanto le sue ossa in un mucchietto.° Il giovane pensò: — Ho avuto ragione ad andarmene di qui, altrimenti ora sarei anch'io un mucchietto di ossa.

Continuando a galoppare, passò per il luogo dove prima c'era il vecchio che tagliava il bosco. Ora il terreno era brullo e non c'erano più nè alberi nè piante. — Meno male che me ne sono andato,° — pensò il giovane, — altrimenti ora sarei anch'io morto da lungo tempo.

Facendo la strada verso° il suo paese, il giovane arrivò al luogo dove prima c'era la montagna e il vecchio con la piccola carretta piena di pietre. Invece della montagna ora c'era una grande pianura. Il giovane continuò il suo viaggio sempre veloce come il vento sul cavallo bianco.

Quando finalmente arrivò al suo paese, tutto era così cambiato° che il giovane non potè neanche trovare la sua casa. Nessuno conosceva la sua famiglia e perfino il

anni e anni, many many years

non aveva nessuna nozione, had no notion

felice e contento, very very happy

ci saranno discendenti, there must be some descendants

corre veloce come il vento, goes as fast as the wind

ricordati di non smontare, remember not to get off

via col vento, was gone with the wind

c'erano . . . . mucchietto, there were only his bones in a small heap

Meno male . . . . andato, It is a good thing that I left

Facendo la strada verso, On the way to

tutto . . . . cambiato, everything had changed so

suo cognome era sconosciuto. Deluso° decise di ripartire immediatamente e, voltato il cavallo, si mise sulla via del ritorno.°

A metà strada vide una carretta tirata da un bue, piena zeppa di scarpe logore.° Il carrettiere agitava le braccia° per fermare il giovane.

— Fermatevi, fermatevi, signore, — gridava. — La ruota è caduta dalla strada ed io ho bisogno di aiuto per riparare la carretta.

— Mi dispiace, — rispose il giovane, — ma ho molta fretta° perciò non posso scendere da cavallo.

— Vi prego, vi prego, signore, aiutatemi! Presto farà notte.° Abbiate pietà di me!

Il giovane impietosito cominciò a smontare, ma non aveva ancora messo il piede a terra° che il carrettiere lo afferrò.

— Ecco, finalmente ti ho afferrato, — disse. — Io sono la Morte e ho logorato tutte quelle scarpe per correre indietro a te. Ora anche tu sei caduto nelle mie mani e non te la puoi scampare più.°

Così anche il giovane che non voleva morire mai dovette seguire il destino di tutta l'umanità.

Deluso, Disappointed

si mise . . . . ritorno, took the way back

piena zeppa . . . . logore, loaded with worn out shoes

agitava le braccia, waved his arms

ho molta fretta, I am in a great hurry

Presto farà notte, Soon night will fall

non aveva . . . . a terra, had not yet touched the ground

non te la puoi scampare più, you can no longer get away

Conversazione

1. Come viveva il giovane nel palazzo?
2. Di che cosa non aveva nessuna nozione?
3. Che desiderio aveva il giovane?
4. Da quanto tempo erano morti tutti i suoi parenti?
5. Che cosa doveva fare il giovane per non morire?
6. Come correva il cavallo bianco?
7. Che cosa vide il giovane sulla riva?
8. Che cosa vide invece della montagna?
9. Che cosa vide a metà strada?
10. Che cosa disse il carrettiere?
11. Perchè il giovane cominciò a smontare?
12. Che cosa aveva logorato il carrettiere per seguire il giovane?
13. Chi era il carrettiere?
14. Qual'è il destino di tutta l'umanità.
15. Vorrebbe vivere per sempre Lei? Perchè?

Giricoccola

Un mercante doveva partire per un lungo viaggio di affari. Per lasciare le sue tre figliuole contente a casa pensò di far loro un regalo. – Che cosa volete? – domandò. Le ragazze ci pens*a*rono sopra e poi d*i*ssero che vol*e*vano fili° d'oro, d'argento e di seta per filare.

– E va bene, però mentre io sono in viaggio dovete essere brave e buone,° – disse il padre e diede loro quello che vol*e*vano.

Ora bisogna sapere che Giric*o*ccola, che era la figlia minore, era anche la più bella e perciò le sorelle *e*rano molto invidiose di lei. Quando il padre andò in viaggio, la sorella maggiore prese il filo d'oro, la mezzana prese il filo d'argento e alla bella Giric*o*ccola di*e*dero il filo di seta. Poi dopo cena tutte e tre si sed*e*ttero vicino alla finestra e cominci*a*rono a filare.

I passanti appena not*a*vano° le sorelle perchè il loro sguardo si fermava sempre su Giric*o*ccola che era veramente molto bella. Finalmente cadde la notte e quando passò la Luna disse:

La ragazza che fila l'oro è bella.
La ragazza che fila l'argento è ancora più bella.
Ma la ragazza che fila la seta
È la più bella di tutte.
Buona notte, ragazze belle e ragazze brutte!

Naturalmente le sorelle erano molto invidiose e mor*i*vano dalla rabbia.° Perciò il giorno dopo di*e*dero il filo d'argento a Giric*o*ccola. Dopo cena cominci*a*rono di

fili, threads

brave e buone, very good

I passanti . . . . notavano, The passers-by hardly noticed

morivano dalla rabbia, died of rage

nuovo a filare vicino alla finestra. Quando scese la notte° la Luna passò e disse:

La ragazza che fila l'oro è bella.
La ragazza che fila la seta è ancora più bella.
Ma la ragazza che fila l'argento
È la più bella di tutte.
Buona notte, ragazze belle e ragazze brutte!

Sempre più invidiose e arrabbiate° le sorelle trattavano Giricoccola molto male. Ma la povera fanciulla era molto paziente e sottomessa.° Il giorno dopo le sorelle le diedero il filo d'oro. Appena fu notte la Luna passò e disse:

La ragazza che fila l'argento è bella.
La ragazza che fila la seta è ancora più bella.
Ma la ragazza che fila l'oro
È la più bella di tutte.
Buona notte, ragazze belle e ragazze brutte!

Questa volta le sorelle erano veramente furiose e morivano dall'invidia. Perciò decisero di chiudere la bella Giricoccola nel granaio.° Mentre la ragazza tutta sola piangeva e si disperava, venne la Luna e, aprendo la finestrella con un raggio,° disse:
— Vieni con me, Giricoccola, vieni ad abitare a casa mia.
E Giricoccola andò.

La sera le due sorelle filavano sole alla finestra e la Luna passò e disse:

La ragazza che fila l'oro è bella.
La ragazza che fila l'argento è ancora più bella.
Ma la ragazza che è a casa mia.
È la più bella di tutte.
Buona notte, ragazze belle e ragazze brutte!

Quando le sorelle sentirono quello che aveva detto la Luna, andarono subito nel granaio per vedere se Giricoccola c'era sempre. Ma Giricoccola non c'era più. Allora le due sorelle chiamarono un'astrologa per sapere dov'era Giricoccola.
— Giricoccola — disse l'astrologa — è in casa della Luna

scese la notte, night came

arrabbiate, enraged

paziente e sottomessa, patient and submissive

granaio, barn

aprendo . . . . raggio, opening the little window with a ray

ed è felice e contenta.
— Cosa dobbiamo fare per farla morire? — domandarono le ragazze.
— Voi non dovete far niente — rispose l'astrologa. — Non vi preoccupate, penso io a tutto.° — Poi si vestì da zingara° e andò a vendere le sue merci° sotto le finestre della Luna.

Non vi preoccupate . . . . tutto, Don't worry, I will take care of everything
da zingara, as a gypsy
le sue merci, her wares

La Luna aveva detto a Giricoccola di non aprire la porta a nessuno, ma quando la ragazza vide che la zingara vendeva degli spilloni° veramente belli, dimenticò la sua promessa alla Luna.

spilloni, hat-pins

Appena aprì la porta, la zingara, che poi era l'astrologa, le mise subito uno degli spilloni nei capelli e Giricoccola diventò immediatemente una statua. Allora l'astrologa scappò via e andò a raccontare tutto alle sorelle di Giricoccola.

La Luna, di ritorno dal suo giro intorno alla Terra, invece di trovare Giricoccola trovò la statua.
— Ah, hai visto — le disse — non hai ascoltato i miei avvertimenti° e hai aperto la porta. Meriti di rimanere statua per sempre, ma per questa volta ti perdono. Però d'ora in avanti,° ricordati di essere obbediente. — Poi tolse lo spillone dalla testa della statua e Giricoccola cominciò di nuovo a vivere come prima, avendo promesso alla Luna di ascoltare i suoi avvertimenti.

avvertimenti, warnings
d'ora in avanti, from now on

Dopo qualche tempo le due sorelle andarono dall'astrologa per domandarle se Giricoccola era viva o morta. L'astrologa, avendo consultato i suoi libroni di magia, disse loro che Giricoccola non solo era viva, ma era più felice e contenta che mai.
— Devi farla morire! Devi farla morire! — dissero le sorelle all'astrologa.

L'astrologa acconsentì e questa volta ritornò sotto le finestre della Luna, portando con sè una scatola piena di bellissimi pettini.° — Pettini belli, bei pettini! — gridava.

una scatola . . . . pettini, a box full of very beautiful combs

Anche questa volta Giricoccola non potè resistere alla tentazione e aprì la porta. Appena entrata, l'astrologa le mise un pettine nei capelli e scappò via dalle sorelle. E Giricoccola diventò di nuovo una statua.

Potete immaginare quante ne disse la Luna° quando ritornò e trovò che Giricoccola era diventata di nuovo

quante ne disse la Luna, what the Moon had to say

una statua. Molto adirata,° le fece una quantità di rimproveri e non la finiva più.°

— Tu non vuoi proprio ascoltarmi — le diceva — dovrei farti rimanere come sei, invece ti perdono una volta per sempre. La prossima volta che mi disobbedisci resterai statua. Hai capito bene? — E Giricoccola promise solennemente di obbedire.

Ma l'astrologa e le sorelle non si dettero per vinte.° Questa volta l'astrologa ritornò sotto le finestre della Luna vendendo una veste ricamata° che era così bella che Giricoccola non ne aveva mai veduta una simile.° Perciò la ragazza non potè resistere alla tentazione di provarsi la veste. Aprì la porta, e appena indossò la veste diventò nuovamente una statua.

Questa volta la Luna non perdonò Giricoccola, invece vendè la statua a uno spazzacamino° per pochi soldi. Lo spazzacamino legò la statua al suo mulo e mentre girava per la città per i suoi affari incontrò il figlio di un Re. Appena il giovane vide la statua se ne innamorò così follemente che la volle comprare, dando allo spazzacamino una grossa borsa d'oro. Poi portò la statua nella sua camera e non si stancava mai di guardarla e di ammirarla. E ogni volta che usciva, chiudeva la porta a chiave perchè era molto geloso della statua.

Ora bisogna sapere che questo Principe aveva due sorelle che avevano scoperto il segreto del fratello. Spesso quando il giovane usciva, entravano nella camera con una chiave falsa per ammirare quella bella veste ricamata. Un giorno che dovevano preparare le loro tolette° per un grande ballo, quando il Principe uscì, entrarono nella camera perchè volevano prendere la veste per farla copiare.

Ma appena ebbero tolta la veste alla statua, Giricoccola diventò di nuovo una bella fanciulla di carne e ossa.° Le ragazze dapprima ebbero molta paura, ma poi Giricoccola raccontò loro la sua storia e loro la nascosero per sorprendere il fratello.

Quando il Principe ritornò al palazzo, non vedendo più la statua cominciò a disperarsi, ma ecco che gli apparve la bellissima Giricoccola e gli spiegò tutta la sua storia.

Il Principe fu tanto felice che subito condusse la

adirata, angry

fece . . . . più, never finished reproaching her

non si dettero per vinte, did not give up

veste ricamata, embroidered gown

una simile, one like it

spazzacamino, chimney-sweep

tolette, outfits

carne e ossa, flesh and blood

fanciulla dai genitori, presentandola come la sua sposa. Quando si celebrarono le nozze,° l'astrologa lo disse alle sorelle di Giricoccola che, come si può immaginare, rimasero con un palmo di naso.°

nozze, wedding

rimasero . . . . naso, were greatly disappointed

Così Giricoccola e il Principe vissero felici e contenti per molti e molti anni.

Conversazione

1. Perchè un mercante pensò di fare un regalo alle figlie?
2. Che cosa volevano le ragazze?
3. Perchè le due sorelle maggiori erano gelose di Giricoccola?
4. Quale filo diedero a Giricoccola?
5. Perchè le tre sorelle si sedettero vicino alla finestra dopo cena?
6. Che cosa facevano i passanti?
7. Che cosa disse la Luna?
8. Perchè il giorno dopo le sorelle diedero il filo d'argento a Giricoccola?
9. Che cosa disse la Luna quando passò quella sera?
10. Come trattavano Giricoccola le due sorelle?
11. Fu paziente e sottomessa Giricoccola?
12. Che cosa disse la Luna quando Giricoccola filava il filo d'oro?
13. Che cosa fecero le sorelle questa volta?
14. Chi aprì la finestrella del granaio con un raggio?
15. Cosa fecero le sorelle quando seppero che Giricoccola viveva con la Luna?
16. Che cosa andò a vendere l'astrologa sotto le finestre della Luna?
17. Che cosa diventò Giricoccola?
18. La perdonò la Luna?
19. Quante altre volte ritornò l'astrologa?
20. Che cosa vendeva la seconda e la terza volta?
21. Quando Giricoccola indossò la camicia ricamata cosa fece la Luna?
22. Chi comprò la statua?
23. Era innamorato della statua il Principe?
24. Che cosa fecero le sorelle del Principe?
25. Come finisce questa fiaba?
26. Secondo Lei qual'è la morale di questa fiaba?

Testa di bufala

Una volta, mentre lavorava alacremente la sua povera terra, un contadino toccò un oggetto duro con la zappa. Zappando pian piano° fu sorpreso di vedere che era un'enorme e spaventosa testa di bufala che sembrava viva. Aveva due grossi occhi spalancati, il pelo lustro e le corna erette.° Il contadino stava per darle un forte colpo° con la zappa, quando la testa di bufala parlò. – Io sono viva! – disse. – Non mi uccidere! Se non muoio posso fare la fortuna° di una delle tue figliuole.

Il contadino subito pensò all'incanto.° Perciò mise la testa di bufala in una parte del campo e la coprì con molta cautela° con la sua giacca. Quando all'ora di colazione venne la sua figlia maggiore° a portargli da mangiare, il contadino le disse di guardare sotto la giacca. Ma la ragazza spaventata scappò via gridando: – È un mostro! È un mostro! Che brutta bestia!

Correndo e gridando ritornò a casa fuori di sè.° Allora la mamma subito disse alla figliuola mezzana:° – Forse il babbo starà male.° Va a vedere che cosa gli è successo.

Ma anche la seconda figliuola, quando il padre le disse di guardare sotto la giacca, scappò via gridando: – Che brutto muso!° Che brutto muso! Che mostro spaventoso!

Bisogna sapere che la figlia minore° era una bambina molto brava e coraggiosa. Perciò questa volta la mamma mandò lei nel campo per vedere che cosa stava succedendo.

Quando il babbo le disse di guardare sotto la giacca, la bambina cominciò a saltare dalla gioia e a fare mille moine° alla testa di bufala. – Oh! come sei bella! Che

pian piano, very gently

grossi . . . . erette, two big wide-open eyes, shiny hair, and erect horns

stava per . . . . colpo, was about to strike it vigorously

posso fare la fortuna, I can be the good fortune

pensò all'incanto, thought of magic

con molta cautela, gingerly

maggiore, eldest

fuori di sè, outside of herself

mezzana, middle

Forse il babbo starà male, Daddy must be ill

Che brutto muso!, What an ugly snout

minore, youngest

a fare mille moine, to fondle over and over

bella testina di bufala che sei! — ripeteva accarezzandola teneramente.°

accarezzandola teneramente, caressing her tenderly

La testa di bufala tutta contenta alle carezze e alle moine disse: — Vuoi venire a vivere con me nella mia casa? — Ma certo che voglio venire, — rispose subito la bambina. — Però se il babbo me lo permette.

Il contadino acconsentì e la testa di bufala ruzzolando° sulle corna si avviò immediatamente verso un bosco. La bambina la seguiva saltellando allegramente e facendo molto chiasso.°

ruzzolando, tumbling

facendo molto chiasso, making much noise

Quando arrivarono nel mezzo del bosco, la testa di bufala con una delle sue corna aprì una botola° che era situata in un prato, e scese sempre ruzzolando sotto terra. Poi chiamò anche la bambina e la invitò a scendere. — Sta'attenta, però — le gridò — la scala è di vetro. Prima ti devi togliere gli zoccoli e poi devi scendere adagio adagio.° — Quando la bambina fu sotto terra, vide un salone magnifico e la testa di bufala seduta in una comoda poltrona.

botola, trapdoor

Sta'attenta, Be careful

adagio adagio, very softly

Così d'allora in poi tutte e due vivevano nella casa sotterranea e la bambina era felice e contenta perchè la testa di bufala la trattava come una figlia. Da lei imparò a cucire, a stirare, a cucinare, insomma imparò a fare tutte le faccende di casa.° Inoltre la testa di bufala le insegnava anche a leggere e a scrivere e la bambina cresceva buona e saggia. Era molto affezionata e chiamava la testa di bufala col nome di "mamma".

le faccende di casa, housework

Conversazione

1. Che cosa toccò un contadino con la zappa?
2. Era piccola la testa di bufala?
3. Sembrava viva o morta la testa di bufala?
4. Che cosa disse quando parlò?
5. Dove la mise il contadino?
6. Perchè la figliuola maggiore venne nel campo?
7. Perchè scappò via gridando?
8. Che cosa fece la figlia mezzana?
9. Ebbe paura della testa di bufala la figlia minore?
10. Che cosa fece la bambina?
11. Le diede il permesso il babbo di andare a vivere con la testa di bufala?

Passarono alcuni anni durante i quali la bambina si trasformò in una bellissima giovane. Talvolta chiedeva il permesso a Testa di Bufala di andare a sedersi nel prato a fare la calza.° Dapprima Testa di Bufala non voleva saperne,° ma poi finalmente acconsentì. Perciò la giovane spesso usciva all'aperto.

a fare la calza, to knit
non voleva saperne, would not hear of it

Un giorno, indossando° un abito d'argento, la fanciulla era seduta nel prato su una bella sediolina a fare la calza. Allora un giovane vestito da cacciatore° la vide e cominciò a parlarle. Era il figlio di un Re e aveva perduto la strada. La fanciulla era così bella che il Principe subito se ne innamorò° e le chiese di sposarlo.

indossando, wearing
vestito da cacciatore, dressed as a hunter
se ne innamorò, fell in love with her

La fanciulla voleva acconsentire immediatamente però gli disse: — Prima di fare una decisione così importante devo chiedere il permesso alla mamma. — E correndo giù per la scala di vetro, andò da Testa di Bufala.

— Fa' come vuoi, — quella le disse. — Però se proprio te ne vuoi andare° e vuoi lasciarmi sola, non dimenticare di essermi grata. Tu devi a me tutto quello che hai,° anche se un figlio di Re ti vuole sposare così presto.

se proprio . . . . andare, if you really want to go
Tu devi . . . . che hai, you owe me everything you have

Il Principe partì promettendo di ritornare una settimana dopo con il corteo reale per condurre la sposa nel suo regno. E la fanciulla passò tutta la settimana a preparare il corredo° che, con l'aiuto di Testa di Bufala, era un corredo veramente degno di° una Regina.

corredo, trousseau
degno di, worthy of

Intanto tutta la settimana Testa di Bufala diceva continuamente alla fanciulla di non dimenticare nulla prima di lasciare la casa sotterranea. E spesso aggiungeva: — Altrimenti potresti essere colpita da qualche seria sventura.°

altrimenti . . . . sventura, otherwise you might be stricken by a great misfortune

Ma al momento di partire, con tutta la Corte e le carrozze reali che l'aspettavano, la fanciulla dimenticò gli avvertimenti di Testa di Bufala. Non solo se ne andò senza salutarla, ma dimenticò di prendere il pettine e di chiudere la botola.

Quando il corteo reale aveva già lasciato il bosco, la fanciulla si ricordò di aver dimenticato il pettine e supplicò° lo sposo di ritornare indietro per andare a prenderlo. Il Principe non voleva saperne perchè le disse

supplicò, begged

che nel suo palazzo ed in tutto il suo regno lei poteva trovare tutti i pettini che voleva.

Ma la sposa fu insistente perchè ora, ricordando gli avvertimenti di Testa di B*u*fala, temeva qualche seria sventura. Perciò alle sue insistenze finalmente il Pr*i*ncipe diede *o*rdine a tutto il corteo° di ritornare nel bosco.

diede ordine . . . . corteo, ordered the entire retinue

Quando arriv*a*rono alla b*o*tola, che era ancora aperta, la fanciulla scese la scala di vetro in un baleno e poi andò in cerca del pettine.°

andò in cerca del pettine, looked for the comb

— Ho dimenticato il p*e*ttine ed ora non posso trovarlo più, — rispose a Testa di B*u*fala che le domandava perchè era ritornata.

— Non è solo il p*e*ttine che hai dimenticato — le disse Testa di B*u*fala severamente. — Va' e cerca il tuo p*e*ttine!

La fanciulla aveva una grande fretta,° ma il pettine non poteva trovarlo. Rovistando nel cassettone,° alzò la testa e si guardò nello specchio.° Con suo grande orrore, invece di vedere la sua bella persona di prima, ora vide che si era trasformata in una ragazza con una testaccia° di b*u*fala.

aveva . . . . fretta, was in a great big hurry
Rovistando . . . . cassettone, Searching in the chest of drawers
si guardò nello specchio, looked at herself in the mirror
testaccia, big ugly head

— Aiut*a*temi, mamma, aiut*a*temi! — gridava fuori di sè.

— Mi è arrivata una grande sventura. Venite a salvarmi,° mamma, venite!

Venite a salvarmi, Come and rescue me

— Salvarti non posso, — rispose Testa di B*u*fala. Questa è la ricompensa che hai avuta per la tua ingratitudine° verso di me. Lo sai che eri partita senza nemmeno salutarmi? E avevi anche lasciato la b*o*tola aperta.

Questa è . . . . ingratitudine, This is the reward you deserve for your ungratefulness

La sposa si disperava. — Che cosa farà il mio sposo, che cosa farà, — singhiozzava.°

singhiozzava, she sobbed

— Non farà niente. Ha dato la sua parola e deve sposarti ugualmente, — rispose Testa di B*u*fala.

Allora la fanciulla dovette coprirsi quella testaccia con un pesante velo e così potè affrontare° il suo sposo.

— Perchè ti sei avvolta la testa in questa maniera?° — domandò il Pr*i*ncipe sbalordito.

— Perchè soffro di una forte infiammazione° agli occhi. Ecco perchè, — la fanciulla spiegò con un fil di voce.

potè affrontare, could face
ti se avvolta . . . . maniera, did you cover your head in such a manner
forte infiammazione, severe inflammation

Conversazione

1. Come si trasformò la bambina dopo alcuni anni?
2. A che cosa acconsentì Testa di B*u*fala?
3. Che cosa faceva la fanciulla seduta nel prato?

4. Come era vestito il giovane?
5. Chi era il giovane?
6. Perchè il Principe s'innamorò subito della fanciulla?
7. Che cosa non doveva dimenticare la sposa?
8. Perchè il Principe doveva ritornare una settimana dopo?
9. Che cosa preparò la sposa con l'aiuto di Testa di Bufala?
10. Da che cosa poteva esser colpita la fanciulla se dimostrava ingratitudine?
11. Ricordò la fanciulla gli avvertimenti di Testa di Bufala?
12. Perchè la sposa supplicò il Principe di ritornare indietro?
13. Aveva dimenticato soltanto il pettine la fanciulla?
14. Perchè rovistava nel cassettone?
15. Che cosa vide quando guardò nello specchio?
16. Di chi chiese l'aiuto la fanciulla?
17. Che cosa rispose Testa di Bufala?
18. Perchè la sposa si disperava?
19. Come si coprì quella testaccia la fanciulla?
20. Che cosa spiegò con un fil di voce al Principe sbalordito?

Arrivata a Corte,° con la scusa dell'infiammazione agli occhi, si nascose la testaccia sotto il velo. Perciò sia la Regina che le dame di Corte° dovettero restare con la grande curiosità di conoscere la bellissima sposa. Ma quando restò sola con il Principe e si tolse il velo,° il povero sposo vide con orrore che la bella fanciulla si era trasformata in un brutto mostro.

Non sapendo cosa fare, il Principe dapprima° pensò di farla bruciare al rogo,° ma poi consultò sua madre. Tutti e due insieme decisero di relegarla nella soffitta° del palazzo. E a Corte si cominciò a bisbigliare,° e si diceva che il Principe nascondeva la sposa per gelosia.

Invece il povero Principe soffriva e aveva soltanto il conforto della Regina, che era la sola in tutto il regno a conoscere il suo segreto. Fu proprio la Regina° che lo aiutò a trovare una soluzione perchè soffriva anche lei vedendo il figlio così malinconico. Un giorno gli consigliò di liberarsi della brutta testa di bufala e di scegliere un'altra sposa tra le damigelle di Corte.°

Però, siccome° aveva dato la sua parola, il Principe non aveva il coraggio di liberarsene tanto facilmente.° Allora sua madre gli disse: — Senti, tra tutte le damigelle di Corte che sarebbero felici di sposare te, perchè non ne scegli due?° Così si potrebbe fare una gara° tra loro e quel brutto mostro.

Il Principe seguì il consiglio della madre e così si fece la gara tra due damigelle e la sposa. Il Principe promise di sposare la donna che sapeva filare° il lino più bello entro una settimana.°

Mentre la sposa piangeva e si disperava senza far nulla, le due damigelle filavano alacremente chiuse nelle loro camere. Finalmente la sera del sabato la sposa, più disperata che mai,° scese con una fune° dalla soffitta del palazzo e correndo andò alla casa sotterranea per chiedere aiuto a Testa di Bufala.

Ma nonostante tutte le lacrime e le preghiere della fanciulla, Testa di Bufala le disse che non poteva assolutamente aiutarla.

— Sei stata ingrata — esclamò — ed ora devi pagare per

Arrivata a Corte, When she arrived at Court

sia la Regina . . . . Corte, both the Queen and the ladies in waiting

si tolse il velo, took off her veil

dapprima, at first

di farla bruciare al rogo, to have her burnt at the stake

relegarla nella soffitta, to confine her to the attic

bisbigliare, to gossip

Fu proprio la Regina, It was the Queen herself

damigelle di Corte, maids in waiting

siccome, since

di liberarsene . . . . facilmente, to get rid of her so easily

perchè non ne scegli due, why not choose two of them

si potrebbe . . . . gara, we could have a competition

sapeva filare, was able to spin

entro una settimana, within a week

più disperata che mai, more than ever in despair

scese con una fune, let herself down on a rope

la tua colpa. Solo posso darti questa noce che domani darai al Pr*i*ncipe e gli dirai di mangiarne il gher*i*glio.°

di mangiarne il gheriglio, to eat its kernel

Il Pr*i*ncipe doveva pr*e*ndere la noce in scambio della libbra di lino° che aveva data a filare alla sposa.

in scambio . . . . lino, in exchange for the pound of linen

Quando la dom*e*nica le damigelle present*a*rono il lino che av*e*vano filato così diligentemente, la Regina lo trovò bello ma non senza difetti. Allora la sposa presentò la noce al Pr*i*ncipe.

—Ma che vuoi fare? Mi vuoi anche pr*e*ndere in giro adesso?° — disse adirato. Però s*u*bito schiacciò la noce e vide che conteneva una libbra di lino bellissimo e perfetto.

Mi vuoi . . . . adesso, Do you also want to make fun of me now

Ma la Regina non fu soddisfatta. — Non puoi certo sposare una testa di b*u*fala per una libbra di lino, — disse al figlio. — Facciamo un'altra gara. Sposerai la gi*o*vane che ti saprà cucire la più bella camicia° entro una settimana.

ti saprà . . . . camicia, is able to sew for you the prettiest shirt

Conversazione

1. Perchè la Regina e le dame di Corte dov*e*ttero restare con la curiosità di con*o*scere la sposa?
2. Chi vide che la sposa si era trasformata in un brutto mostro?
3. Dove dec*i*sero di relegare la sposa la Regina e il Pr*i*ncipe?
4. Che cosa si cominciò a bisbigliare a Corte?
5. Perchè la Regina soffriva?
6. Che cosa consigliò la Regina al Pr*i*ncipe?
7. Perchè il Pr*i*ncipe non poteva liberarsi tanto facilmente della testa di b*u*fala?
8. Tra chi si fece la gara?
9. Chi promise di sposare il Pr*i*ncipe?
10. Come fil*a*vano le due damigelle?
11. Dove andò la sposa il s*a*bato sera?
12. Perchè Testa di B*u*fala non poteva assolutamente aiutare la fanciulla?
13. Dove trovò il Pr*i*ncipe il lino della sposa?
14. Era perfetto il lino delle damigelle?
15. Quale altra gara propose la Regina?

Anche durante questa seconda gara entrambe le damigelle lavorarono diligentemente chiuse nelle loro camere per tutta la settimana, perchè ognuna di loro voleva cucire la camicia più bella per il Principe. E così, un puntino alla volta,° cucivano e cucivano. La sposa invece continuava a disperarsi e non toccò neanche la tela.

Il sabato sera scese di nuovo con la fune e corse nel bosco verso la casa sotterranea per chiedere il perdono di Testa di Bufala. – Non è colpa mia se sei diventata un mostro° – disse quella alla fanciulla. – Ti avevo avvertita° che l'ingratitudine è una brutta colpa!° – Però anche questa volta le diede una nocciola° per il Principe.

La camicia che uscì dalla nocciola era ricamata con fili d'oro° ed era cucita con puntini così fini che nessuno poteva vederli. Così anche questa volta la sposa vinse la gara.

Tuttavia la Regina non fu ancora soddisfatta. – Facciamo una gara finale per un'altra settimana – disse al Principe. – Domenica prossima° daremo un gran ballo e, tra le tre donne, quella che saprà apparire la più bella° diventerà la tua sposa.

Per questa gara le due damigelle, sempre chiuse nelle loro camere, passarono tutta la settimana a darsi da fare° per essere ognuna la più bella. Si guardavano continuamente allo specchio quasi consumandolo° mentre si provavano ° abiti, nastri, acconciature e belletti.°

La povera sposa, non potendo fare un bel niente° con quella testaccia di bufala, passò la settimana a lamentarsi della sua sventura. Però anche quel sabato sera andò nel bosco correndo perchè sapeva bene che, senza il perdono di Testa di Bufala, questa volta avrebbe perduto il Principe per sempre.

Alle sue preghiere Testa di Bufala disse: – Andasti via senza nemmeno salutarmi e dopo tutto quello che ho fatto per te!

– Perdonatemi, mamma, perdonatemi, – rispose la fanciulla. – Fui così sbadata° perchè ero tanto felice, non perchè non vi voglio bene e non vi sono riconoscente.°

– Faresti la stessa cosa un'altra volta?

un puntino alla volta, a little stitch at a time

se sei diventata un mostro, if you have become a monster

ti avevo avvertita, I had warned you

brutta colpa, bad sin

nocciola, hazel-nut

era ricamata . . . . d'oro, was embroidered with gold threads

Domenica prossima, Next Sunday

quella . . . . bella, the one who will be able to look the prettiest

darsi da fare, to take pains

quasi consumandolo, as if to wear it out

si provavano, tried on

acconciature e belletti, hair-fashions and make-up

potendo . . . . niente, being able to do precious nothing

sbadata, heedless

non vi voglio . . . . riconoscente, I do not love you and am ungrateful

— No, no! Mai! Un'altra volta vi saluterei con affetto e non dimenticherei il p*e*ttine. Nè lascerei la b*o*tola aperta.

Allora finalmente Testa di B*u*fala si decise di perdonare la figlia e le disse ti andare a cercare il p*e*ttine. Trov*a*tolo° nel cassettone, la sposa alzò la testa e veh!, gettò un grido di gioia.° Nello specchio, invece di vedere quella brutta testa di b*u*fala, vide di nuovo la sua bella persona di prima, anzi due volte più bella di prima.° Corse da Testa di B*u*fala e la ringraziò con un mondo di° baci, abbracci e carezze.

Trovatolo, Having found it
veh! . . . gioia, behold! she uttered a cry of joy
anzi due . . . . prima, even twice as beautiful as before
un mondo di, many

Il giorno dopo era dom*e*nica e tutte le dame e i cavalieri si riun*i*rono nel grande salone reale per il ballo. Il Re e la Regina erano seduti in alto° sul trono, mentre il Pr*i*ncipe stava sui gradini un po' più giù.°

in alto, up high
sui gradini un po' più giù, further down on the steps

Quando arriv*a*rono le tre donne avvolte in grossi veli, il Pr*i*ncipe alzò il velo di una damigella e poi quello dell'altra. Ma tutte e due si *e*rano abbigliate così goffamente con tutti quei fr*o*nzoli° e belletti che, invece di essere più belle, apparivano veramente molto rid*i*cole.

si erano abbigliate . . . . fronzoli, were attired so awkwardly in those frills

Ora restava soltanto la sposa, ma il Pr*i*ncipe aveva paura di toglierle il velo e di farla vedere alla Corte. Finalmente, quando si dovette pur dec*i*dere,° veh! . . . . restò così stupefatto e felice di vedere che la fanciulla era più incant*e*vole e più bella che mai.

si dovette pur decidere, had to make up his mind

— Questa è la donna che mi aff*a*scina con la sua leggiadrìa e con la sua avvenenza° — esclamò il Pr*i*ncipe, conducendo la sposa a sedersi sui gradini del trono vicino a lui. Allora tutti i cavalieri e tutte le dame e le damigelle acclam*a*rono la bellissima fanciulla loro Regina.

avvenenza, charm

Da quel giorno in poi i due sposi v*i*ssero felici e contenti per molti e molti anni.

Lunga è la fola, stretta è la via
Dite la vostra che ho detto la mia.*

Conversazione

1. Che cosa voleva cucire ognuna delle damigelle?
2. Che cosa faceva la sposa?
3. Che cosa le diede Testa di B*u*fala?

* Italian fables often are concluded with these lines:
Fables are long, the road is narrow.
Tell me yours, I told you mine.

4. Com'era la camicia che uscì dalla nocciola?
5. Quale fu la gara finale?
6. Come pass*a*rono la settimana le due damigelle?
7. Che cosa poteva fare la sposa con quella testaccia?
8. Perchè anche quel s*a*bato andò nel bosco?
9. Perchè la sposa fu sbadata?
10. Che cosa farebbe un'altra volta?
11. Perchè gettò un grido di gioia la sposa?
12. Perchè le due damigelle non v*i*nsero la gara?
13. Perchè lo sposo restò stupefatto e felice?
14. Come v*i*ssero gli sposi da quel giorno in poi?
15. Qual'è la morale di questa fiaba?

APPENDIX

GRAMMAR NOTES

THE NOUN

In Italian nouns can be either masculine or feminine. There is no neuter gender in Italian. Usually nouns ending in *-o* in the singular and *-i* in the plural are masculine.

il ragazzo *i ragazzi* boy, boys

Nouns ending in *-a,* in the singular and *-e* in the plural are feminine.

la ragazza *le ragazze* girl, girls

Nouns ending in *-e* in the singular and *-i* in the plural can be either masculine or feminine.

il padre *i padri* father, fathers
la madre *le madri* mother, mothers

There are many exceptions to these basic rules. Some of the more common ones are:

la mano *le mani* hand, hands
l'eco (f.) *gli echi* echo, echoes
il poeta *i poeti* poet, poets
il papa *i papi* pope, popes

Some nouns indicating professions can be either masculine or feminine.

il dentista *i dentisti*
la dentista *le dentiste* dentist, dentists
il musicista *i musicisti*
la musicista *le musiciste* musician, musicians
il pianista *i pianisti*
la pianista *le pianiste* pianist, pianists

Some nouns of Greek origin are also irregular.

il problema *i problemi* problem, problems
il telegramma *i telegrammi* telegram, telegrams
il dramma *i drammi* play, plays

Finally there are nouns with an irregular plural.

il bue *i buoi* ox, oxen
l'uomo *gli uomini* man, men

THE ARTICLE

The article can be either definite or indefinite. The English definite article *the* can be translated as follows:

singular	*plural*
il	*i*
lo (l')	*gli*
la (l')	*le*

The masculine *il* and *i* are used before words beginning with a consonant.

il padre *i padri* father, fathers

The masculine *lo* and *gli* are used before words beginning with *impure s* (*s* followed by a consonant), *x, z, gn, ps*

lo studente *gli studenti* student, students
lo zio *gli zii* uncle, uncles

Lo becomes *l'* before words beginning with a vowel. *Gli* sometimes becomes *gl'* only before words beginning with *i*.

l'attore *gli attori* actor, actors
l'Italiano *gl'Italiani* Italian, Italians

(Note that *Italiano* is capitalized only when used as a noun referring to persons.)

The feminine singular *la* becomes *le* in the plural. *La* is used before words beginning with a consonant. *Le* is used before all feminine plural words. *La* becomes *l'* before vowels.

la madre *le madri* mother, mothers
l'alunna *le alunne* pupil, pupils

The English indefinite articles *a, an* can be translated as follows:

masculine	*feminine*
un	*una*
uno	*un'*

Note that these articles are always singular. *Uno* is used before masculine words beginning with *impure s, x, z, gn, ps. Un* is used before all other masculine words, including those which begin with a vowel. Remember that this masculine article *never* takes an apostrophe.

uno studente *uno zio* a student, an uncle
un ragazzo *un amico* a boy, a friend

Una is used before feminine words beginning with a consonant. It becomes *un'* before vowels.

una ragazza a girl
un'amica a friend

CONTRACTED PREPOSITIONS AND ARTICLES

Some prepositions are combined with articles as follows:

	il	*lo*	*la*	*l'*	*i*	*gli*	*gl'*	*le*
di, of	*del*	*dello*	*della*	*dell'*	*dei*	*degli*	*degl'*	*delle*
a, at, to	*al*	*allo*	*alla*	*all'*	*ai*	*agli*	*agl'*	*alle*
da, from	*dal*	*dallo*	*dalla*	*dall'*	*dai*	*dagli*	*dagl'*	*dalle*
in, in	*nel*	*nello*	*nella*	*nell'*	*nei*	*negli*	*negl'*	*nelle*
su, on	*sul*	*sullo*	*sulla*	*sull'*	*sui*	*sugli*	*sugl'*	*sulle*

I fiori sono *nel* giardino. The flowers are *in the* garden.
Il libro è *sulla* tavola. The book is *on the* table.

Sometimes *con,* with, and *per,* for, become *col, coi* and *pel, pei,* but more often are used separately *(con il, con i* and *per il* and *per i). Tra* and *fra,* both meaning between, among, within, are interchangeable and are never contracted.

Note that in some cases the contractions of the preposition *di* and the definite article are used as partitive articles and translate the English *some* and *any.*

Ho dei libri. I have some books.
Vuoi dell'acqua? Do you want some water?
Avete dei libri? Do you have any books?

THE ADJECTIVE

In Italian adjective endings are the same as those for nouns.

singular		plural	
masculine	feminine	masculine	feminine
-o	*-a*	*-i*	*-e*
-e	*-e*	*-i*	*-i*
bell*o*	bell*a*	bell*i*	bell*e* (beautiful)
celebr*e*	celebr*e*	celebr*i*	celebr*i* (famous)

Adjectives always agree in gender and number with the noun they modify.

Il vestito rosso.	*I vestiti rossi.*
The red dress.	The red dresses.
La rosa rossa.	*Le rose rosse.*
The red rose.	The red roses.
Il ragazzo intelligente.	*I ragazzi intelligenti.*
The intelligent boy.	The intelligent boys.
La ragazza intelligente.	*Le ragazze intelligenti.*
The intelligent girl.	The intelligent girls.

Adjectives usually follow the nouns they modify, but a few of common usage may precede them *if not modified by an adverb.* Below is a list of some adjectives that may precede the noun.

bello, beautiful	*vecchio,* old
brutto, ugly	*giovane,* young
buono, good	*piccolo,* little, small
cattivo, bad	*grande,* large, great
nuovo, new	*santo,* saint, holy

Questo, this, and *quello,* that, always precede the noun they modify.

Bello, quello, buono, grande, and *santo* are irregular.

Bello and *quello* follow the same form as the definite articles.

Bel, bello, bella, bell', bei, begli, belle.
Quel, quello, quella, quell', quei, quegli, quelle.

Buono, in the singular, follows the same form as the indefinite articles.

Buon, buono, buona, buon'.

Grande and *santo* become *gran* and *san* before a masculine noun beginning with a consonant, except *impure s, x, z, gn, ps. Grand'* and *sant'* are used before all nouns beginning with a vowel. Note, however, that *santo* becomes *san* only when placed before the name of a saint, *not* when it means *holy.*

Un gran tuono, a big thunder	*Un grand'autore,* a great author
San Francesco, Saint Francis	*Un sant'uomo,* a holy man

Sometimes in Italian an *absolute superlative* can be obtained by adding *-issimo* to the adjective after eliminating its final vowel.

intelligente, intelligent	*intelligentissimo,* very intelligent
cara, dear	*carissima,* very dear

Of course absolute superlatives can also be obtained by using the adverb *molto,* very, before the adjective.

bello, beautiful	*molto bello,* very beautiful
cattiva, bad	*molto cattiva,* very bad.

The word *più,* more, most, is used to make the comparative and the superlative absolute of adjectives. The second word of comparison is *di,* or its inflected forms. It translates the English *than* and *in.*

Mario è più intelligente di Pia. Mario is more intelligent than Pia.	*Mario è il più intelligente della classe.* Mario is the most intelligent in the class.

POSSESSIVE ADJECTIVES

masculine		feminine		
il mio	*i miei*	*la mia*	*le mie*	my
il tuo	*i tuoi*	*la tua*	*le tue*	your (thy)
il suo	*i suoi*	*la sua*	*le sue*	his, her, its, your (formal)
il nostro	*i nostri*	*la nostra*	*le nostre*	our
il vostro	*i vostri*	*la vostra*	*le vostre*	your
il loro	*i loro*	*la loro*	*le loro*	their, your (formal)

In Italian the possessive adjective agrees in gender and number with the thing possessed, *not* with the possessor. Note that the third person singular and plural forms mean also *your,* corresponding to the pronouns *Lei* and *Loro. (See Pronouns)*

il mio libro, my book
i suoi quaderni, his, her, your notebooks
la vostra penna, your pen
la loro matita, their, your pencil

Possessive adjectives take the definite articles, except when placed before unmodified singular nouns denoting family relationships. Note that *il loro* always takes the article.

mio padre, my father
mia madre, my mother
tuo fratello, your brother

But always say: *il mio babbo,* my daddy; *la mia mamma,* my mommy

---

NUMERALS

Traditional grammar considers the numerals as adjectives, but they are also used as nouns and pronouns. The most important numerals are the *cardinals* and the *ordinals.*

CARDINALS

1	uno,-a
2	due
3	tre
4	quattro
5	cinque
6	sei
7	sette
8	otto
9	nove
10	dieci
11	*u*ndici
12	d*o*dici
13	tr*e*dici
14	quatt*o*rdici
15	qu*i*ndici
16	s*e*dici
17	diciassette
18	diciotto
19	diciannove
20	venti
21	ventuno
22	ventidue
23	ventitrè
24	ventiquattro
25	venticinque
26	ventisei
27	ventisette
28	ventotto
29	ventinove
30	trenta
31	trentuno
38	trentotto
40	quaranta
41	quarantuno
48	quarantotto
50	cinquanta
51	cinquantuno
58	cinquantotto
60	sessanta
61	sessantuno
68	sessantotto
70	settanta
71	settantuno
78	settantotto
80	ottanta
81	ottantuno
88	ottantotto
90	novanta
91	novantuno
98	novantotto
100	cento
101	centouno
102	centodue
108	centotto
120	centoventi
180	centottanta
200	duecento
300	trecento
800	ottocento
1000	mille
1001	mille (e) uno
1002	milledue
2000	duemila
10,000	diecimila
100,000	centomila
1,000,000	un milione
1,000,000,000	un miliardo

Cardinals are all plural and are unchangeable except for *uno,* which is singular and is inflected as the indefinite article.

ORDINALS

1st	primo	I
2nd	secondo	II
3rd	terzo	III
4th	quarto	IV
5th	quinto	V
6th	sesto	VI
7th	s*e*ttimo	VII
8th	ottavo	VIII
9th	nono	IX
10th	d*e*cimo	X
11th	undic*e*simo	XI
12th	dodic*e*simo	XII
13th	tredic*e*simo	XIII
14th	quattordic*e*simo	XIV
15th	quindic*e*simo	XV
16th	sedic*e*simo	XVI
17th	diciassett*e*simo	XVII
18th	diciott*e*simo	XVIII
19th	diciannov*e*simo	XIX
20th	vent*e*simo	XX
21st	ventun*e*simo	XXI
22nd	ventidu*e*simo	XXII
23rd	ventitre*e*simo	XXIII
30th	trent*e*simo	XXX
40th	quarant*e*simo	XL
50th	cinquant*e*simo	L
60th	sessant*e*simo	LX
70th	settant*e*simo	LXX
80th	ottant*e*simo	LXXX
90th	novant*e*simo	XC
100th	cent*e*simo	C
1000th	mill*e*simo	M
100,000th	centomill*e*simo	$\overline{C}$
1,000,000th	milion*e*simo	[$\overline{X}$]

TO TELL TIME

The question *What time is it?* can be translated into Italian as *Che ora è?,* or *Che ore sono?* To tell the time one may use the numbers 1 (one) to 12 (twelve), or from 1 (one) to 24 (twenty-four). The word *ora,* hour, and *ore,* hours, are understood after the numeral.

È l'una.	It is one o'clock.
Sono le due.	It is two o'clock.
È mezzogiorno.	It is noon.
Sono le dieci.	It is ten o'clock.

For P.M. hours also the following method may be used.

Sono le venti.	It is eight P.M.
Sono le diciassette.	It is five P.M.
È mezzanotte.	It is midnight.

Minutes before and after the hour are expressed as follows:

Sono le sei e cinque.	It is five minutes after six.
Sono le quattro meno dieci.	It is ten minutes to four.
Sono le tre e un quarto.	It is a quarter after three.
Sono le sette meno un quarto.	It is a quarter to seven.
Sono le nove e mezza (or *mezzo*).	It is half past nine.

DATES

Dates in Italian are expressed with the definite article followed by cardinal numbers, except *primo,* the first of the month. The day is given before the month.

Il 10 aprile 1980.	April 10, 1980.
Il primo maggio 1977.	May 1st, 1977.

DAYS OF THE WEEK

lunedì	Monday
martedì	Tuesday
mercoledì	Wednesday
giovedì	Thursday
venerdì	Friday
sabato	Saturday
domenica	Sunday

Note that in Italy the week begins on Monday. The days of the week are not capitalized, unless they are at the beginning of a sentence. They are all of the masculine gender except for *domenica.*

MONTHS OF THE YEAR

gennaio	January
febbraio	February
marzo	March
aprile	April
maggio	May
giugno	June
luglio	July
agosto	August
settembre	September
ottobre	October

novembre	November
dicembre	December

The months of the year are not capitalized unless they are at the beginning of a sentence and they are all of the masculine gender.

AGE

Age is expressed by using the verb *avere* and the cardinal numbers.

Quanti anni hai?	How old are you?
Ho diciassette anni.	I am seventeen years old.

PERSONAL PRONOUNS

Subject Pronouns

singular		plural	
io	I	*noi*	we
tu	you (thou)	*voi*	you
egli, *esso*, *lui*	he	*loro*, *essi*	they (m.)
ella, *essa*, *lei*	she	*loro*, *esse*	they (f.)
Lei, *Ella*	you	*Loro*	you

Subject pronouns are seldom used before verb forms, unless clearness or emphasis is necessary.

(Note that *esso* and *essa* given in the above table are also used to translate *it*.)

Conjunctive Pronouns

Conjunctive pronouns are so called because they are always used in conjunction with a verb.

Direct Object

singular		plural	
mi	me	*ci*	us
ti	you (thee)	*vi*	you
lo, la, l'	him, her, it	*li, le*	them (m. and f.)
La	you	*Li, Le*	you (m. and f.)

Vi chiama. He calls you.

Indirect Object

singular		plural	
mi	to me	*ci*	to us
ti	to you, (to thee)	*vi*	to you
gli, le	to him, to her, to it	*loro*	to them
Le	to you	*Loro*	to you

Gli diamo un libro. We give a book to him.

When both direct and indirect object pronouns must be used together, the indirect object pronoun, except for *loro,* comes first and the following changes are necessary.

mi becomes	*me*	before *lo, la, li, le, l'*
ti "	*te*	
ci "	*ce*	
vi "	*ve*	

Te lo diamo. We give it to you.
Non me lo dice. He does not tell it to me.

Note that *gli* and *le* in such combinations become *glie* and are usually written as a single word, that is they become *glielo, gliela; glieli, gliele.*

Glieli diamo. We give them to him.
Glielo mando. I send it to her.

But remember always to use *loro* after the verb.

Lo dico loro. I say it to them.

Reflexive Pronouns

singular		plural	
mi	myself	*ci*	ourselves
ti	yourself (thyself)	*vi*	yourself, yourselves
si	himself, herself itself, yourself	*si*	themselves, yourselves

Ci laviamo. We wash ourselves.

Often in Italian the reflexive pronoun *si* is used as an impersonal pronoun. It translates the English *one, a person, people, they, we.*

Si parla italiano in Italia. They speak Italian in Italy.

The same sentence could be translated, *Italian is spoken in Italy.* In such a case the pronoun *si* translates the passive form.
Although, with the exception of *loro,* all conjunctive pronouns always immediately precede the finite verb, when the verb is either an infinitive, a gerund, a participle, or an affirmative imperative, the pronoun follows the verb and it is attached to it. In the case of the infinitive, the final *-e* is dropped. Exception to this rule is again *loro.*

Voglio vederti. I want to see you.
Parlandogli. Speaking to him.
Dettolo. Having said it.
Mandale una lettera. Send a letter to her.

But always say:

Manda loro i fiori. Send the flowers to them.

USE OF *CI, VI, NE*

Ci and *vi* sometimes have the meaning of *in it, to it.*

Ci scrivo (or *Vi scrivo*) *il mio nome.* I write my name in it.

Ne means *of it, of them, some, some of it, some of them, any of it, any of them.*

Mangia la carne? Ne mangia. Does he eat meat? He eats some of it.

Ci, vi and *ne* may be also used as adverbial forms. In this case their meaning is: *ci, vi,* here or there; *ne,* from there.

Ci vado domani. I go there tomorrow.
Vi mangiamo spesso. We eat there often.
Ne venite. You come from there.

C'è, ci sono and *v'è, vi sono* are interchangeable. Their meaning is *there is, there are.* Note that these expressions can also be rendered in all the tenses of the future and of the past.
Ci sarà, c'erano, ci fu, ci sono stati, etc. There will be, there were, there was, there have been, etc.

DISJUNCTIVE PERSONAL PRONOUNS

	singular		plural
me	me	*noi*	us
te	you (thee)	*voi*	you
lui, esso	him, it (m.)	*loro, essi*	them (m.)
lei, essa	her, it (f.)	*loro, esse*	them (f.)
sè	himself, herself, itself	*sè*	themselves
Lei	you	*Loro*	you

Disjunctive personal pronouns are generally used after a preposition, or when two pronouns are the direct or the indirect objects of a verb.

Maria va a scuola con lui. Maria goes to school with him.
La mamma ama te e me. Mother loves you and me.
Parliamo a voi e a loro. We speak to you and to them.

RELATIVE PRONOUNS

Il quale, la quale, i quali, le quali, che, who, whom, which, that; *cui,* whom (used with prepositions).

Il ragazzo che parla The boy who speaks
La ragazza che amo The girl (whom) I love
La signorina con la quale studio The young lady with whom I study
Il signore a cui diamo il libro The gentleman to whom we give the book
Il pane che mangiamo The bread (which) we eat

Relative pronouns *cannot* be omitted in Italian.

USE OF *CIASCUNO, NESSUNO, PARECCHI, OGNI, POCO,* AND *UN PO'*

Ciascuno, each; *nessuno,* nobody; *parecchi,* several; *ogni,* each, every; and *poco,* little, few, may be used as adjectives and as pronouns. *Un po' di* translates *a little of*.

Ciascuno and *nessuno* are inflected as the indefinite article *uno*. Usually *ogni* takes the place of *ciascuno*.

Ciascun (or *ogni*) *alunno ha un libro*. Each pupil has a book.
Nessuno parla. Nobody speaks.
Non ha nessun amico. He does not have any friends.
Mario ha parecchie cugine. Mario has several cousins.
Hanno poco denaro. They have little money.
Pochi studiano sempre. A few study all the time.
Prendi un po' di pane. Take a little bread.

THE PREPOSITION

Prepositions are used before nouns, adjectives, adverbs, or the infinitive of verbs to define the necessary relation linking various parts of speech.

Viaggiamo con il treno. We travel by train.
Scrivo per darti delle buone notizie. I write to give you some good news.

Without *con* and *per* the above sentences would not make any sense.

COMMON PREPOSITIONS

a, ad	at, to
con	with, by
contro	against, opposite to
da	from, at, since, by
davanti	before, in front of
di	of
dietro	behind
fra	between, among, within

in	in
intorno	about, around
oltre	besides
per	for, by, through, in, in order to
presso	by, near
secondo	according to
senza	without
sotto	under
su	on, upon, above
tra	between, among, within
verso	toward

THE CONJUNCTION

Conjunctions are used to link the elements of a sentence or two sentences together.

Franco e Pia sono amici. Franco *and* Pia are friends.
Non so perchè piange. I do not know why he is crying.

COMMON CONJUNCTIONS

anche	also
che	that, than
come	as, how
dunque	then, therefore
e, ed	and
ma	but
mentre	while
nè . . . . nè	neither . . . nor
o, od	or
perchè	because, why
però	but
poichè	since
quando	when
se	if

THE ADVERB

Adverbs are used to modify a verb, an adjective, or another adverb.

Pia è molto bella. Pia is very beautiful.
Andremo domani. We shall go tomorrow.

COMMON ADVERBS

adesso	now
allora	then
anche	also
ancora	yet, still, again, too, more

assai	very
domani	tomorrow
dopo	afterwards
dove	where
già	already
ieri	yesterday
là	there
lì	there
intorno	around, about
lontano	far
mai	never
meno	less
molto	very
neanche	not even
nemmeno	not even
niente	nothing
oggi	today
ora	now
più	more
poi	then
presto	soon
prima	before
qua	here
quando?	when?
qui	here
sempre	always
spesso	often
talvolta	sometimes
tardi	late
tuttavia	yet
vicino	near

THE VERB

The verb is the most important part of speech because even alone it can create a complete sentence.

Andiamo! Let us go!

The verb expresses the action or the state of being of the subject.

Mario cammina. Mario walks.
Mario è buono. Mario is good.

A verb is called AUXILIARY when it is used to help conjugate another verb in compound tenses. The most common auxiliaries are *essere,* to be, and *avere,* to have.

Sono andato a casa. I have gone home.
Ha mangiato molto. He has eaten much.

Some verbs are not auxiliaries as the above, but are often used with the infinitive of another verb. In Italian they are called *verbi servili,* that is they serve another verb for complete meaning. To this group belong *dovere,* to be obliged; *potere,* to be able to; *volere,* want, to wish. Sometimes *sapere,* to know how, also belongs to this group.

Devo andare. I must go (I am obliged to go).
Vuole mangiare. He wants to eat.
Possiamo uscire. We can (are able to) go out.
Sanno scrivere. They can (know how to) write.

When used alone these verbs have the following meaning: *dovere,* to owe; *potere,* to be able to do; *volere,* to desire; *sapere,* to know.

Ti devo mille lire. I owe you a thousand lira.
Non ne possiamo più. We have enough of it (We cannot take any more).
Vuole una mela. He desires an apple.
Sapete la lezione. You know the lesson.

Note that alone these verbs take the auxiliary *avere.* In conjunction with an infinitive, they take the auxiliary required by the verb with which they are used.

Son dovuto andare. I have been obliged to go.
Ha voluto mangiare. He has wanted to eat.
Siamo potuti uscire. We have been able to go out.
Hanno saputo scrivere. They have been able (have known how) to write.

A verb is TRANSITIVE when the action done by the subject can be transmitted to a direct object.

Mario chiama il cane. Mario calls the dog.

In the compound tenses transitive verbs take the auxiliary *avere.*

Mario ha chiamato il cane. Mario has called the dog.

A verb is INTRANSITIVE when the action done by the subject cannot be transmitted to an object.

Mario parte per Roma. Mario leaves for Rome.

All verbs expressing a state of being are intransitive.

Mario è a scuola. Mario is in school.

Verbs used intransitively take the auxiliary *essere* in the compound tenses.

Giovanni è andato a Firenze. Giovanni has gone to Florence.

The following is a list of common intransitive verbs, which in the compound tenses are conjugated with the auxiliary *essere.*

nascere, to be born
morire, to die
arrivare, to arrive
partire, to leave
entrare, to enter
uscire, to go out
andare, to go

venire, to come
scendere, to go down
salire, to go up
rimanere, to remain
restare, to remain
ritornare, to return

Note that when the auxiliary *essere* is used in the compound tenses, the past participle must agree with the subject in gender and number.

Giovanni è arrivato. Giovanni has arrived.
Maria è partita. Maria has left.
I ragazzi sono andati. The boys have gone.
Le ragazze sono venute. The girls have come.

The past participle of verbs conjugated with *avere* usually remains unchanged.

Mario ha cantato. Mario has sung.
Luisa ha cantato. Luisa has sung.

However, the past participle is inflected when an object pronoun precedes the verb.

Le abbiamo vedute. We have seen them. (f.)

A verb is ACTIVE when the subject does the action.

Giovanni legge un libro. Giovanni reads a book.

A verb is PASSIVE when the subject is the recipient of the action.

Un libro è letto da Giovanni. A book is read by Giovanni.

The agent is denoted by the preposition *da,* by, or its modified forms. Note that usually a passive verb is formed with the help of *essere,* but sometimes in the simple tenses the verb *venire* is used instead.

Un libro viene letto da Giovanni. A book is read by Giovanni.

A verb is REFLEXIVE when the action reflects onto the subject who does it. Reflexive verbs take a reflexive pronoun. (*See p. 220*)

Giovanni si lava. Giovanni washes himself.

Note that in Italian there are many more reflexive verbs than in English.

Giovanni si alza. Giovanni gets up.

Note also that reflexive verbs are always conjugated with the auxiliary *essere* in the compound tenses.

Matteo si è divertito. Matteo has enjoyed himself.

A verb is IMPERSONAL when it is conjugated only in the *third* person singular.

Bisognare, to be necessary.
Bisogna mangiare per vivere. It is necessary to eat in order to live.

Verbs denoting atmospheric conditions are impersonal.

Piovere, to rain. *Piove,* it rains.
Nevicare, to snow. *Nevica,* it snows.
Tuonare, to thunder. *Tuona,* it thunders.

A CONJUGATION is the system by which a verb is adapted to its different variations, that is PERSON, NUMBER, MOOD, and TENSE. The PERSON can be 1st, 2nd, and 3rd. The NUMBER can be singular and plural.

Person	Number			
	singular		plural	
1st	*io amo*	I love	*noi amiamo*	we love
2nd	*tu ami*	you love	*voi amate*	you love
3rd	*egli* *ella* *esso* *essa ama* *lui* *lei* *Lei* *(Ella)*	he, she loves you love	*essi* *esse* amano *loro* *Loro*	they, you love

The MOOD can be nominal or finite. Nominal moods are: infinitive, participle, and gerund.

Infinitive: *amare,* to love; *aver amato,* to have loved

Past participle: [1]*amato,* loved

Gerund: *amando,* loving; *avendo amato,* having loved

Finite moods are those which present a true conjugation, that is they change according to person, number, and tense.

Moods are:

INDICATIVE which is used to affirm or deny a state or action considered a reality.

Giovanni (non) ama Maria. Giovanni loves (does not love) Maria.

SUBJUNCTIVE which is used to express doubt, will, or feelings. This mood is generally used in dependent clauses.

Mario vuole che tu dica la verità. Mario wants for you to tell the truth.

CONDITIONAL which indicates what happened or might happen as a consequence of a condition.

Leggerei se avessi un libro. I would read if I had a book.

1. Note that in Italian the present participle (*amante* in this case) has fallen into disuse as a verbal form. Now it is considered an adjective and is listed as such in the dictionary. Accordingly, it is not given in this Appendix.

IMPERATIVE which expresses a command or request. It is used without pronouns, as in English.

Vieni. Come.

The TENSES relate to the time when the action takes place, that is they can relate to present, past, and future circumstances. Tenses can be *simple* or *compound.* Compound tenses are always conjugated with an auxiliary.

The *Indicative Mood* has eight tenses, four simple and four compound.

	Simple
Present	*amo,* I love, I am loving, I do love
Imperfect	*amavo,* I loved, I was loving, I used to love
Past absolute	*amai,* I loved
Future	*amerò,* I shall love
	Compound
Present perfect	*ho amato,* I have loved, I loved
Pluperfect	*avevo amato,* I had loved
Past anterior	*ebbi amato,* I had loved
Future perfect	*avrò amato,* I shall have loved

The *Subjunctive Mood* has four tenses, two simple and two compound.

	Simple
Present	*ami,* I (may) love
Imperfect	*amassi,* I (might) love
	Compound
Present perfect	*abbia amato,* I (may) have loved
Pluperfect	*avessi amato,* I (might) have loved

The *Conditional Mood* has two tenses, one simple and one compound.

Present	Perfect
Simple	Compound
amerei, I would love	*avrei amato,* I would have loved

The *Imperative Mood* is generally in the present tense, since for commands or requests in the future, the forms of the future of the indicative are used. To form the present of the imperative, the 2nd person singular and plural and the 1st person plural are taken from the present indicative, while the 3rd person singular and plural are taken from the present subjunctive. An exception to this rule is the 2nd person singular of verbs of the first conjugation in which the ending is *-a* rather than *-i.*

	1st conjugation	2nd conjugation	3rd conjugation
(tu)	*ama,* love	*temi,* fear	*dormi,* sleep
(Lei)	*ami,* love	*tema,* fear	*dorma,* sleep
(noi)	*amiamo,* let us love	*temiamo,* let us fear	*dormiamo,* let us sleep
(voi)	*amate,* love	*temete,* fear	*dormite,* sleep
(Loro)	*amino,* love	*temano,* fear	*dormano,* sleep

Ama il prossimo tuo come te stesso. Love thy neighbor as thyself. (2nd sing.)
Dormite bene. Sleep well. (2nd pl.)

Note also that another exception in the rules of the Imperative is the Imperative negative of the second person singular, which uses the infinitive of the verb in all conjugations.

non amare, do not love
non temere, do not fear
non dormire, do not sleep
} (2nd sing.)

All Italian verbs belong to three CONJUGATIONS, depending on the *ending* of the infinitive. The part of the infinitive preceding the ending is the *stem.*

1st conjugation verbs end in *-ARE*. Am*are,* to love
2nd conjugation verbs end in *-ERE*. Tem*ere,* to fear
3rd conjugation verbs end in *-IRE*. Fin*ire,* to finish

Verbs can be REGULAR and IRREGULAR. Regular verbs preserve the same stem throughout the conjugation, while irregular verbs may undergo a change in the stem, or present other irregularities. Verb irregularities are best studied in individual verbs.

(For complete examples of verb conjugations and for irregular verb forms, consult the tables that follow in this Appendix.)

VERB TERMINOLOGY IN ITALIAN AND IN ENGLISH

ausiliario	auxiliary
modo	mood
tempo (semplice, composto)	tense (simple, compound)
INFINITO	INFINITIVE
PARTICIPIO	PARTICIPLE
GERUNDIO	GERUND
INDICATIVO	INDICATIVE
presente	present
imperfetto	imperfect
passato remoto	past absolute
futuro	future
passato prossimo	present perfect
trapassato prossimo	pluperfect
trapassato remoto	past anterior
futuro anteriore	future perfect
CONGIUNTIVO	SUBJUNCTIVE
passato	present perfect
trapassato	pluperfect
CONDIZIONALE	CONDITIONAL
IMPERATIVO	IMPERATIVE

TABLE OF AUXILIARY VERBS

ESSERE

Infinitive: *essere,* to be
Perfect infinitive: *essere stato (-a,-i,-e),* to have been
Past participle: *stato (-a, -i,-e),* been
Gerund: *essendo,* being
Past gerund: *essendo stato, (-a,-i,-e)* having been

INDICATIVE

PRESENT		PRESENT PERFECT	
I am, etc.		*I have been, etc.*	
sono	siamo	sono stato (-a)	siamo stati (-e)
sei	siete	sei stato (-a)	siete stati (-e)
è	sono	è stato (-a)	sono stati (-e)

IMPERFECT		PLUPERFECT	
I was, I was being, I used to be, etc.		*I had been, etc.*	
ero	eravamo	ero stato (-a)	eravamo stati (-e)
eri	eravate	eri stato (-a)	eravate stati (-e)
era	erano	era stato (-a)	erano stati (-e)

PAST ABSOLUTE		PAST ANTERIOR	
I was, etc.		*I had been, etc.*	
fui	fummo	fui stato (-a)	fummo stati (-e)
fosti	foste	fosti stato (-a)	foste stati (-e)
fu	furono	fu stato (-a)	furono stati (-e)

FUTURE		FUTURE PERFECT	
I shall be, I am going to be, etc.		*I shall have been, etc.*	
sarò	saremo	sarò stato (-a)	saremo stati (-e)
sarai	sarete	sarai stato (-a)	sarete stati (-e)
sarà	saranno	sarà stato (-a)	saranno stati (-e)

SUBJUNCTIVE

PRESENT		PRESENT PERFECT	
I (may) be, etc.		*I (may) have been, etc.*	
sia	siamo	sia stato (-a)	siamo stati (-e)
sia	siate	sia stato (-a)	siate stati (-e)
sia	siano	sia stato (-a)	siano stati (-e)

IMPERFECT		PLUPERFECT	
I was, I might be, etc.		*I had been, I might have been, etc.*	
fossi	fossimo	fossi stato (-a)	fossimo stati (-e)
fossi	foste	fossi stato (-a)	foste stati (-e)
fosse	fossero	fosse stato (-a)	fossero stati (-e)

CONDITIONAL

PRESENT		PRESENT PERFECT	
I would be, etc.		*I would have been, etc.*	
sarei	saremmo	sarei stato (-a)	saremmo stati (-e)
saresti	sareste	saresti stato (-a)	sareste stati (-e)
sarebbe	sarebbero	sarebbe stato (-a)	sarebbero stati (-e)

IMPERATIVE

Be, etc.

______	siamo
sii	siate
sia	siano

AVERE

Infinitive: *avere,* to have
Perfect indicative: *aver avuto,* to have had
Past participle: *avuto,* had
Gerund: *avendo,* having
Past gerund: *avendo avuto,* having had

INDICATIVE

PRESENT		PRESENT PERFECT	
I have, etc.		*I have had, etc.*	
ho	abbiamo	ho avuto	abbiamo avuto
hai	avete	hai avuto	avete avuto
ha	hanno	ha avuto	hanno avuto

IMPERFECT		PLUPERFECT			
I had, I was having, I used to have, etc.		*I had had, etc.*			
avevo	avevamo	avevo	avuto	avevamo	avuto
avevi	avevate	avevi	avuto	avevate	avuto
aveva	av*e*vano	aveva	avuto	av*e*vano	avuto

PAST ABSOLUTE		PAST ANTERIOR			
I had, etc.		*I had had, etc.*			
ebbi	avemmo	ebbi	avuto	avemmo	avuto
avesti	aveste	avesti	avuto	aveste	avuto
ebbe	*e*bbero	ebbe	avuto	*e*bbero	avuto

FUTURE		FUTURE PERFECT			
I shall have, I am going to have, etc.		*I shall have had, etc.*			
avrò	avremo	avrò	avuto	avremo	avuto
avrai	avrete	avrai	avuto	avrete	avuto
avrà	avranno	avrà	avuto	avranno	avuto

SUBJUNCTIVE

PRESENT		PRESENT PERFECT			
I (may) have, etc.		*I (may) have had, etc.*			
abbia	abbiamo	abbia	avuto	abbiamo	avuto
abbia	abbiate	abbia	avuto	abbiate	avuto
abbia	*a*bbiano	abbia	avuto	*a*bbiano	avuto

IMPERFECT		PLUPERFECT			
I had, I might have, etc.		*I had had, I might have had, etc.*			
avessi	av*e*ssimo	avessi	avuto	av*e*ssimo	avuto
avessi	aveste	avessi	avuto	aveste	avuto
avesse	av*e*ssero	avesse	avuto	av*e*ssero	avuto

CONDITIONAL

PRESENT		PRESENT PERFECT			
I would have, etc.		*I would have had, etc.*			
avrei	avremmo	avrei	avuto	avremmo	avuto
avresti	avreste	avresti	avuto	avreste	avuto
avrebbe	avr*e*bbero	avrebbe	avuto	avr*e*bbero	avuto

IMPERATIVE

Have, etc.

_____	abbiamo
abbi	abbiate
abbia	*a*bbiano

TABLE OF REGULAR VERBS

First Conjugation

LODARE

Infinitive: *lodare,* to praise
Perfect infinitive: *aver lodato,* to have praised
Past participle: *lodato,* praised
Gerund: *lodando,* praising
Past gerund: *avendo lodato,* having praised

INDICATIVE

PRESENT		PRESENT PERFECT	
I praise, I am praising, etc.		*I have praised, etc.*	
lodo	lodiamo	ho lodato	abbiamo lodato
lodi	lodate	hai lodato	avete lodato
loda	l*o*dano	ha lodato	hanno lodato

IMPERFECT		PLUPERFECT	
I praised, I was praising, I used to praise, etc.		*I had praised, etc.*	
lodavo	lodavamo	avevo lodato	avevamo lodato
lodavi	lodavate	avevi lodato	avevate lodato
lodava	lod*a*vano	aveva lodato	av*e*vano lodato

PAST ABSOLUTE		PAST ANTERIOR	
I praised, etc.		*I had praised, etc.*	
lodai	lodammo	ebbi lodato	avemmo lodato
lodasti	lodaste	avesti lodato	aveste lodato
lodò	lod*a*rono	ebbe lodato	*e*bbero lodato

FUTURE		FUTURE PERFECT			
I shall praise, I am going to praise, etc.		*I shall have praised, etc.*			
loderò	loderemo	avrò	lodato	avremo	lodato
loderai	loderete	avrai		avrete	
loderà	loderanno	avrà		avranno	

SUBJUNCTIVE

PRESENT		PRESENT PERFECT			
I (may) praise, etc.		*I (may) have praised, etc.*			
lodi	lodiamo	abbia	lodato	abbiamo	lodato
lodi	lodiate	abbia		abbiate	
lodi	lodino	abbia		abbiano	

IMPERFECT		PLUPERFECT			
I praised, I might praise, etc.		*I had praised, I might have praised, etc.*			
lodassi	lodassimo	avessi	lodato	avessimo	lodato
lodassi	lodaste	avessi		aveste	
lodasse	lodassero	avesse		avessero	

CONDITIONAL

PRESENT		PERFECT			
I would praise, etc.		*I would have praised, etc.*			
loderei	loderemmo	avrei	lodato	avremmo	lodato
loderesti	lodereste	avresti		avreste	
loderebbe	loderebbero	avrebbe		avrebbero	

IMPERATIVE

Praise, etc.

———	lodiamo
loda	lodate
lodi	lodino

Second Conjugation

TEMERE

Infinitive: *temere,* to fear
Perfect infinitive: *aver temuto,* to have feared
Past participle: *temuto,* feared
Gerund: *temendo,* fearing
Past gerund: *avendo temuto,* having feared

INDICATIVE

PRESENT		PRESENT PERFECT	
I fear, I am fearing, etc.		*I have feared, etc.*	
temo	temiamo	ho temuto	abbiamo temuto
temi	temete	hai temuto	avete temuto
teme	temono	ha temuto	hanno temuto

IMPERFECT		PLUPERFECT	
I feared, I was fearing, I used to fear, etc.		*I had feared, etc.*	
temevo	temevamo	avevo temuto	avevamo temuto
temevi	temevate	avevi temuto	avevate temuto
temeva	temevano	aveva temuto	avevano temuto

PAST ABSOLUTE		PAST ANTERIOR	
I feared, etc.		*I had feared, etc.*	
temei (-etti)	tememmo	ebbi temuto	avemmo temuto
temesti	temeste	avesti temuto	aveste temuto
temè (-ette)	temerono (-ettero)	ebbe temuto	ebbero temuto

FUTURE		FUTURE PERFECT	
I shall fear, I am going to fear, etc.		*I shall have feared, etc.*	
temerò	temeremo	avrò temuto	avremo temuto
temerai	temerete	avrai temuto	avrete temuto
temerà	temeranno	avrà temuto	avranno temuto

SUBJUNCTIVE

PRESENT		PRESENT PERFECT	
I (may) fear, etc.		*I (may) have feared, etc.*	
tema	temiamo	abbia temuto	abbiamo temuto
tema	temiate	abbia temuto	abbiate temuto
tema	temano	abbia temuto	abbiano temuto

IMPERFECT		PLUPERFECT	
I feared, I might fear, etc.		*I had feared, I might have feared. etc.*	
temessi	temessimo	avessi temuto	avessimo temuto
temessi	temeste	avessi temuto	aveste temuto
temesse	temessero	avesse temuto	avessero temuto

CONDITIONAL

PRESENT		PERFECT			
I would fear, etc.		*I would have feared, etc.*			
temerei	temeremmo	avrei	temuto	avremmo	temuto
temeresti	temereste	avresti	temuto	avreste	temuto
temerebbe	temer*e*bbero	avrebbe	temuto	avr*e*bbero	temuto

IMPERATIVE

Fear, etc.

_____	temiamo
temi	temete
tema	t*e*mano

Third Conjugation

CAPIRE*

Infinitive: *capire,* to understand
Perfect infinitive: *aver capito,* to have understood
Past participle: *capito,* understood
Gerund: *capendo,* understanding
Past gerund: *avendo capito,* having understood

INDICATIVE

PRESENT		PRESENT PERFECT			
I understand, I am understanding, etc.		*I have understood, etc.*			
cap*isco*	capiamo	ho	capito	abbiamo	capito
cap*isci*	capite	hai	capito	avete	capito
cap*isce*	cap*isc*ono	ha	capito	hanno	capito

IMPERFECT		PLUPERFECT			
I understood, I was understanding, I used to understand, etc.		*I had understood, etc.*			
capivo	capivamo	avevo	capito	avevamo	capito
capivi	capivate	avevi	capito	avevate	capito
capiva	cap*i*vano	aveva	capito	avevano	capito

*Note that a small group of verbs of the third conjugation *do not take* the insert *-ISC-* in the 1st, 2nd, and 3rd person singular and in the 3rd person plural of the present indicative, of the present subjunctive, and of the imperative. Some of the most common ones are: *aprire,* to open; *cucire,* to sew; *divertirsi,* to amuse oneself; *dormire,* to sleep; *fuggire,* to flee; *partire,* to leave; *seguire,* to follow; *sentire,* to feel, hear, smell; *servire,* to serve; *soffrire,* to suffer.

PAST ABSOLUTE

I understood, etc.

capii	capimmo
capisti	capiste
capì	cap*i*rono

PAST ANTERIOR

I had understood, etc.

ebbi		avemmo	
avesti	capito	aveste	capito
ebbe		*e*bbero	

FUTURE

I shall understand, I am going to understand, etc.

capirò	capiremo
capirai	capirete
capirà	capiranno

FUTURE PERFECT

I shall have understood, etc.

avrò		avremo	
avrai	capito	avrete	capito
avrà		avranno	

SUBJUNCTIVE

PRESENT

I (may) understand, etc.

cap*isc*a	capiamo
cap*isc*a	capiate
cap*isc*a	cap*isc*ano

PRESENT PERFECT

I (may) have understood, etc.

abbia		abbiamo	
abbia	capito	abbiate	capito
abbia		*a*bbiano	

IMPERFECT

I understood, I might understand, etc.

capissi	cap*i*ssimo
capissi	capiste
capisse	cap*i*ssero

PLUPERFECT

I had understood, I might have understood, etc.

avessi		av*e*ssimo	
avessi	capito	aveste	capito
avesse		av*e*ssero	

CONDITIONAL

PRESENT

I would understand, etc.

capirei	capiremmo
capiresti	capireste
capirebbe	capir*e*bbero

PERFECT

I would have understood, etc.

avrei		avremmo	
avresti	capito	avreste	capito
avrebbe		avr*e*bbero	

IMPERATIVE

Understand, etc.

______	capiamo
cap*isc*i	capite
cap*isc*a	cap*isc*ano

TABLE OF IRREGULAR VERBS

Note: Only irregular verbs used in this textbook are listed. Regular tenses of the verbs are not given. The asterisk * marks verbs conjugated with the auxiliary *essere* in the compound tenses. The sign † marks verbs that may be conjugated either with *essere* or *avere*, depending on whether they are used intransitively or transitively. Verbs not marked are conjugated with *avere*.

ABBREVIATIONS

Pres. ind.	*Present indicative*
P. abs.	*Past absolute*
Fut.	*Future*
Pres. subj.	*Present subjunctive*
Imper.	*Imperative*
P. part.	*Past participle*

accendere, *to light. P. abs.:* accesi, accendesti, accese, accendemmo, accendeste, accesero. *P. part.:* acceso.

accogliere, *to receive, to welcome. Pres. ind.:* accolgo, accogli, accoglie, accogliamo, accogliete, accolgono. *P. abs.:* accolsi, accogliesti, accolse, accogliemmo, accoglieste, accolsero. *Pres. subj.:* accolga, accogliamo, accogliate, accolgano. *P. part.:* accolto.

***accorrere,** *to hasten. See* correre.

aggiungere, *to add. P. abs.:* aggiunsi, aggiungesti, aggiunse, aggiungemmo, aggiungeste, aggiunsero. *P. part.:* aggiunto.

alludere, *to allude. P. abs.:* allusi, alludesti, alluse, alludemmo, alludeste, allusero. *P. part.:* alluso.

***andare,** *to go. Pres. ind.:* vado, vai, va, andiamo, andate, vanno. *Fut.:* andrò, andrai, andrà, andremo, andrete, andranno. *Pres. subj.:* vada, andiamo, andiate, vadano. *Imper.:* va', vada, andiamo, andate, vadano.

***apparire,** *to appear. Pres. ind.:* apparisco, apparisci, apparisce, appariamo, apparite, appariscono, *or* appaio, appari, appare, appariamo, apparite, appaiono. *P. abs.:* apparvi, apparisti, apparve, apparimmo, appariste, apparvero. *Pres. subj.:* apparisca, appariamo, appariate, appariscano, *or* appaia, appariamo, appariate, appaiano. *Imper.:* apparisci, apparisca, appariamo, apparite, appariscano. *P. part.:* apparso.

appartenere, *to belong. See* tenere.

apprendere, *to learn. See* prendere.

aprire, *to open. P. abs.:* can be regular, *or* apersi, apristi, aperse, aprimmo, apriste, apersero. *P. part.:* aperto.

assumere, *to assume. P. abs.:* assunsi, assumesti, assunse, assumemmo, assumeste, assunsero. *P. part.:* assunto.

***astenersi,** *to abstain. See* tenere.

attendere, *to wait. P. abs.:* attesi, attendesti, attese, attendemmo, attendeste, attesero. *P. part.:* atteso.

attrarre, *to attract. Pres. ind.:* attraggo, attrai, attrae, attraiamo, attraete, attraggono. *P. abs.:* attrassi, attraesti, attrasse, attraemmo, attraeste. attrassero. *Fut.:* attrarrò, attrarrai, attrarrà, attrarremo, attrarrete, attrarranno. *Pres. subj.:* attragga, attraiamo, attraiate, attraggano. *P. part.:* attratto.

avvolgere, *to envelope. P. abs.:* avvolsi, avvolgesti, avvolse, avvolgemmo, avvolgeste, avvolsero. *P. part.:* avvolto.

bere, *to drink. Pres. ind.:* bevo, bevi, beve, beviamo, bevete, bevono. *P. abs.:* bevvi, bevesti, bevve, bevemmo, beveste, bevvero. *Fut.:* berrò, berrai, berrà, berremo, berrete, berranno. *Pres. subj.:* beva, beviamo, beviate, bevano. *P. part.:* bevuto.

***cadere,** *to fall. P. abs.:* caddi, cadesti, cadde, cademmo, cadeste, caddero. *Fut.:* cadrò, cadrai, cadrà, cadremo, cadrete, cadranno.

chiedere, *to ask. P. abs.:* chiesi, chiedesti, chiese, chiedemmo, chiedeste, chiesero. *P. part.:* chiesto.

chiudere, *to close. P. abs.:* chiusi, chiudesti, chiuse, chiudemmo, chiudeste, chiusero. *P. part.:* chiuso.

coinvolgere, *to involve. See* avvolgere.

comporre, *to compose. Pres. ind.:* compongo, componi, compone, componiamo, componete, compongono, *P. abs.:* composi, componesti, compose, componemmo, componeste, composero. *Fut.:* comporrò, comporrai, comporrà, comporremo, comporrete, comporranno. *Pres. subj.:* componga, componiamo, componiate, compongano. *P. part.:* composto.

comprendere, *to understand, to comprise. See* prendere.

concedere, *to allow, to grant. P. abs.:* can be regular, *or* concessi, concedesti, concesse, concedemmo, concedeste, concessero. *P. part.:* concesso, *or* conceduto.

concludere, *to conclude. See* alludere.

condividere, to *share. See* dividere.

condurre, *to lead. Pres. ind.:* conduco, conduci, conduce, conduciamo, conducete, conducono. *Fut.:* condurrò, condurrai, condurrà, condurremo, condurrete, condurranno. *Pres. subj.:* conduca, conduciamo, conduciate, conducano. *P. part.:* condotto.

conoscere, *to know. P. abs.:* conobbi, conoscesti, conobbe, conscemmo, conosceste, conobbero.

contenere, *to contain. See* tenere.

contrarre, *to contract. See* attrarre.

†**convenire,** *to come together, to agree. See* venire.

convincere, *to convince. See* vincere.

coprire, *to cover. See* aprire.

†**correre,** *to run. P. abs.:* corsi, corresti, corse, corremmo, correste, corsero. *P. part.:* corso.

corrispondere, *to correspond. See* rispondere.

†**crescere,** *to grow. P. abs.:* crebbi, crescesti, crebbe, crescemmo, cresceste, crebbero.

dare, *to give. Pres. ind.:* do, dai, dà, diamo, date, danno. *P. abs.:* diedi, desti, diede, demmo, deste, diedero, *or* detti, desti, dette, demmo, deste, dettero. *Fut.:* darò, darai, darà, daremo, darete, daranno. *Pres. subj.:* dia, diamo, diate, diano. *Imper.:* da', dia, diamo, date, diano.

decidere, *to decide. P. abs.:* decisi, decidesti, decise, decidemmo, decideste, decisero. *P. part.:* deciso.

deporre, *to lay down. See* esporre.

descrivere, *to describe. See* scrivere.

diffondere, *to spread. P. abs.:* diffusi, diffondesti, diffuse, diffondemmo, diffondeste, diffusero. *P. part.:* diffuso.

dipingere, *to paint. P. abs.:* dipinsi, dipingesti, dipinse, dipingemmo, dipingeste, dipinsero. *P. part.:* dipinto.

dire, *to say, to tell. Pres. ind.:* dico, dici, dice, diciamo, dite, dicono. *P. abs.:* dissi, dicesti, disse, dicemmo, diceste, dissero. *Fut.:* dirò, dirai, dirà, diremo, direte, diranno. *Pres. subj.:* dica, diciamo, diciate, dicano. *Imper.:* di', dica, diciamo, dite, dicano. *P. part.:* detto.

dirigere, *to direct. P. abs.:* diressi, dirigesti, diresse, dirigemmo, dirigeste, diressero. *P. part.:* diretto.

***discendere,** *to descend. See* scendere.

disciogliere, *to dissolve. Pres. ind.:* disciolgo, disciogli, discioglie, discioglìamo, disciogliete, disciolgono. *P. abs.:* disciolsi, disciogliesti, disciolse, disciogliemmo, discioglieste, disciolsero. *Pres. subj.:* disciolga, discioglìamo, disciogliate, disciolgano. *P. part.:* disciolto.

disfare, *to undo, to unmake. See* fare.

***distinguersi,** *to distinguish oneself. P. abs.:* mi distinsi, ti distinguesti, si distinse, ci distinguemmo, vi distingueste, si distinsero. *P. part.:* distintosi.

***divenire,** *to become. See* venire.

dividere, *to divide. P. abs.:* divisi, dividesti, divise, dividemmo, divideste, divisero. *P. part.:* diviso.

†**dovere,** *to be obliged, must, to owe. Pres. ind.:* devo, devi, deve, dobbiamo, dovete, devono, *or* debbo, devi, deve, dobbiamo, dovete, debbono. *Fut.:* dovrò, dovrai, dovrà, dovremo, dovrete, dovranno. *Pres. subj.:* debba, dobbiamo, dobbiate, debbano.

eleggere, *to elect. See* leggere.

***emergere,** *to emerge. P. abs.:* emersi, emergesti, emerse, emergemmo, emergeste, emersero. *P. part.:* emerso.

esporre, *to expose. Pres. ind.:* espongo, esponi, espone, esponiamo, esponete, espongono. *Pres. subj.:* esponga, esponiamo, esponiate, espongano. *P. part.:* esposto.

esprimere, *to express. P. abs.:* espressi, esprimesti, espresse, esprimemmo, esprimeste, espressero. *P. part.:* espresso.

estendere, *to extend. P. abs.:* estesi, estendesti, estese, estendemmo, estendeste, estesero. *P. part.:* esteso.

fare, *to do, to make. Pres. ind.:* faccio (fo), fai, fa, facciamo, fate, fanno. *P. abs.:* feci, facesti, fece, facemmo, faceste, fecero. *Fut.:* farò, farai, farà, faremo, farete, faranno. *Pres. subj.:* faccia, facciamo, facciate, facciano. *Imper.:* fa', faccia, facciamo, fate, facciano. *P. part.:* fatto.

fingere, *to feign, to pretend. See* dipingere.

insorgere, *to rise, to rebel. P. abs.:* insorsi, insorgesti, insorse, insorgemmo, insorgeste, insorsero. *P. part.:* insorto.

intraprendere, *to undertake. See* prendere.

intravedere, *to have a glimpse of. See* vedere.

leggere, *to read. P. abs.:* lessi, leggesti, lesse, leggemmo, leggeste, lessero. *P. part.:* letto.

mettere, *to put. P. abs.:* misi, mettesti, mise, mettemmo, metteste, misero. *P. part.:* messo.

***morire,** *to die. Pres. ind.:* muoio, muori, muore, moriamo, morite, muoiono. *Fut.:* morrò, morrai, morrà, morremo, morrete, morranno. *Pres. subj.:* muoia, moriamo, moriate, muoiano. *P. part.:* morto.

muovere, *to move. P. abs.:* mossi, movesti, mosse, movemmo, moveste, mossero. *P. part.:* mosso.

***nascere,** *to be born. P. abs.:* nacqui, nascesti, nacque, nascemmo, nasceste, nacquero. *P. part.:* nato.

nascondere, *to hide. P. abs.:* nascosi, nascondesti, nascose, nascondemmo, nascondeste, nascosero. *P. part.:* nascosto.

opporre, *to oppose. Pres. ind.:* oppongo, opponi, oppone, opponiamo, opponete, oppongono. *P. abs.:* opposi, opponesti, oppose, opponemmo, opponeste, opposero. *Pres. subj.:* opponga, opponiamo, opponiate, oppongano. *P. part.:* opposto.

ottenere, *to obtain. See* tenere.

***parere,** *to seem, to appear. Pres. ind.:* paio, pari, pare, pariamo, parete, paiono. *P. abs.:* parvi, paresti, parve, paremmo, pareste, parvero. *Fut.:* parrò, parrai, parrà, parremo, parrete, parranno. *P. part.:* parso.

perdere, *to lose. P. abs.: can be regular, or* persi, perdesti, perse, perdemmo, perdeste, persero. *P. part.:* perduto *or* perso.

permettere, *to permit. See* mettere.

persuadere, *to persuade. P. abs.:* persuasi, persuadesti, persuase, persuademmo, persuadeste, persuasero. *P. part.:* persuaso.

***piacere,** *to be pleasing. Pres. ind.:* piaccio, piaci, piace, piacciamo *or* piaciamo, piacete, piacciono. *P. abs.:* piacqui, piacesti, piacque, piacemmo, piaceste, piacquero. *Pres. subj.:* piaccia, piacciamo, piacciate, piacciano.

piangere, *to cry, to weep. P. abs.:* piansi, piangesti, pianse, piangemmo, piangeste, piansero. *P. part.:* pianto.

†**piovere,** *to rain.* (Impersonal) *P. abs.:* piovve.

porgere, *to offer. P. abs.:* porsi, porgesti, porse, porgemmo, porgeste, porsero. *P. part.:* porto.

possedere, *to possess. See* sedersi.

†**potere,** *to be able. Pres. ind.:* posso, puoi, può, possiamo, potete, possono. *Fut.:* potrò, potrai, potrà, potremo, potrete, potranno. *Pres. subj.:* possa, possiamo, possiate, possano.

prendere, *to take. P. abs.:* presi, prendesti, prese, prendemmo, prendeste, presero. *P. part.:* preso.

pretendere, *to claim. P. abs.:* pretesi, pretendesti, pretese, pretendemmo, pretendeste, pretesero. *P. part.:* preteso.

promettere, *to promise. See* mettere.

proporre, *to propose. See* opporre.
***provenire,** *to originate, to proceed. See* venire.
raccogliere, *to gather, to collect. Pres. ind.:* raccolgo, raccogli, raccoglie, raccogliamo, raccogliete, raccolgono. *P. abs.:* raccolsi,, raccogliesti, raccolse, raccogliemmo, raccoglieste, raccolsero. *Pres. subj.:* raccolga, raccogliamo, raccogliate, raccolgano. *P. part.:* raccolto.
raggiungere, *to reach. P. abs.:* raggiunsi, raggiungesti, raggiunse, raggiungemmo, raggiungeste, raggiunsero. *P. part.:* raggiunto.
rendere, *to render. P. abs.:* resi, rendesti, rese, rendemmo, rendeste, resero. *P. part.:* reso.
reprimere, *to repress. P. abs.:* repressi, reprimesti, represse, reprimemmo, reprimeste, repressero. *P. part.:* represso.
respingere, *to repel. See* spingere.
riassumere, *to resume. See* assumere.
richiedere, *to require. See* chiedere.
richiudere, *to shut up. See* chiudere.
riconoscere, *to recognize. See* conoscere.
ridere, *to laugh. P. abs.:* risi, ridesti, rise, ridemmo, rideste, risero. *P. part.:* riso.
†**ridiscendere,** *to go down again. See* scendere.
rifare, *to do, to make again. See* fare.
***rimanere,** *to remain. Pres. ind.:* rimango, rimani, rimane, rimaniamo, rimanete, rimangono. *P. abs.:* rimasi, rimanesti, rimase, rimanemmo, rimaneste, rimasero. *Fut.:* rimarrò, rimarrai, rimarrà, rimarremo, rimarrete, rimarranno. *Pres. subj.:* rimanga, rimaniamo, rimaniate, rimangano. *P. part.:* rimasto.
rinchiudere, *to shut up. See* chiudere.
rispondere, *to answer. P. abs.:* risposi, rispondesti, rispose, rispondemmo, rispondeste, risposero. *P. part.:* risposto.
ritenere, *to retain. See* tenere.
ritrarre, *to portray. Pres. ind.:* ritraggo, ritrai, ritrae, ritraiamo, ritraete, ritraggono. *P. abs.:* ritrassi, ritraesti, ritrasse, ritraemmo, ritraeste, ritrassero. *Pres. subj.:* ritragga, ritraiamo, ritraiate, ritraggano. *P. part.:* ritratto.
***riuscire,** *to succeed. See* uscire.
rivedere, *to see again. See* vedere.
rivolgere, *to address, to turn. See* avvolgersi.
†**salire,** *to climb, to go up. Pres. ind.:* salgo, sali, sale, saliamo, salite, salgono. *Pres. subj.:* salga, saliamo, saliate, salgano.
sapere, *to know. Pres. ind.:* so, sai, sa, sappiamo, sapete, sanno. *P. abs.:* seppi, sapesti, seppe, sapemmo, sapeste, seppero. *Fut.:* saprò, saprai, saprà, sapremo, saprete, sapranno. *Pres. subj.:* sappia, sappiamo, sappiate, sappiano. *Imper.:* sappi, sappia, sappiamo, sappiate, sappiano.
scegliere, *to choose. Pres. ind.:* scelgo, scegli, sceglie, scegliamo, scegliete, scelgono. *P. abs.:* scelsi, scegliesti, scelse, scegliemmo, sceglieste, scelsero. *Pres. subj.:* scelga, scegliamo, scegliate, scelgano. *P. part.:* scelto.
†**scendere,** *to go down, to descend. P. abs.:* scesi, scendesti, scese, scendemmo, scendeste, scesero. *P. part.:* sceso.
sconfiggere, *to defeat. P. abs.:* sconfissi, sconfiggesti, sconfisse, sconfiggemmo, sconfiggeste, sconfissero. *P. part.:* sconfitto.

scoprire, *to discover. P. part.:* scoperto.

scrivere, *to write. P. abs.:* scrissi, scrivesti, scrisse, scrivemmo, scriveste, scrissero. *P. part.:* scritto.

°**sedersi,** *to sit. Pres. indic.:* mi siedo (seggo), ti siedi, si siede, ci sediamo, vi sedete, si siedono (seggono); *Pres. subj.:* mi sieda (segga), ci sediamo, vi sediate, si siedano (seggano). *Imp.:* siediti, si sieda (segga), sediamoci, sedetevi, si siedano (seggano).

soffrire, *to suffer. P. abs.: regular, or* soffersi, soffristi, sofferse, soffrimmo, soffriste, soffersero. *P. part.:* sofferto.

sopraffare, *to overwhelm. See* fare.

°**sorgere,** *to rise. P. abs.:* sorsi, sorgesti, sorse, sorgemmo, sorgeste, sorsero. *P. part.:* sorto.

sorprendere, *to surprise. See* prendere.

sorridere, *to smile. See* ridere.

sostenere, *to uphold, to support. See* tenere.

sottomettere, *to submit. See* mettere.

sottoporre, *to submit. See* opporre.

sottrarre, *to submit. See* attrarre.

spargere, *to spread, to scatter. P. abs.:* sparsi, spargesti, sparse, spargemmo, spargeste, sparsero. *P. part.:* sparso.

spingere, *to push. P. abs.:* spinsi, spingesti, spinse, spingemmo, spingeste, spinsero. *P. part.:* spinto.

°**stare,** *to stay, to be. Pres. ind.:* sto, stai, sta, stiamo, state, stanno. *P. abs.:* stetti, stesti, stette, stemmo, steste, stettero. *Fut.:* starò, starai, starà, staremo, starete, staranno. *Pres. subj.:* stia, stiamo, stiate, stiano. *Imper.:* sta', stia, stiamo, state, stiano.

°**succedere,** *to succeed, to happen. P. abs.: regular, or* successi, succedesti, successe, succedemmo, succedeste, successero. *P. part.:* succeduto, *or* successo.

svolgere, *to unfold, to develop. See* avvolgere.

tenere, *to have, to hold. Pres. ind.:* tengo, tieni, tiene, teniamo, tenete, tengono. *P. abs.:* tenni, tenesti, tenne, tenemmo, teneste, tennero. *Fut.:* terrò, terrai, terrà, terremo, terrete, terranno. *Pres. subj.:* tenga, teniamo, teniate, tengano.

togliere, *to take off. Pres. ind.:* tolgo, togli, toglie, togliamo, togliete, tolgono. *P. abs.:* tolsi, togliesti, tolse, togliemmo, toglieste, tolsero. *Pres. subj.:* tolga, togliamo, togliate, tolgano. *P. part.:* tolto.

tradurre, *to translate. Pres. ind.:* traduco, traduci, traduce, traduciamo, traducete, traducono. *P. abs.:* tradussi, traducesti, tradusse, traducemmo, traduceste, tradussero. *Fut.:* tradurrò, tradurrai, tradurrà, tradurremo, tradurrete, tradurranno. *Pres. subj.:* traduca, traduciamo, traduciate, traducano. *P. part.:* tradotto.

uccidere, *to kill. See* decidere.

udire, *to hear. Pres. ind.:* odo, odi, ode, udiamo, udite, odono. *Pres. subj.:* oda, udiamo, udiate, odano.

°**uscire,** *to go out. Pres. ind.:* esco, esci, esce, usciamo, uscite, escono. *Pres. subj.:* esca, usciamo, usciate, escano.

vedere, *to see. P abs.:* vidi, vedesti, vide, vedemmo, vedeste, videro. *Fut.:* vedrò, vedrai, vedrà, vedremo, vedrete, vedranno. *P. part.:* veduto, *or* visto.

°**venire,** *to come. Pres. ind.:* vengo, vieni, viene, veniamo, venite, vengono. *P. abs.:* venni, venisti, venne, venimmo, veniste, vennero. *Fut.:* verrò, verrai, verrà, verremo, verrete, verranno. *Pres. subj.:* venga, veniamo, veniate, vengano.

vincere, *to win. P. abs.:* vinsi, vincesti, vinse, vincemmo, vinceste, vinsero. *P. part.:* vinto.

†**vivere,** *to live. P. abs.:* vissi, vivesti, visse, vivemmo, viveste, vissero. *P. part.:* vissuto.

†**volere,** *to wish, to want. Pres. ind.:* voglio, vuoi, vuole, vogliamo, volete, vogliono. *P. abs.:* volli, volesti, volle, volemmo, voleste, vollero. *Fut.:* vorrò, vorrai, vorrà, vorremo, vorrete, vorranno. *Pres. subj.:* voglia, vogliamo, vogliate, vogliano. *Imp.:* vogli, voglia, vogliamo, vogliate, vogliano.

SOME IDIOMATIC USES OF *AVERE* AND *FARE*

Aver caldo	*to be hot (of a person)*
aver freddo	*to be cold " "*
aver torto	*to be wrong*
aver ragione	*to be right*
aver paura	*to be afraid*
aver sonno	*to be sleepy*
aver sete	*to be thirsty*
aver fame	*to be hungry*
avere _____ anni	*to be _____ years old*
aver bisogno di	*to be in need of*
aver luogo	*to take place*
far caldo	*to be hot (of weather)*
far freddo	*to be cold " "*
far bel tempo	*to be beautiful weather*
far cattivo tempo	*to be bad weather*
fare una passeggiata	*to take a walk*
fare il letto	*to make the bed*
fare il bucato	*to do the laundry*
fare la spesa	*to shop (for food)*
fare la valigia	*to pack the suitcase*
fare un viaggio	*to take a trip*

Note that in some of these idiomatic expressions the ending *-e* of the infinitive *avere* and *fare* is often dropped.

VOCABULARY

Generally most cognates have been listed and so have many numbers. But for a complete list of numerals consult the Appendix, pp. 216-17. Note also that some words may have different meanings and may be used as two or more parts of speech. Such differences are separated by a semicolon.

Abbreviations used:

a.	*adjective*
n.f.	*feminine noun*
n.m.	*masculine noun*
pl.	*plural*
v.irr.	*irregular verb*
v.imp.	*impersonal verb*

A

abbagliante dazzling
a, ad at, to, by
abbaiare to bark
abbandonare to abandon
abbastanza enough, rather
abb*a*ttere to overthrow
abbigliamento attire
abbigliare to attire
abbondante plentiful, abundant
abbracciare to embrace
abbraccio embrace
Abiss*i*nia Ethiopia
abisso abyss
abitante, *n.m.* inhabitant
abitare to live
***a*bito** dress, garment; habit (of a religious person)
***a*biti** clothes; *abiti monacali,* nun's habit
abiura abjuration
abiurare to abjure
accaduto happening
accanito fierce
accanto beside
accarezzare to caress
acc*e*ndere, *v.irr.* to light; *accendersi d'entusiasmo,* to be fired with enthusiasm
accento accent, stress
accettare to accept
acciuga anchovy
acclamare to acclaim
acclamato acclaimed, applauded
accoglienza reception, welcome
acc*o*gliere, *v.irr.* to welcome, to receive
accolto welcomed
accompagnare to accompany
accompagnarsi to join with
accompagnatore, *n.m.* accompanist
acconciatura attire, hair-do
acconsentire to consent
acc*o*rrere, *v.irr.* to hasten, to rush
accorso rushed
accusare to accuse
acqua water: *acque termali,* hot springs
acquaiuolo, *also* ***acquaiolo*** water-carrier
acquazzone, *n.m.* heavy shower, cloud-burst
acquedotto aqueduct
acquistare to aquire
acr*o*bata (*pl.* **acr*o*bati**) acrobat
acume, *n.m.* acumen, insight
adagio slowly, gently
addio farewell, adieu, good-bye
addosso on, upon, over
adeguato adequate
adesione, *n.f.* adhesion, participation
adesso now
adirato angry
adolescenza adolescence
adoperarsi do endeavor
adorare to adore, to worship, to venerate
adornare to adorn
adottare to adopt
Adri*a*tico Adriatic Sea, an arm of the Mediterranean between Italy and Yugoslavia
adulazione, *n.f.* flattery
aeroporto airport
affabilità affability
affamato starved
affare, *n.m.* business; *uomo d'affari,* businessman
affascinare to fascinate
affascinante fascinating
affatto quite, entirely, at all
afferrare to seize
affetto affection
affezionarsi to attach oneself
affezionato affectionate
affezionatamente affectionately
affluenza affluence
affresco fresco
affrontare to face
africano African
agenzia agency
agiato well-to-do
aggiornamento updating
aggiornare to update
aggi*u*ngere, *v.irr.* to add; *aggiungersi,* to be added
agitare to wave

agitato tossed, waved, rough, agitated
agosto August
agricoltura agriculture
ah! oh!
ahimè! oh me!
aiuola, *also* ***aiola*** flower bed
aiutare to aid, to help
aiuto aid, help
al at the, to the, of the
ala *(pl.* **ali**) wing
alacremente briskly
albergo hotel
***a*lbero** tree
alcuno some, someone, somebody, anyone, anything
alga seaweed, alga
Algeri Algiers
aliscafo hydrofoil
Alitalia the national Italian airline
allegria cheerfulness
allegro cheerful, gay
allievo pupil
alloggio lodging
allontanarsi to go away
allora then; *d'allora in poi,* from then on
all*u*dere, *v.irr.* to allude
almeno at least
alpinismo mountain climbing
altero haughty, proud
alto high, tall; height, top; *dall'alto,* from on high
altrimenti otherwise
altro other
alunno pupil
alzare to lift
amare to love
ambascerìa, *also* **ambasciata** embassy, message
ambasciatore, *n.m.* ambassador
ambientarsi to get accustomed (to the ways and habits of a place)
ambiente, *n.m.* surroundings, atmosphere
ambizioso ambitious
Am*e*rica *Meridionale,* South America; *Centrale,* Central America
americano American
amico friend
ammalato sick, ill; patient
ammirare to admire
ammiratore, *n.m.* admirer
ammirazione, *n.f.* admiration
ammissione, *n.f.* admission
amore, *n.m.* love
anche also
***a*ncora** anchor
ancora again, still, yet, too, more
andare, *v.irr.* to go; *andar via,* to go away
Andrea Andrew
an*e*ddoto anecdote
anello ring
anfiteatro amphitheatre
***a*ngelo** angel
***a*nima** soul
animale, *n.m.* animal
***a*nimo** mind, soul, courage
***a*nitra** duck
annacquato watered down (of wine, etc.)
anno year
annoverare to enumerate
annunziare to announce
antichità antiquity
antico old, ancient
antipapa *(pl.* **antipapi**), *n.m.* antipope
antipasto hors-d'oeuvre, appetizer
antiquato antiquated, obsolete
anzi on the contrary, even
anziano aged,; aged person
anzitutto first of all
aperitivo aperitif
aperto open; *all'aperto,* in the open
l'apertura opening
apost*o*lico apostolic
ap*o*stolo apostle
apparecchiare to set, to get ready
apparecchiato set
apparire, *v.irr.* to appear
appartenente belonging, pertaining to
appartenere, *v.irr.* to belong
appassionare to impassion; *appassionarsi,* to become impassioned

appassionatamente passionately
appena hardly, scarcely, now, as soon as
appeso hung, suspended
appetito appetite
applaudire to applaud
applicare to apply
applicazione, *n.f.* application
apportare to bring
apprendere to learn
apprendistato apprenticeship
approfondire to deepen
approvazione, *n.f.* approval
aprile April
aprire, *v.irr.* to open
arabo Arab
aragonese of Aragon
archeologo archeologist
arcivescovo archbishop
arco arch
ardente eager
ardentemente eagerly
ardimentoso bold
arduo arduous, difficult
argento silver
arguzia humor, witticism
aria air, aria; *aria condizionata,* air conditioning
aristocratico aristocratic
arma *(pl.* **armi**), *n.f.* weapon
armatore, *n.m.* shipowner
armeno Armenian
armistizio armistice
armonia harmony
armonizzare to harmonize
arrabbiato enraged
arrivare to arrive
arrivederci good-bye
arrivo arrival
arruolarsi to enlist
arte, *n.f.* art
articolo article
artista *(pl.* **artisti, artiste**), *n.m.f.* artist
artistico artistic
ascensore, *n.f.* elevator
asciutto dry
ascoltare to listen, to hear
asiatico Asiatic; Asian
asilo shelter
aspettare to wait
aspetto appearance
aspirare to aim at, to aspire to
aspirazione, *n.f.* aspiration
assai much, very much
assegno per viaggiatori travelers' check
assente absent
assenza absence
asserire to affirm, to assert
assistere to attend, to assist, to help
associato associate
assolutamente absolutely
assumere, *v.irr.* to assume, to hire
assunto assumed, hired
astenersi to abstain
astrologia astrology
astrologo,-a astrologer
astronomia astronomy
astronomico astronomic
astuto cunning
ateo atheist; atheistical
atmosfera atmosphere
atomico atomic
atomo atom
attaccare to bind
attendere, *v.irr.* to wait
attento attentive
attenti! attention! Beware!
attenzione, *n.f.* attention, courtesy
attirare to attract
attivamente actively
attività activity
attore, *n.m.* actor
attraente attractive
attrarre, *v.irr.* to attract
attraverso across, through
attrazione, *n.f.* attraction
augurio wish; *auguri!,* Best wishes!
aumentare to increase
ausiliario, *also* **ausiliare** auxiliary
austriaco Austrian
autobiografia autobiography
autobus bus
automaticamente automatically
automobile, *n.f.* car, automobile
autostrada highway, motorway
autore, *n.m.* author
autorità authority

avanguardia vanguard
avanti before; *d'ora in avanti,* from now on; *avanti e indietro,* back and forth
avanzamento advancement
avanzare, avanzarsi to advance
avarizia avarice
avere to have, to possess; *avere il mal di mare,* to be seasick; *aver paura,* to be afraid; *aver fame,* to be hungry
aviogetto jet plane
avvenenza beauty, charm
avveniristico futuristic
avventura adventure
avventuroso adventuresome
avverbio adverb
avvertimento admonition, warning
avvertire to warn
avviare to set going, to start; *avviarsi,* to set out
avvocato lawyer
avvolgere, *v.irr.* to envelop
avvolto enveloped
azione, *n.f.* action
azzurro blue

B

babbo daddy, Dad
Babilonia Babylon
bacchetta rod, stick, wand, baton
baciare to kiss
bacio kiss
bagno bath; *stanza da bagno,* or *sala da bagno,* bathroom; *fare il bagno,* to bathe
baleno flash of lightning
ballo ball
bambino child
bambù *(pl.* **bambù**), *n.m.* bamboo
banana banana (fruit)
banano banana palm
bancherella street stall
banchetto banquet
banchiere, *n.m.* banker
barba beard
barbiere, *n.m.* barber; *Il Barbiere di Siviglia, The Barber of Seville*
barca boat
barchetta small boat
barcollare to stagger
barone, *n.m.* baron
barzelletta jest, joke, witticism
basilica basilica
Basilica di Massenzio Massentius' Basilica
bastare to be enough, to suffice
battaglia battle
battagliero warlike
battere to beat, to clap (hands), to knock
bel canto *see* canto
belletto rouge, make-up
bellezza beauty; *che bellezza!,* how beautiful!, how nice!
bello beautiful, handsome
benamato well-beloved
benchè although
bene, *n.m.* good
bene well, good; *voler bene,* to love
benefattore, benefattrice benefactor, benefactress
beneficenza charity
benessere, *n.m.* well-being, welfare
benvenuto welcome; *dare il benvenuto,* to welcome
benzina gasoline
bere, *v.irr.* to drink
Bergamo a city in central Lombardy, in N. Italy
bestia beast, animal
bevanda drink, beverage
bianco white
bibita drink, liquid refreshment
biblico biblical
biblioteca library
bicchière, *n.m.* drinking glass
bilancia scales
bilancetta small scales
biografia biography
biografo biographer
birra beer
bisbigliare to whisper, to gossip
biscotto cookie, biscuit
bisognare, *v.imp.* to be necessary
bisogno need; *aver bisogno di,* to be in need of

bocca mouth
bollettino meteorologico weather forecast
bomba bomb
bombardamento bombardment
bontà goodness, kindness, generosity
Borbone Bourbons
borbonico concerning the Bourbons
a bordo on board
borsa purse; *borsa di studio,* scholarship
bosco wood, forest
botola trapdoor
bottega shop
bottiglia bottle
bottoncino small button
braccio *(pl.* **braccia**) arm
Brasile Brazil
brasiliano Brazilian
bravo able, clever; *bravo!* fine!, very good!
breve brief
brigantino brig
brillantemente brilliantly
brillare to shine
brio vivacity, mirth
brioscia brioche (sweet bun)
bruciare to burn
brullo barren
bruto brute
brutto ugly
Budda Buddha
bue *(pl.* **buoi**), *n.m.* ox
bufalo buffalo; *Testa di Bufala,* Buffalo Head
buono good
buonumore, *n.m.* happy disposition, mood
burrasca storm
burrascoso stormy

C

cabina cabin
caccia hunt; *andare a caccia,* to go hunting
cacciare to hunt
cacciatore, *n.m.* hunter; *alla cacciatora,* hunter's style, ragout
caciotta a round shape of cheese
cadere, *v.irr.* to fall
caduta, *n.f.* fall
caffè, *n.m.* coffee, coffee house
caldo warm, hot; heat
caldura hot weather, heat
calibro caliber
calza stocking; *fare la calza,* to knit
Cambaluc modern Peking
cambiale, *n.f.* bill, promissory note; *La cambiale di matrimonio,* The Marriage Bill
cambiamento change
cambiare to change, to exchange
cambiato changed
cambio exchange
camera, *also* **camera da letto** bedroom
camerata club, society
cameriere, *n.m.* waiter
camicetta blouse
camicia shirt
camminare to walk
cammino way, road; journey
campagna country, countryside, campaign
campana bell
campestre rural, rustic
campo field
Campo dei Fiori flea market in Rome
canale, *n.m.* canal
candela candle
candelina little candle
candido candid
cane, *n.m.* dog
canfora camphor
canna cane; *canna da zucchero,* sugar cane
cannella cinnamon
cannocchiale, *n.m.* binoculars
canonizzare to canonize
cantante, *n.m.f.* singer
cantare to sing
cantata cantata
canto singing; *bel canto,* a smooth flowing style of singing
canzone, *n.f.* song
capace capable

capacità capability
capello hair; *i capelli,* hair
capire to understand
capitale, *n.f.* capital (of a nation)
capitanare to lead, to command
capitano captain
capitare to arrive, to happen
capitolo chapter
capo head, chief; *da un capo all'altro,* from one end to the other
capolavoro *(pl.* **capolavori**) masterpiece
cappellano chaplain
Capri an island in the Gulf of Naples
carattere, *n.m.* character, disposition
caratteristica characteristic
carburante, *n.m.* fuel
carburatore, *n.m.* carburetor
carcere, *n.m.* prison, jail
carciofo artichoke
carciofino small artichoke
cardinale, *n.m.* cardinal
carena keel
carezza caress
carezzare to caress, to fondle
caricare to load
caricatura caricature
carità charity
Carlo Charles
carne, *n.f.* flesh meat; *carne e ossa,* flesh and blood
caro expensive, dear
carretta cart
carrettiere, *n.m.* cart driver, carter
carriera career
carrozza carriage, coach
carta paper; *carta moneta,* paper money; *carta geografica,* map
cartografo cartographer
cartolina card; *cartolina illustrata,* picture postcard
casa house, home
Casamicciola a small town on the island of Ischia
cascante falling
cassetto drawer
cassettone, *n.m.* chest of drawers
castano brown, auburn
castello castle
Catai China
categoria category, class
cattedra chair, professorship
catturare to capture
catturato captured
Caucaso Caucasus
causa cause; *a causa,* owing to
cautela caution
cauto cautious
cava di marmo quarry
cavaliere, *n.m.* knight, gentleman
cavallo horse
c'è, ci sono there is, there are
celebrare to celebrate
celebre famous
celebremente famously
celeste heavenly; sky-blue, azure
cena supper
centimetro centimeter (equivalent to .3937 inch)
centrale central
in cerca di in search of
cercare to seek, to look for, to try
certo certain; certainly, of course
cespuglio bush, thicket
cestino small basket
cesto basket
Ceylon Ceylon
che who, whom, that, which, what, than; *che!,* what!
chi he who, one who, who
chiacchiera idle chat
chiamare to call; *chiamarsi,* to be named
chiaramente clearly
chiaro clear, bright
chiasso noise, uproar
chiave, *n.f.* key
chiedere, *v.irr.* to ask, to request
chiesa church; *la Chiesa,* the Catholic Church
chiudere, *v.irr.* to close, to shut
chiuso closed
ci us, to us, ourselves; of it, to it, there, here

ciambella ring-shaped bun (doughnut)
ciao hello!, hi!, how are you?, so long, good-bye
cibo food
cieco blind
cielo sky, heaven
cigno swan
cima peak
ci*m*elio relic
cimentarsi to try, to venture
Cina China
ci*n*ema movies; movie house
cinematog*r*afico cinematographic
cinese Chinese
cinquecento five hundred; *il Cinquecento,* the 16th Century
ciò this, that, it
cioccolata chocolate
cioccolatini, *n.pl.* chocolate drops
cioè that is
circa about, approximately
circo circus
circolare to circulate
circondare to surround
città city; *la Città Eterna,* the Eternal City; *la città del Vaticano,* Vatican City
cittadinanza citizenship
cittadino civic; citizen
civile civil
cl*a*ssico classic
clavic*e*mbalo harpsichord
clima *(pl.* **climi**), *n.m.* climate
clim*a*tico climatic
cognome, *n.m.* surname
coinvolgere, *v.irr.* to involve
coinvolto involved
colazione, *n.f.* breakfast, lunch
colle, *n.m.* hill
collega *(pl.* **colleghi, colleghe**), *n.m.f.* colleague
collegio boarding school
collezione, *n.f.* collection
collina hill
collo neck
Colombo, Crist*o*foro Christopher Columbus
col*o*nia colony
colonna column
colore, *n.m.* color
Colosseo the Colosseum
colpa fault, guilt, crime
colp*e*vole guilty
colpire to strike, to hit
colpito hit
colpo blow, hit
coltello knife
coltivare to cultivate
coltivazione, *n.f.* cultivation
colto educated, cultured
comandare to command
comb*a*ttere to combat, to fight
combattimento combat, battle
come as, like, how
c*o*mico funny, comical; comic
cominciare to begin
comitiva group, company, party (of people)
commercio commerce, trade
comodamente comfortably
c*o*modo convenient, comfortable
compagnia company
compagno comrade
compasso compass
c*o*mpiere to accomplish; to reach (age)
compilare to compile
compiuto accomplished, reached
compleanno birthday
completamente completely
componimento composition, essay
comporre, *v.irr.* to compose
compositore, *n.m.* composer
composizione, *n.f.* composition
composto composed; compound (of verbs)
comprare to buy
compr*e*ndere, *v.irr.* to understand, to comprise
compreso understood, included
comune common; municipality
comunicare to communicate, to inform
con with
conc*e*dere, *v.irr.* to allow, to grant
concepire to conceive
concertare to arrange

concerto concert
concilio council
concittadino fellow-citizen
concludere, *v.irr.* to conclude
concorso competition; *fare un concorso,* to participate in a competition
condannare to condemn
condividere, *v.irr.* to share
condizionale, *n.m.* conditional
condizione, *n.f.* condition
condottiero leader, captain
condotto led
condurre, *v.irr.* to lead, to take
confessare to confess
confezionare to manufacture
conflitto conflict
conforto comfort
confusione, *n.f.* confusion
congiuntivo subjunctive
congregazione, *n.f.* congregation
coniglio rabbit
coniugare to conjugate
coniugazione, *n.f.* conjugation
conoscenza acquaintance, knowledge, notion
conoscere, *v.irr.* to know, to meet, to be acquainted with
conquistare to conquer
consecutivo consecutive
consegnare to deliver
conservare to save
conservatorio conservatory
considerare to consider
considerevole considerable
consigliare to advise; *consigliarsi,* to consult
consultare to consult
consiglio advice
consumare to wear out
contadino peasant, farmer
contatto contact
conte, *n.m.* count, earl
contemporaneo contemporary
contenente containing
contenere, *v.irr.* to contain
contento content
continente, *n.m.* continent
continuamente continually
continuare to continue
contrario opposite; *al contrario,* on the contrary
contrarre, *v.irr.* to contract, to catch
contro against
controllare to test
convenire, *v.irr.* to come together, to agree
conversazione, *n.f.* conversation
convertire to convert
convincere, *v.irr.* to convince
convinto convinced
convinzione, *n.f.* conviction
convitato dinner guest
convocare to convoke
convocazione, *n.f.* convocation
copernicanesimo the Copernican system
copernicano Copernican
coperta deck; blanket
copiare to copy
copricapo headgear, hat
coprire, *v.irr.* to cover
coraggioso courageous
corno *(pl.* **corni,** *m.,* **corna,** *f.), n.m.* horn
corpetto waistcoat, vest
corpo body
corredo trousseau
correre, *v.irr.* to run
corridoio corridor
corrispondere, *v.irr.* to correspond
corruzione, *n.f.* corruption
corte, *n.f.* court
corteo retinue
cortile, *n.m.* courtyard
cosa thing; *cosa,* or *che cosa?* what?
così so, thus
cosmetico cosmetic
cospirazione, *n.f.* conspiracy, plot
costa coast
costruire to build
costume, *n.m.* custom, usage; *costume da bagno,* bathing suit
creare to create
creatore, *n.m.* creator
creatura creature
credenza belief
credere to believe, to think
credo creed

cremisino crimson, deep purplish red
crescendo crescendo (musical term)
crescere, *v.irr.* to grow
Crimea a region of the Ukraine
cristiano Christian
critico critic
cronologico chronological
cuccagna land of plenty, Cockaigne
cucchiaio spoon
cucina kitchen
cucinare to cook
cucire to sew
cucitura seam
cugino cousin
cui, which, whom
culturale cultural
cuore, *n.m.* heart; *Sacro Cuore,* Sacred Heart; *stare a cuore,* to be interested in the welfare of
cura care, treatment; *fare la cura,* to take a treatment
Curia romana the Roman See
curiosità curiosity

D

da as, at, by, from, since
daccapo over again
dama lady, noblewoman
damasco damask (a fabric of linen, wool, or silk)
damigella maid of honor, maid in waiting
danese Danish
dappertutto everywhere
dapprima at first
dare, *v.irr.* to give; *dare le dimissioni,* to resign, to tender one's resignation
dattero date-palm (also the fruit)
davanti before, in front of
davvero indeed, really
debole weak
debuttare to make a first appearance or attempt
decadenza decadence, decay
decidere, *v.irr.* to decide
decimo tenth
decisione, *n.f.* decision
decisivo decisive
dedicarsi to devote oneself
deficiente lacking, deficient
degno worthy
del of the
deluso disappointed
denaro, *also* **danaro** money
deporre, *v.irr.* to lay down
depravazione, *n.f.* depravation
derelitto derelict
derivare to draw
descritto described
descrivere, *v.irr.* to describe
descrizione, *n.f.* description
desertico pertaining to the desert, of the desert
deserto desert; deserted
desiderare to wish
desiderio desire
desideroso desirous
destarsi to awaken
destinare to destine
destinato destined
destinazione, *n.f.* destination
destino destiny
destra right; *a destra,* on the right
determinare to determine
dettaglio detail
dettare to dictate
dettato dictation
detto said, called
di of
dialogo dialogue
diamante, *n.m.* diamond
diavolo devil
dicembre, *n.m.* December
dichiarare to declare
diciannove nineteen
diciassette seventeen
dietro behind
difatti in fact
difensore, *n.m.* defender
difesa defense
difetto defect
differenza difference; *a differenza di,* unlike
difficile difficult
difficoltà difficulty
diffondere, *v.irr.* to spread

digiuno fasting, fast
dignitoso dignified
diletto delight
diligentemente diligently
diligenza diligence
dimenticare, dimenticarsi to forget
diminuire to diminish
diminutivo diminutive
dimissione, *n.f.* resignation; *dare le dimissioni,* to resign, to tender one's resignation
dimostrare to demonstrate, to show
din*a*mica dynamics
din*a*mico dynamic
dio god; **Dio,** God
dipendenza dependence
dip*i*ngere, *v.irr.* to paint
dipinto painted; painting
dire, *v.irr.* to speak, to tell, to say
diretto direct, straight; directed
direttore, *n.m.* director; *direttore d'orchestra,* orchestra conductor
direzione, *n.f.* direction
dir*i*gere, *v.irr.* to direct, to conduct
disastro disaster
discendente, *n.m.* descendant
disc*e*ndere, *v.irr.* to go down, to descend
disc*e*polo disciple, pupil
disci*o*gliere, *v.irr.* to dissolve
disciplina discipline
disco disc; phonograph record
disegnare to draw
disegno design, drawing
disfare, *v.irr.* to undo, to unmake
disgr*a*zia misfortune
disimpegnare to disengage
disobbedire to disobey
disordinatamente inordinately
dispens*a*rio dispensary
disperarsi to despair
disperato desperate, hopeless
distaccarsi to part, to separate
dist*i*nguersi, *v.irr.* to distinguish oneself
distintamente distinctly
distinto distinguished
distribuire to distribute
distruttivo destructive
distrutto destroyed
disturbare to disturb, to trouble
dittatore, *n.m.* dictator
dittatura dictatorship
diva film star
divenire, *v.irr.* to become
diventare to become
diverso different, various
divertente amusing
divertirsi to amuse oneself, to enjoy oneself
div*i*dere, *v.irr.* to divide
divino divine
diviso divided
divorare to devour
divoto, *also* **devoto** devout, pious
dizionario dictionary
documento document
dogana customs
dogmatico, *also* **dommatico** dogmatic
dolce sweet, mild; *i dolci,* sweets, sweetmeats, cakes
d*o*llaro dollar
doloroso sorrowful, painful
domanda question
domandare to ask
domani tomorrow
dom*e*nica Sunday
dominare to dominate, to rule
dom*i*nio rule, domain
donna woman
dono gift
dopo after, afterwards, then
dopoguerra post-war; post-war period
doppio double
dorato golden
dormire to sleep
dotato endowed
dotto scholar; learned
dottore, *n.m.* doctor, physician
dottrina doctrine
dove where
dovere, *v.irr.* to be obliged, must; to owe
dovuto due
dubbio doubt; *senza dubbio,* doubtless

due two; *tutti e due,* both
duecento two hundred; *il Duecento,* the 13th century
duemila two thousand
dunque then, so
duomo cathedral
durante during
durare to last
durata duration
duro hard, harsh, difficult

E

e, ed and
ebreo Jew; Jewish
eccetera etcetera, and so forth, and so on
ecco here is, here are
echeggiare to resound, to echo
edificio building
educare to educate, to bring up, to rear
egli he
egregiamente very well, splendidly
eh! ah!
elefante, *n.m.* elephant
elegante elegant
eleggere, *v.irr.* to elect
elemosina alms, charity
elezione, *n.f.* election
eliocentrico heliocentric
ella she
emergere, *v.irr.* to emerge
emigrante, *n.m.f.* emigrant
emigrare to emigrate
eminente eminent, lofty
enciclica encyclical (letter)
enciclopedia encyclopedia
energia energy
enorme enormous, immense
entrambi,-e both
entrare to enter
entrata entrance
entro within
entusiasmo enthusiasm
entusiastico enthusiastic
epidemia epidemic
episodio episode
episcopaliano Episcopalian
epoca epoch, era
Epomeo Epomeus, a mountain on the island of Ischia
eppure, *also* **eppur** and yet, nevertheless
era era, epoch
eretto erect, upright
eroe, *n.m.* hero
eroico heroic
errore, *n.m.* error, mistake
eruzione, *n.f.* eruption
esclamare to exclaim
esecuzione, *n.f.* execution
eseguire to execute
esempio example; *per esempio,* for example, for instance
esemplare exemplary; model
esercitare to exert, to exercise
esercito army
esercizio exercise
esilio exile
esitazione, *n.f.* hesitation
esordire to begin, to make one's début
esotico exotic
esperienza experience
esperimento experiment
esplodere to explode
esplorare to explore
esploratore, *n.m.* explorer
esploso exploded
esporre, *v.irr.* to expose, to declare
espressamente expressly
espressione, *n.f.* expression
espressivo expressive
esprimere, *v.irr.* to express; *esprimersi,* to express oneself
essenza essence
essere to be
esso he, it, him
est East
estate, *n.f.* summer; *d'estate,* or, *in estate,* in the summer
estendere, *v.irr.* to extend
estero foreign countries; *all'estero,* abroad
estivo of summer
Estremo Oriente Far East
esuberante exuberant

età age
***e*tnico** ethnic
Europa Europe
europeo European
evento event
evitare to avoid

F

fa ago
f*a*bbrica factory
fabbricare to build
faccenda affair, work; *faccende di casa,* housework
facchino porter
faccia face; *di faccia,* across
f*a*cile easy
fallire to fail
falso false, wrong
fama fame
fame, *n.f.* hunger; *aver fame,* to be hungry
fam*i*glia family
familiare familiar
familiarmente familiarly
famoso famous
fanciulla girl
fanciullezza childhood
fango mud; *fare il fango,* to take a mud bath
fantasia imagination, fancy
fantasticherìa day-dream
fare, *v.irr.* to do, to make
farsa farce
fascista, *n.m.f.* Fascist
fase, *n.f.* phase
fata fairy
fatica fatigue, pain, trouble
faticoso fatiguing, exhausting
fatto done, made; fact
fausto lucky, happy
f*a*vola fable, tale, story
favoloso fabulous, legendary
favore, *n.m.* favor; *per favore,* please
favorito favorite
febbraio February
febbre, *n.f.* fever
febbrile feverish
fede, *n.f.* faith
fedele faithful
fedelmente faithfully
Federico Frederick
felice happy
Felice Felix
felicità happiness
femminile feminine
fen*o*meno phenomenon
feria holiday (esp. public)
ferire to wound
fermamente firmly
fermare, fermarsi to stop
fermezza firmness
f*e*rmio fermium
feroce ferocious, wild
ferragosto Feast of the Assumption (August 15) when the summer holiday season begins in Italy
ferro iron
fervente fervent, zealous
festa festival, festivity; party celebration
festeggiare to celebrate
festosamente joyfully
fiaba fable
fiabesco fable-like
fiamm*i*fero match
fidarsi to trust
fid*u*cia confidence, trust
fifone (f. fifona) coward (used jokingly)
figlia daughter
figlio son
figliuola daughter, girl
figliuolo son, boy
figura figure, form, appearance
filare to spin
filarm*o*nico philharmonic
filippino native of the Philippines
filo thread
fil*o*logo philologist
filosofia philosophy
finale final
finalmente at last, finally
finanzi*a*rio financial
finchè until; as long as
fine, *n.f.* end

finestra window
finestrella little window
fingere, *v.irr.* to feign, to pretend
finire to finish
fino, *also* **fin** until, as far as, even; fine
fiore, *n.m.* flower
fiorentino Florentine
Firenze Florence, a city in Central Italy
fischiare to hiss, to whistle
fisica physics
fisicamente physically
fisico physicist; physical
fissare to stare at
fitto thick
fiume, *n.m.* river
flora flora
flottiglia fleet of small ships
fola fable
folclore, *also* **folklore,** *n.m.* folklore
folla crowd
follemente madly
fondare to found
fondatore *n.m.* founder
fondo bottom, end
fonte, *n.f.* source, fountain
forchetta fork
forestiere, *also* **forestiero** foreigner, visitor, stranger
forma form, mold
formaggio cheese
formulare to formulate, to set forth
Foro Romano Roman Forum
forse perhaps
forte strong; strongly, loudly
fortificazione, *n.f.* fortification
fortuna fortune, luck
fortunato fortunate; *fortunatissimo,* very pleased (to meet you)
forza strength; *forza elettrica,* electric power
fotografia picture; *fare una fotografia,* to take a picture
fra among, between, within
fragile fragile, frail
Francesca Frances
San Francesco Saint Francis
francese French
Francia France
Franco Frank
francobollo postage stamp
frantumare to smash, to shatter
frase, *n.f.* sentence, phrase
fratello brother
frattempo interval, meanwhile; *nel frattempo,* in the meantime
fresco cool, fresh; *prendere il fresco,* to cool off
fretta haste, hurry; *aver fretta,* to be in a hurry
frigorifero refrigerator
fritto fried; *fritto misto,* mixed grill
fronzolo gew-gaw, frill
frutice, *n.m.* shrub
frutta *(pl.* **frutta, frutte***)* fruit
frutto fruit
fuggente fleeing
fuggire to flee
fune, *n.f.* rope
fungo mushroom
funzione, *n.f.* function
fuori out, outside, out of doors
furfante, *n.m.* rogue, scoundrel
furia frenzy, fury
furioso furious
furto theft
futuro future; *futuro anteriore,* future perfect

G

gaiezza gaiety
gaio cheerful, joyful
galoppare to gallop
gambero shrimp, crayfish
gara competition, contest
garantire to guarantee
garibaldino Garibaldi's follower
garofano carnation
gelato ice cream
gelosia jealousy
geloso jealous
gemma gem
generale, *n.m.a.* general
generalmente generally

genere, *n.m.* kind, genre, species, class; *di ogni genere,* of every description
genero son-in-law
genio genius
genitori parents
gennaio January
gentile kind
Genova Genoa, a seaport in N.W. Italy
genovese Genoese, of Genoa
gente, *n.f.* people, folk
gentiluomo *(pl.* **gentiluomini***)* gentleman
geografia geography
Germania Germany
gerundio gerund
gesso plaster, chalk
gettare to throw; *gettare un grido,* to utter a cry
gheriglio kernel (of a nut)
ghiottone (*f.* ghiottona), *n.m.* glutton
ghirlanda garland
già already
giacca jacket, coat
giallo yellow
Giappone Japan
giapponese Japanese
giardino garden
Giava Java
ginepro juniper
ginocchio knee; *in ginocchio,* on one's knees
giocare, *also* **giuocare** to play
giocattolo toy
giocondità jocundity, mirth
giocondo gay, joyous
gioia joy
gioiello jewel, gem
giornalista *(pl.* **giornalisti, -e***)*, *n.m.f.* journalist
giornata day (duration of)
giorno day
giovane, *also* **giovine,** *n.m.f.a.* young man, young woman; young
giovanile youthful
Giovanni John
giovanotto young man
Giove Jove, Jupiter
giovedì Thursday
gioviale jovial, jolly
Giovine Italia *Young Italy* (a secret society during the Risorgimento)
giovinetto youth, young boy
giovinezza youth
girare to circulate, to turn; to shoot a film
giro tour, excursion; *prendere in giro,* to tease
giù down, below; *su per giù,* more or less
giudizio judgment, decision
giugno June
giuoco, *also* **gioco** game, play; *Giuochi olimpiaci,* Olympic games
gladiatore, *n.m.* gladiator
gli the; to him
Gobi a desert in E. Asia, mostly in Mongolia
godere to enjoy, to rejoice
goffamente awkwardly
golfo bay, gulf
gomma rubber, tire
gondola gondola
gonfaloniere, *n.m.* gonfalonier, standard-bearer
governare to govern
governatore, *n.m.* governor
governo government
gradino step
grafite, *n.f.* graphite
grammatica grammar
grammofono phonograph
granaio barn
grande, *also* **gran** great, large, big
grandezza size, greatness
grandinare, *v.imp.* to hail (weather)
granduca Grand Duke
grato grateful
grave, *n.m.a.* weight; serious
gravemente seriously
grazia grace
grazie thanks, thank you; thanks to
grazioso charming, pretty
Grecia Greece
greco Greek
gregge, *n.m.* flock

gridare to scream
grido scream
grifone, *n.m.* griffin
grigio gray
grisaglia grisaille, a painting technique in gray tones
grissino bread-stick
grosso big
gruppo group
guadagnarsi to earn
guardare to look
guardia guard; *far la guardia,* to stand guard
guerra war
guerriero warlike
Guglielmo William
guida guide
gustare to taste, to relish

H

Hormuz a strait between Iran and Trucial Oman

I

Iddio God
id*i*llico idyllic
idiota *(pl. m.* **idioti -e**), *n.m.f.* idiot
idroplano hydroplane; pertaining to hydroplane
idrost*a*tico hydrostatic
ieri yesterday
ignoto unknown
illuminare to illuminate, to enlighten
illuminato illuminated, enlightened
illuminazione, *n.f.* lighting
illustrato illustrated
illustrazione, *n.f.* illustration
illustre illustrious
imbarcarsi to embark
imbarcazione, *n.f.* boat, craft
imbecille, *n.m.f.* imbecile
immaginare to imagine
immaginativo imaginative
immatricolarsi to register
immediatamente immediately
immenso immense
immigrante, *n.m.f.* immigrant
imparare to learn
impaurito frightened
impazienza impatience
impedire to hinder
impegnarsi to get involved, to engage
imperativo imperative
imperatore, *n.m.* emperor
imperfetto imperfect; past indefinite
imperfezione, *n.f.* imperfection, flaw
impero empire
***i*mpeto** impetus
impiegare to use, to employ
impiegato employee, clerk
impiego use, employ
impietosito filled with pity
importante important
importare to matter
impresa enterprise
imprigionato imprisoned
improvvisamente suddenly
improvvisatore, *n.m.* improviser
improvviso sudden; *all'improvviso,* suddenly
inadeguato inadequate
inalazione, *n.f.* inhalation
inaspettatamente unexpectedly
inaugurare to inaugurate
incantare to enchant
incant*e*vole enchanting
incanto enchantment, spell; *per incanto,* by magic
incapace incapable
incaricato lecturer
inc*a*rico charge
inconsol*a*bile inconsolable
incontrare to meet
incoraggiare to encourage
indeterminativo indefinite
indiano Indian
indicativo indicative
indicato suitable
***i*ndice,** *n.m.* index
indietro behind, back; *all'indietro,* backwards; *sull'indietro,* on the back
indimentic*a*bile unforgettable

indipendentemente independently
indipendenza independence
indirizzo address, direction
individuo individual
indossare to wear
indovinare to guess
inesauribile inexhaustible
infatti in fact, indeed
inferno hell
infiammazione, *n.f.* inflammation
infinito infinitive; infinite
influenza influence
informazione, *n.f.* information
ingegnere, *n.m.* civil engineer
ingegno talent
Inghilterra England
inghiottire to swallow
inglese English
ingratitudine, *n.f.* ingratitude
ingrato ungrateful
inimitabile inimitable
iniziare to begin
inizio beginning
innaffiare to water, to sprinkle
innamorarsi to fall in love
innanzi before, forward
innato innate, inborn
innocenza innocence
innovatore, *n.m.* innovator
innumerevole innumerable
inoltre besides
impossibilità impossibility
inquinamento pollution
inquisitore, *n.m.* inquisitor
inquisizione, *n.f.* inquisition; *l'Inquisizione,* the Inquisition
insegnamento teaching
insegnare to teach
inseguire to pursue
inserire to insert
insieme together; whole
insigne renowned, illustrious
insistente insistent
insistenza insistence
insistere to insist
insolito unusual
insomma in short
insorgere, *v.irr.* to rise, to rebel
insormontabile insurmountable
insurrezione, *n.f.* insurrection, uprising
intanto meanwhile
intatto intact
intelligente intelligent
intelligenza intelligence
intendere to intend
intenso intense
interessante interesting
interessarsi to take interest
internazionale international
interno interior
interpretare to interpret
interprete, *n.m.f.* interpreter
interrogare to interrogate, to question
intimo intimate
intitolare to entitle
intitolato entitled
intorno around, about
intraprendenza initiative
intraprendere, *v.irr.* to undertake
intravedere, *v.irr.* to have a glimpse of
intrecciato interwined
intrepidamente intrepidly
intrepidezza intrepidity
invece instead, rather
investigare to investigate
inviare to send
invidia envy
invidioso envious
invitare to invite
invito invitation
inzuppato drenched
ira anger
irlandese Irish
irradiare to irradiate
irregolare irregular
ischerzo *see* scherzo
Ischia an island in the Gulf of Naples
iscrizione, *n.f.* inscription; registration
isocronismo isochronism
isola island
isolamento isolation
isolare to isolate
ispirare to inspire

ispirazione, *n.f.* inspiration
istante, *n.m.* instant
istituto institute
istituzione, *n.f.* institution
istruzione, *n.f.* education
Italia Italy
italiano Italian
italo-americano **Italian-American**
itinerario itinerary

K

Khan, Gran Khan the Emperor of China

L

labbro *(pl.* **labbra***)* lip
laccetto little lace
lacrima, *also* **lagrima** tear
laggiù down there
lago lake
lamentarsi to complain
lampada lamp
lanciare to hurl
largamente widely
lasciare to leave, to let
latino Latin
lato side
latte, *n.m.* milk
laurea doctorate
lauro laurel
lavorare to work
lavoratore, *n.m.* workman
lavoro work
leccornia tidbit, dainty morsel
legare to tie, to attach
leggenda legend
leggendario legendary
leggere, *v.irr.* to read
leggiadrìa comeliness
lei she, her; you
lento slow
leone, *n.m.* lion
Leone Leo
leopardo leopard
lettera letter; *belle lettere,* literature
letterato man of letters; author
letteratura literature
letto bed; read
lettore, *n.m.* reader; lecturer
lettura reading
levante east; *il Levante,* the Levant
levare to lift, to take off
lezione, *n.f.* lesson
li them
lì there
libbra pound (weight)
liberale liberal
liberamente freely
liberare to free
liberarsi to get rid of
liberazione, *n.f.* liberation
libero free
libertà liberty
libreria bookstore
libro book
librone, *n.m.* large book
limitare to limit
limonata lemonade
limpido clear
lingua tongue, language; *lingua d'oïl,* old French
lino flax, linen
lira lira (Italian monetary unit)
lista list, cast
litro liter (equivalent to 1.05667 U.S. liquid quarts)
liuto lute
località place
logorare to wear out
logoro worn out
Lombardia Lombardy, a region in N. Italy
lontano far
San Lorenzo Saint Lawrence
loro them; you
lotta struggle
luccicare to glitter
luce, *n.f.* light
Lucibello Lucifer, Satan
lucido bright
lucrativo lucrative, profitable
luglio July
lui he, him
luna moon
lungo long; *di gran lunga superiore,* far superior

lungomare, *n.m.* coastline
luogo place; *aver luogo,* to take place
lupo wolf
lussuoso luxurious
lustro shining

M

ma but, however
macchia spot; *macchia solare,* sunspot
Madagascar the island of Madagascar, today Malagasy Republic
madre mother
maestà, *n.f.* majesty
maestro master, teacher, conductor, composer
maggio May
maggioranza majority; *in maggioranza,* for the most part
maggiore major, bigger, older, eldest; *la maggior parte,* the majority
magia magic, enchantment
magico magic
magistrale pertaining to teaching
magnetico magnetic
magnifico magnificent; *Lorenzo il Magnifico,* Lawrence the Magnificent
magro thin
mai ever, never
Malacca Malacca, a state in Malaysia
malanno illness
malato patient; ill
malattia illness, disease
male, *also* **mal,** *n.m.* evil, illness, ache; badly; *mal di mare,* seasickness
malfermo unsteady
malinconico melancholy
mamma mommy; *mamma mia!,* my goodness!, oh! my!
mandare to send
mangiare to eat; *il mangiare,* food
maniera manner
manifestarsi to appear
mano *(pl.* **mani**), *n.f.* hand
mantenimento maintenance, sustenance, support
maraviglia *see* meraviglia
Marche Marches, a region in Central Italy, on the Adriatic sea
marchese, *n.m.* marquis
marciapiede, *n.m.* sidewalk
Marco Mark
mare, *n.m.* sea; *Mar Rosso,* Red Sea; *alto mare,* high seas; *mare grosso,* heavy sea
Margherita Margaret, Marguerite
marinaio sailor
marinaresco sailor-like
marito husband
marittimo maritime
marmo marble
marmoreo marble-like
Marsiglia Marseilles
marzo March
maschera mask
maschio male
maschile masculine
massaia housewife
massimo greatest, highest, largest
matematica mathematics
matematico mathematician
materiale material
matrimonio marriage
Matteo Matthew
medicina medicine
medico (*pl.* **medici**) physician; medical
medio medium
Medio Evo Middle Ages
Medio Oriente Middle East
Mediterraneo Mediterranean
meglio better
melodia melody
memoria memoir, memory; *a memoria,* by heart
meno less, least, fewer; *meno male,* thank goodness
mensa table
mentre while
meraviglia, *also* ***maraviglia*** wonder
meravigliarsi, *also* ***maravigliarsi*** to wonder

meraviglioso, *also* ***maraviglioso*** wonderful
mercante, *n.m.* merchant
mercato market
merce, *n.f.* merchandise, wares
Mergellina a suburb of Naples by the sea
meridionale Southern
meritare to deserve
merito merit
mese,*n.m.* month
messaggero messenger
messaggio message
Messico Mexico
mestiere, *n.m.* trade
mèta goal, aim
metà half, half-way, middle
meteorologico meteorological; *bollettino meteorologico,* weather forecast
metodico methodical
metro meter (1 meter is equal to 39.37 inches)
metropoli, *n.f.* metropolis
mettere, *v.irr.* to put; *mettersi,* to start out, to put on
mezzano middle
mezzanotte,*n.f.* midnight
mezzo means; half
mezzogiorno noon
micidiale deadly
migliaio *(pl.* **migliaia,** *f.)* thousand
migliorare to improve
Milano Milan, a city in central Lombardy in N. Italy
miliare *see* pietra
milione million
mille thousand; *i Mille,* Garibaldi's thousand
millennio millenium
minerale mineral
minestra soup
minimo least, smallest
minore minor, younger
minuto minute
minuziosamente minutely
minuzioso minute
mio my, mine
mirare to aim at
missile, *n.m.* missile
missionario missionary
missione, *n.f.* mission
mistero mystery
misterioso mysterious
misura measure
mitologia mythology
moda fashion; *di moda,* fashionable
modello model
modernizzare to modernize
moderno modern
modesto modest
modo manner, way, mood (of verbs); *di modo che,* so that
moglie, *n.f.* wife
moina fondling
molo pier, quay
molto very; much, many
momento moment
monacale monastic
mondano worldly
monarchia monarchy
mondiale world-wide
mondo world
monoatomico monoatomic
monopolio monopoly
montagna mountain
montagnoso mountainous
montare to mount
monte, ***n.m.*** mountain
monsignore, *n.m.* prelate; *monsignor,* title of a prelate
morale moral
moralmente morally
morire, *v.irr.* to die; *morire dalla voglia,* to long for
mormorare to whisper
morte, *n.f.* death
morto dead; *i morti,* the dead
Mosè in Egitto *Moses in Egypt*
mostrare to show
mostro monster
moto movement, motion; uprising
motorino small motor
motto saying, joke
movimentato eventful
movimento movement
mozzo cabin boy
mucchietto small heap

mulo donkey
muoversi, *v.irr.* to move
muro *(pl.* **muri,** *m.,* **mura,** *f.)* wall
museo museum
musica music
musicale musical
musicista *(pl.* **musicisti, -e** *),* *n.m.f.* musician, composer
muso muzzle, snout
mussulmano Mohammedan

N

Nanchino Nanking
Napoleone Napoleon
napoleonico Napoleonic
napoletano Neapolitan
Napoli Naples, a seaport in S.W. Italy
narrare to narrate
nascere, *v.irr.* to be born
nascita birth
nascondere, *v.irr.* to hide
nascondiglio hiding-place
nascosto hidden
nastro ribbon
natale native
nativo native
nato born
natura nature
naturale natural; illegitimate
naturalmente of course
nave, *n.f.* ship; *navi di cabotaggio,* ships for coasting trade
navigare to navigate
nazionale national
nazione, *n.f.* nation
ne of him, of her, of it, of them; some
nè . . . nè neither . . . nor
neanche not even
necessità necessity
negozio shop, store
nel, nella, nei, nelle, negli in the
nemico enemy
nemmeno not even
neonato new-born infant
neorealistico neorealistic
nero black
Nerone Nero
nessuno nobody
nettezza neatness
Nettuno Neptune, Roman god of the sea
neutrone, *n.m.* neutron
neve, *n.f.* snow
nevicare, *v.imp.* to snow
Niccolò Nicholas
niente nothing
nipote, *n.m.f.* nephew, niece, grandchild, grandson, granddaughter
nobile noble
nocciola hazel-nut
noce, *n.f.* walnut; *noce moscata,* nutmeg
nome, *n.m.* noun, name
nomina nomination
nominare to name, to speak of
non not; *non . . . più,* no longer
nonna grandmother
nonni grandparents
nonostante notwithstanding, in spite of
nord north
normale normal
norvegese Norwegian
nostalgìa nostalgia, homesickness; *avere la nostalgìa,* to be homesick
nota note
notevole noteworthy
notizia news, report, information
notare to notice, to note
noto known
notte, *n.f.* night
novantenne ninety years old
novecento nine hundred; *il Novecento,* the 20th century
novembre November
novantesimo ninetieth
novità novelty
nozione, *n.f.* notion
nozze, *n.f.pl.* wedding
nucleare nuclear
nulla nothing
numero number
numeroso numerous

nunzio, *also* **nuncio** papal ambassador
nuotare to swim
nuoto swimming
nuovamente again
nuovo new; *di nuovo,* again
nuvola cloud

O

o, od or
obbediente obedient
obbedire to obey
occasione, *n.f.* occasion, opportunity
occhiale, *n.m.* binoculars
occhiata glance, look
occhio eye
occidentale western, Westerner
occidente, *n.m.* west, the West
occupare to occupy; *occuparsi,* to apply oneself
occupazione, *n.f.* occupation
oceano ocean; *l'Oceano Pacifico,* the Pacific Ocean; *l'Oceano Indiano,* the Indian Ocean
odoroso perfumed
offrire to offer
oggetto object
oggi today
ogni every
ognuno each one
ohimè! alas!
oïl oïl, old French language
Olanda Holland
olandese Dutch
oleandro oleander
olimpiaco olympic
olio oil; *sott'olio,* packed in oil
oliva olive
oltre beyond; besides
ombra shadow, shade
ombrello umbrella
ombrellone, *n.m.* beach umbrella
onesto honest
onorare to honor
onore, *n.m.* honor
opera opera, work of an author; *opera buffa,* comic opera
opinione, *n.f.* opinion
opporre, *v.irr.* to oppose; *opporsi,* to be opposed
opposto opposed
opulento opulent
opulenza opulence
ora hour, time; now; *ora ora,* just now
oramai, *also* **ormai** by now
orchestra orchestra
orchestrazione, *n.f.* orchestration
ordinare to order
ordinazione, *n.f.* ordination
orfanotrofio orphanage
orientale oriental
orientamento orientation
oriente, *n.m.* East, orient; *Estremo Oriente,* Far East; *Medio Oriente,* Middle East
originale original
originalità originality
originalmente originally
origine, *n.f.* origin, extraction
orizzontale horizontal
orlo hem
ornamentale decorative, ornamental
oro gold
orologio watch
orrore horror
ortodosso orthodox
osare to dare
oscillare to rock, to oscillate
oscillazione, *n.f.* oscillation
oscuro dark
ospedale, *n.m.* hospital
ospite, *n.m.f.* guest, host
osservatore, *n.m.* observer, spectator
osservazione, *n.f.* observation
osso *(pl.* **ossa,** *f.)* bone
ottantesimo eightieth
ottenere, *v.irr.* to obtain
ottico optical
ottobre October
ottocento eight hundred; *l'Ottocento,* the 19th century
ovest West

P

pacatezza staidness, calmness
pace, *n.f.* peace
Pacifico Pacific
Padova Padua, a city in N.E. Italy
padre father
padrone, *n.m.* boss, master
paesaggio landscape
paese, *n.m.* country, land, region, town, village
pagano pagan
pagare to pay
pagina page
pagnotta loaf of bread
paio pair
palazzo palace
pallido pale
palma palm (tree)
palmo palm (of the hand); *restare con un palmo di naso,* to be disappointed
pane, *n.m.* bread
pannello panel
panno cloth
Panteon, *also* **Pantheon** Pantheon
Paolo Paul
papa *(pl.* **papi**), *n.m.* pope
papato papacy
paradiso paradise
paragonare to compare
parassita *(pl.* **parassiti**), *n.m.* parasite
parco frugal; sparing
parecchio a good deal, a good many; several, much
parente, *n.m.f.* relation
parere, *v.irr.* to seem, to appear
parete, *n.f.* wall
Parigi Paris
parlare to speak, to talk
parmigiano Parmesan, of Parma
parola word
parte share, part, side; *in parte,* partly; *la maggior parte,* the majority
partecipare to participate
partenza departure
particella particle
participio participle
particolarmente particularly
partire to leave
partito party
Pasqua Easter
passante, *n.m.f.* passer-by
passaporto passport
passare to pass
passato past; present perfect subjunctive or conditional
passato prossimo present perfect
passato remoto past absolute, past definite
passeggero passenger
passeggiare to walk
passeggiata walk; *fare una passeggiata,* to take a walk
passerella gangway
passione, *n.f.* passion
pasta macaroni product of various shapes and dimensions
pastasciutta any variety of macaroni with sauce
pasticcerìa pastry shop
pasticciere, *n.m.* baker
pasto meal, repast
pastorale pastoral
pastore, *n.m.* shepherd
pastorizia stock-breeding
patire to suffer
patria native country
patriarca *(pl.* **patriarchi**), *n.m.* patriarch
patriota *(pl.* **patrioti, -e**), *n.m.f* patriot
patto pact
paura fear; *aver paura,* to be afraid
pavimento floor
pavone, *n.m.* peacock
paziente patient
peccato sin
peccatore, *n.m.* sinner
Pechino Peking
pellicola film
pelo hair, coat (of animals)
pena punishment; *pena di carcere,* prison punishment
pendolo pendulum
penisola peninsula
penna pen, quill

pensare to think
pensiero thought
pepe,*n.m.* pepper
per for, through, by, during, on account of, in order to
perchè because, why
perciò therefore
perdere, *v.irr.* to lose
perdinci! by Jove!
perdita loss
perdonare to forgive
perdono forgiveness
perfettamente perfectly
perfezionare to perfect
perfezione, *n.f.* perfection
perfino, *also* ***persino*** even
pericolo danger
periodo period
peripezia vicissitude
perla pearl
permesso permission; permitted
permettere, *v.irr.* to permit
pernice, *n.f.* partridge
però but
perseguire to pursue
perseveranza perseverance
Persia modern Iran
persiano Persian
persino *see* perfino
persistente persistent
perso lost
persona person
personaggio character
personalità personality
persuadere, *v.irr.* to persuade
Perugia a city in Central Umbria, in Central Italy
perugino of Perugia; *Perugina,* a famous brand name chocolate
pesante heavy
pesare to weigh
Pesaro a seaport in E. Italy, on the Adriatic Sea
pesca fishing
pesce, *n.m.* fish
peschereccio pertaining to fishing; *villaggio peschereccio,* fishing village
pettinare to comb
petrolio petroleum
pettinatura hair-do
pettine, *n.m.* comb
Piacenza a city in N. Italy, on the Po river
piacere, *n.m.* pleasure; how do you do? (upon being introduced); *per piacere,* please; *fare un piacere,* to do a favor
piacere, *v.irr.* to be pleasing, to like
piacevolmente pleasantly
piangere, *v.irr.* to cry, to weep
piano floor, storey; slowly; *pian piano,* very gently
pianoforte, *also* ***piano,*** *n.m.* piano
pianta plant
pianterreno ground floor
pianto weeping, tears
pianura plain
piazza square
piatto dish, plate, course
piccolo little, small, short
piede, *n.m.* foot; *a piedi,* on foot
pieno full
pietà pity
pietanza dish of food
pietra stone, rock; *pietra di paragone,* touchstone; *pietra miliare,* milestone
San Pietro Saint Peter; the Basilica of Saint Peter
pila pile
pilota*(pl.* **piloti**), *n.m.* pilot
pineta pine grove
pino pine-tree
Pio Pius
pioggia rain
piovere, *v.imp.* to rain
pipa pipe
piscina pool
Pitecusa ancient Greek name for the island of Ischia
pittore, *n.m.* painter
pittoresco picturesque
più more
piuolo, *also* **piolo** peg, pin, rung (of a ladder)
piuttosto rather
poco little; *un poco* or *un po',* a little

podio podium
poema *(pl.* **poemi**), *n.m.* poem
poeta *(pl.* **poeti**), *n.m.* poet
poetessa poetess
poetico poetic
poi then, afterwards
poichè since
polacco Polish
politico political
poltrona armchair
Pompei Pompeii, an ancient city in S.W. Italy at the foot of Mount Vesuvius, buried by an eruption 79 A.D.
pompeiano of Pompeii
ponente west; *il Ponente,* the West
ponte, *n.m.* bridge
pontefice, *n.m.* pontiff, the Pope
pontificato pontificate
popolare popular
popolo people; nation
porta door, gate
portare to bring, to take, to carry, to wear
portatile portable
porto harbor
porzione, *n.f.* portion
Poseidon a bathing resort on the island of Ischia; Greek god of the sea
possedere, *v.irr.* to possess
posta post office; mail
postale postal
posteri, *n.m.pl.* posterity
posteriore posterior
posto place
potente powerful
potere, *v.irr.* to be able, can
potere, *n.m.* power
povero poor
pranzo dinner; *sala da pranzo,* dining room
prateria grassland
praticare to practice
pratico practical
praticamente practically
prato meadow
precedente precedent
precetto precept
preferire to prefer
preferito favorite, preferred
pregare to pray, to beg, to ask
preghiera prayer
prego! please!, you are welcome!
prelato prelate, bishop, cardinal
preludio overture, prelude
prematuramente prematurely
premiare to reward, to award a prize
premio reward, prize
prendere, *v.irr.* to take; *prendere moglie,* to take a wife
preoccuparsi to worry
preparare to prepare
preparativo preparation; *fare i preparativi,* to get ready
preparatorio preparatory
preponderante prevailing
presentare to introduce, to present
presente present
presidente, *n.m.* president
presso near, close to, by, at
prestito loan
presto soon, early
prete, *n.m.* priest
pretendere, *v.irr.* to claim, to expect
pretesto pretext
prevalente prevailing
prezioso precious, valuable
prigione, *n.f.* prison
prigioniero prisoner
prima before, at first, first
primavera spring
primo first
primogenito first-born
principale main, leading
principe, *n.m.* prince
principesco princely
principessa princess
principio beginning
priore, *n.m.* prior
privare to deprive
probabilmente probably
problema *(pl.* **problemi**), *n.m.* problem
proclamazione, *n.f.* proclamation
procurare to procure, to cause
prodigare to give liberally

produttivo productive
professore, *n.m.* professor, teacher
profitto profit, benefit
profondamente profoundly
profondo bottom; profound, deep
profumo fragrance, perfume
progetto project
programma *(pl.* **programmi**), *n.m.* program
progresso progress
proibire to forbid
promessa promise
promettere, *v.irr.* to promise
pronto ready
pronunziare, *also* **pronunciare** to pronounce
propagarsi to spread
proporre, *v.irr.* to propose; *proporsi* to intend, to purpose
proporzione,*n.f.* proportion
proposito purpose; *a proposito,* by the way
proprietà property
proprio proper, actual; exactly, really, indeed; one's own
prosciutto ham
prossimo neighbor; next
protagonista *(pl.* **protagonisti, -e**), *n.m.f.* protagonist
protettore, *n.m.* protector
prova proof, test
provare to try, to prove, to feel; *provarsi,* to try on
provenire, *v.irr.* to come from, to originate
proverbio proverb
provincia province
provvedere to provide
provvidenza providence
psicologico psychological
pubblicamente publicly
pubblico public
pulito clean
punizione, *n.f.* punishment
puntino little stitch
punto point, moment
pure, *also* **pur** yet, still, also, even
purezza purity
purificare to purify
puro pure

Q

qua here
quadro picture
qualche some, a few, any
qualcosa something, anything
qualcuno somebody, anybody
quale which, what; who, whom
quando when
quantità quantity, a great lot
quantizzazione, *n.f.* quantization
quanto how much
quartetto quartet
quaranta forty
quarto quarter, fourth
quasi almost
quattordici fourteen
quattrini, *n.p.* money
quello, quella, quelli, quelle that, those
questo, questa, questi, queste this, these
questua begging
questuare to beg
qui here
quiete, *n.f.* quiet

R

rabbia rage
raccogliere, *v.irr.* to collect, to gather
raccolta collection
raccolto collected
raccontare to recount
racconto story, tale
radiazione, *n.f.* radiation
radio,*n.f.* radio
radioattività radioactivity
radioattivo radioactive
radioisotopo radioisotope
raffinato refined
ragazzo, ragazza boy, girl
raggio ray of light
raggiungere to reach
ragione, *n.f.* reason; *aver ragione,* to be right
ramoscello twig

randagio wandering
rango rank, condition
rapporto relationship
rappresentante, *n.m.* representative
rappresentare to perform
rappresentazione, *n.f.* performance
raso satin
razziale racial
re king
reale royal
realtà reality
reattore, *n.m.* reactor
recitare to recite, to perform
redenzione, *n.f.* redemption
regalo gift
regia direction, staging
regime, *n.m.* regimen
regina queen
regio royal
regione, *n.f.* region
regista *(pl.* **registi**), *n.m.* movie director
registrazioni discografiche phonographic recordings
regno kingdom
relegare to confine
religione, *n.f.* religion
religioso religious
rendere, *v.irr.* to give back
repertorio repertory
reprimere, *v.irr.* to repress, to put down
repubblica republic
repubblicano Republican
reputazione, *n.f.* reputation
residenza residence
resistenza resistance
resistere to resist
respingere, *v.irr.* to repel
restare to remain
resto rest, remainder
rialzare to get up again
riassumere to summarize
riassunto summary
ribellarsi to rebel, to revolt
ricamato embroidered
ricchezza riches, wealth
riccioletto little curl
ricco rich
ricerca research
ricevere to receive
richiedere, *v.irr.* to require
richiudere, *v.irr.* to shut up, to close again
ricompensa reward
riconoscente grateful
riconoscenza gratitude
riconoscere, *v.irr.* to recognize
ricordare, ricordarsi to remember, to recollect
ricordo souvenir
ricostruire to rebuild
ridere, *v.irr.* to laugh
ridiscendere, *v.irr.* to go down again
riempire to fill
rifare, *v.irr.* to do, to make again
rifiutare to refuse
riflettere to reflect; *riflettersi,* to be reflected
riforma reform
rifornimento supply; *il posto di rifornimento,* gasoline station
rifuggente fleeing
rifugiarsi to take refuge
rigoroso rigorous
riguardo regard, respect
rilevare to perceive
rima rhyme, poetry
rimanere, *v.irr.* to remain
Rimini a seaport in N.E. Italy, on the Adriatic Sea
rimproverare to reproach
rimprovero reproach, scolding
Rinascimento Renaissance
rinchiudere *see* richiudere
rinfrescarsi to cool off
rinfresco refreshment
ringraziamento thanks
ringraziare to thank
rinoceronte, *n.m.* rhinoceros
rinomanza renown, fame
riparare to repair; *ripararsi,* to take shelter
ripartire to leave again
ripetere to repeat
ripetizione, *n.f.* review
riproduzione, *n.f.* reproduction
ripido steep
riportare to carry off
riposarsi to rest
riposo rest; *casa di riposo,* rest home

risaltare to stand out
risata laugh
riscaldamento heating
rischio risk
risentire to resent
risiedere to reside
Risorgimento the period or the movement for the liberation and unification of Italy (about 1750–1870)
risorsa resource
rispettivamente respectively
rispondere, *v.irr.* to answer
ristabilirsi to reestablish oneself
ristorante, *n.m.* restaurant
risultato result
risvegliarsi to wake up again
ritenere, *v.irr.* to retain
ritirare to withdraw; *ritirarsi,* to retire, to withdraw
ritirata retreat
rito rite
ritornare to return
ritorno return; *di ritorno,* back
ritrarre, *v.irr.* to portray
ritratto portrait
ritrovo meeting place
riunione, *n.f.* reunion
riunirsi to meet
riuscire, *v.irr.* to succeed
riva shore
rivedere, *v.irr.* to see again
riverire to honor, to revere
rivolgere, *v.irr.* to turn
rivoluzionario revolutionary
rivoluzione, *n.f.* revolution
rogo funeral pyre
Roma, Rome, the capital of Italy, in Central Italy
Romagna a region in N.E. Italy
romano Roman
romanza ballad
rosa rose; rose pink (color)
rossiccio reddish
rosso red
rovina ruin
rovistare to rummage
rubare to steal
rubino ruby
ruota wheel
ruscello brook, stream
russo Russian
rustico rustic
ruzzolare to tumble

S

sabato Saturday
sacerdotale priestly
sacrificio sacrifice
sacro holy; *la Sacra Scrittura,* Holy Scriptures
saggezza wisdom
saggiatore, *n.m.* essayer
saggio essay; wise
sala hall; *sala da pranzo,* dining room; *sala da bagno,* bathroom
salame, *n.m.* spiced pork sausage
salario salary, pay
sale, *n.m.* salt
salire, *v.irr.* to climb, to go up, to mount
salone, *n.m.* parlor, hall
salotto parlor
salpare to set sail
saltare to jump
saltellare to skip
salutare to greet
salute, *n.f.* health
saluto greeting
salvare to save
salvezza safety, salvation
salvo safe; *in salvo,* safely
santità holiness; *Sua Santità,* His Holiness the Pope
santo saint
sapere, *v.irr.* to know, to know how
sapiente, *n.m.* learned, erudite
sapientone, *n.m.* very learned person
Sardegna Sardinia, a large island in the Mediterranean, West of Italy
sarto tailor
sartoria tailor's shop
satellite, *n.m.* satellite
satira satire
sbadato heedless

sbalordito bewildered
scacciare to drive out
scala ladder, staircase; *La scala di seta, The Silken Ladder*
scaltro cunning
scambiare to exchange
scambio exchange
scampare to escape
scandalo scandal
scantinato basement, cellar
scappare to run away, to flee
scarabocchio scrawl
scarpa shoe
scatenare to unchain
scatola box
scaturire to spring
scavato dug up
scavo excavation; *Scavi,* archeological excavations
scegliere, *v.irr.* to choose
scelta choice
scelto chosen
scenarista scenarist
scendere, *v.irr.* to descend
sceneggiatura scenario
scherzare to joke
scherzo joke, jest; *per scherzo* or *per ischerzo,* jokingly
sherzosamente playfully
schiacciare to crack
schiuma foam
sci *(pl.* **sci**), *n.m.* ski; *sport dello sci,* skiing
scientificamente scientifically
scienza science
scienziato scientist
scimmia monkey
scolastico scholastic
scolparsi to defend oneself
scommessa bet, wager
sconfiggere, *v.irr.* to defeat
sconfinato boundless
sconfitta defeat
sconosciuto unknown
scoperta discovery
scoperto uncovered, discovered
scopo aim
scoppiare to break out
scoppio outbreak
scoprire, *v.irr.* to discover
scopritore, *n.m.* discoverer
scoraggiarsi to be discouraged
scorbuto scurvy
scozzese Scotsman; Scottish
scritto written; writing
scrittore, *n.m.* writer
scrittura writing; *la Sacra Scrittura,* Holy Scriptures
scrivere, *v.irr.* to write
scuola school
scure, *n.f.* axe
scuro dark
scusa excuse
scusare to excuse
se if
sè himself, herself, itself; oneself, themselves
secolo century
secondo according to; second
sedato sedate, calm
sede, *n.f.* seat
sedersi, *v.irr.* to sit down
sedia chair
sediolina small chair
seduto seated
segnare to mark
segno mark, sign
segretario secretary
segreto secret
seguace, *n.m.f.* follower
seguente following
seguire to follow
seicento six hundred; *il Seicento,* the 17th century
selettivo selective
sella saddle
selva forest
sembrare to seem, to appear
seminario seminary
semplice simple, unaffected
semplicità simplicity
sempre always
sensibile of the senses
sentire to feel, to hear, to smell, to taste
senza without; *senza dubbio,* doubtless
sepolto buried

seppellire to bury
sequestrato to confiscate, to censor
sera evening
serale of the evening
Serenissima Repubblica the Republic of Venice
sereno serene
serio serious
serpente, *n.m.* serpent
servire to serve
servizio service; *prendere a servizio,* to hire
servo servant
sessanta sixty
seta silk
sete, *n.f.* thirst; *aver sete,* to be thirsty
settecento seven hundred; *il Settecento,* the 18th century
settembre September
settentrionale Northern
settimana week
settimo seventh
severamente severely
severo rigorous, severe
sezione, *n.f.* section
sfondo background
sfortunato unfortunate
sforzo effort
sfumato subtle gradation of tone and color in painting
sfumatura shading, hue
sguardo glance, look
sì yes; thus, so
sia . . . che either . . . or, both . . . and
siccome since
Sicilia Sicily, a large island in the Mediterranean S.W. of Italy
sicuro sure
sigaretta cigarette
sigaro cigar
significare to mean, to signify
signora Mrs., Madam, lady
signore, signor Mr., Sir, gentleman, lord
signorina Miss, young lady
sillaba syllable
simboleggiare to symbolize
simbolo symbol
simile similar
simpatico nice, attractive
sincero sincere
sinfonia symphony
singhiozzare to sob
singolo single
sinistra left; *a sinistra,* on the left
sintesi *(pl.* **sintesi***),* *n.f.* synthesis
sirena siren
sistema *(pl.* **sistemi***),* *n.m.* system
situare to situate
situato situated
smeraldo emerald
smontare to dismount
sobborgo suburb
società society
soddisfare to satisfy
soddisfatto satisfied
sofferente suffering
soffiare to blow
soffitta attic
soffrire, *v.irr.* to suffer
soffuso suffused
soggetto subject
soggiorno sojourn; sitting room
sognare to dream
sogno dream
soldo penny
sole, *n.m.* sun
solennemente solemnly, gravely
solido solid, strong
sollevare to lift
solo alone; only
soltanto only
soluzione, *n.f.* solution
sonata sonata
sondare to fathom
sonetto sonnet
sopra on, upon, above, over; upstairs
sopraffare, *v.irr.* to overcome, to overwhelm
soprannome, *n.m.* nickname
soprattutto above all
sorella sister
sorgente, *n.f.* source, spring
sorgere, *v.irr.* to rise
sorprendente surprising

sorprendere, *v.irr.* to surprise
sorpreso surprised
sorridente smiling
sorridere, *v.irr.* to smile
sorriso smile
sorte, *n.f.* luck, fortune
sospetto suspicion; suspected
sosta stop, pause
sostanza substance
sostenere, *v.irr.* to uphold
sostituire to substitute
sotterraneo underground
sottile fine
sotto under
sottomarino submarine
sottomesso submitted, submissive
sottomettere, *v.irr.* to submit
sottoporre, *v.irr.* to submit
sottrarre, *v.irr.* to subtract; *sottrarsi,* to escape from
sovrano sovereign
sovrumano superhuman
spaghetti fine macaroni
spagnolo, *also* **spagnuolo** Spaniard; Spanish
Spagna Spain
spalancato wide open
spalla shoulder; back
spargere, *v.irr.* to spread
spaventare to frighten
spaventato frightened
spaventoso frightful
spaziale of space
spazio space
spazzacamino chimney-sweep
specchio mirror
specialità specialty
specifico specific
spedire to send
spensierato carefree
speranza hope
sperare to hope
sperimentale experimental
spesa shopping; *fare la spesa,* to shop (for food)
spesso often
spettacolo show, performance
spettare to belong
spettatore, *n.m.* spectator
spezia spice
spiaggia beach
spianare to level, to demolish
spiccato distinct, remarkable
spiegare to explain
spillone, *n.m.* hat-pin
spinetta spinet
spingere, *v.irr.* to push
spirito spirit, mind, soul; wit, humor
spiritoso witty, funny
spirituale spiritual
splendente shining
splendido splendid, magnificent
spontaneità spontaneity
sporco dirty
sportivo sporting
sposa bride, betrothed girl
sposare to marry; *sposarsi,* to get married
sposo bridegroom, husband
spossare to exhaust
squisito delicious
stagione, *n.f.* season, time
stalla stable
stancarsi to tire
stanco tired
stanza room
stare to stay, to be; *stare a cuore,* to be interested in the welfare of; *star bene,* to look fine, to be well; *stare per,* to be about
Stati Uniti United States
statistica statistics
stato been; state, government
statua statue
statura height, size
stazione, *n.f.* station; *stazione balneare,* bathing resort
stella star
Stendhal (Marie Henri Beyle, 1783–1842), French novelist and critic
stesso same
stima esteem
stirare to iron
stola stole
storia story, history
storico historical
strada road, street, way

straniero foreigner, stranger; foreign
strano strange
straordinario extraordinary
strato layer
stretto narrow; strait
strumento instrument
studente, *n.m.* student
studentessa girl-student
studiare to study
studio office, study
studioso studious
stupefatto amazed, bewildered
stupore, *n.m.* amazement
su on, above; *su per giù,* more or less
subito at once, immediately
succedere, *v.irr.* to succeed, to happen
successivamente then, thereupon
successo success; happened
suonare to play, to ring
suonatore, *n.m.* player
suono sound
suora, suor nun, sister
superare to overcome
supplicare to beg
supplire to provide
supremazia supremacy
supremo supreme
svedese Swede; Swedish
sveglio wide-awake
svelto quick
sventrare to disembowel
sventura misfortune
sviluppare to develop
svolgere, *v.irr.* to develop
svolto developed

T

tabaccaio tobacconist
tabaccherìa tobacco shop
tabacco tobacco
tacchino turkey
tagliare to cut
talvolta sometimes
Tancredi Tancred
tanto, tanta, tanti, tante so much, so many; *di tanto in tanto,* from time to time
tardi late
tartana tartan
tartaro Tartar
tavernetta small tavern
tavola table; *tavola calda,* lunchroom
tavolino small table
te you
teatrale theatrical
teatro theatre
tecnica technique
tecnologico technological
tedesco German
tela cloth, linen
telescopio telescope
televisore, *n.m.* television set
tema *(pl.* **temi**), *n.m.* theme
temere to fear
tempaccio bad weather
temperamento temperament
temperatura temperature
tempo time, weather; tense (of verbs)
tenaglia pincers
tendere to stretch out; *tendere un trabocchetto,* to lay a snare
tenente lieutenant
teneramente tenderly
tenere, *v.irr.* to have, to hold
tentare to try, to attempt
tentazione, *n.f.* temptation
tenue tenuous
teoria theory
teorico theoretical
tepido tepid
terapeutico therapeutic
termale thermal; *acque termali,* hot springs
terminare to end
terra earth, land
terrazza terrace
terreno ground, soil
terrestre terrestrial
tesoro treasure
testa head; *Testa di Bufala,* Buffalo Head
testaccia large ugly head
testimone, *n.m.f.* witness
testina small head

testo text
tigre, *n.m.f.* tiger, tigress
tinello sitting room
tino vat
tintarella suntan
tipicamente typically
tiranno tyrant
tirare to pull
titolo title
toccare to touch
togliere, *v.irr.* to take off
toletta toilet; outfit
Tommaso Thomas
tonno tuna
Torino Turin, a city in N.W. Italy
torre, *n.f.* tower; *la Torre pendente,* Leaning Tower
torta cake, pie, tart
torturato tortured
Toscana Tuscany, a region in W. Central Italy
toscano Tuscan
tovaglia tablecloth
tovagliolo napkin
tra among, between, within
trabocchetto snare; *tendere un trabocchetto,* to lay a snare
tradire to betray
tradizione, *n.f.* tradition
tradurre, *v.irr.* to translate
tragedia tragedy
tranquillamente quietly
transizione, *n.f.* transition
trapassato pluperfect subjunctive; *trapassato remoto,* past anterior
trasferire to transfer; *trasferirsi,* to move
trasfomare to transform
trasparente transparent
trasporto transportation; *mezzo di trasporto,* means of transportation
trattare to treat
trattato treaty, treatise
traversare to cross
traversata crossing
trecento three hundred; *il Trecento,* the 14th century
tredici thirteen
trenta thirty
trentennio space of thirty years
tribunale tribunal
trionfo triumph, success
triste sad
tristezza sadness
trono throne
troppo, troppi too much, too many; too
trovare to find
truppa troop
tuffarsi to dive
tuonare, *v.imp.* to thunder
Turchia Turkey
turco Turk; Turkish
turista *(pl.* **turisti, -e**), *n.m.f.* tourist
turistico tourist, touring
tuttavia yet, nevertheless
tutto all, whole, entire; *del tutto,* totally, altogether

U

uccello bird
uccidere, *v.irr.* to kill
ucciso killed
udire, *v.irr.* to hear
ufficio office
ugualmente equally
uh! oh!
ultimo last
umanità mankind
umanitario humanitarian
umano human
umile humble
umore, *n.m.* disposition
unificare to unify
unificazione, *n.f.* unification
uniforme uniform, even
unirsi to unite
unito united
universale universal
universo universe
università university
uno a, an, one; *uno per uno,* one by one
uomo *(pl.* **uomini**) man
uranio uranium
usanza use, custom
usare to use
usato used

uscire, *v.irr.* to go out
uso use, usage, custom
usurpare to usurp
utensile, *n.m.* implement
***u*tile** useful
utilmente usefully
utilizzare to utilize

V

vacanza vacation
vagabondo errant, wandering
val*i*gia suitcase
valore, *n.m.* bravery
valorosamente bravely
vanità vanity
vantarsi to boast
vario various
variopinto of many colors
vaso vase, pot
vassoio tray
vasto vast
vecchio old man; old
vedere, *v.irr.* to see
v*e*dovo widower
veduta sight, view
veh!, *also* **ve'!** look!, see!, behold!
ve*i*colo spaziale space vehicle
velluto velvet
velo veil
veloce fast
v*e*ndere to sell
V*e*nere Venus
Ven*e*zia Venice, a seaport in N.E. Italy
veneziano Venetian
venire, *v.irr.* to come
vent*e*simo twentieth
vento wind; *tirar vento,* to be windy
veramente truly
verbo verb
verde green
verità truth
verm*i*glio vermilion, brilliant red
vero true
versare in difficili condizioni to be in a difficult situation
versatilità versatility
verso backside; towards
v*e*scovo bishop
veste, *n.f.* dress, frock, gown
vest*i*bolo lobby
vestirsi to get dressed
vestito dressed; dress, suit; *i vestiti,* clothes
Ves*u*vio Vesuvius, a volcano near Naples
vetro glass
vetta top, apex
via way, road; away; *andar via,* to go away
via! come now!
viaggiare to travel
viaggiatore, *n.m.* traveler
viaggio trip, journey, voyage; *fare un viaggio,* to take a trip
vicino near
villa villa, country house
villaggio village
Vincenzo Vincent
v*i*ncere, *v.irr.* to win
vino wine
viola viola, a musical instrument
violento violent
violetta sweet violet
violoncellista *(pl.* **violoncellisti, -e**), *n.m.f.* cellist
violoncello cello
virtuoso virtuous
visitare to visit
visitatore, *n.m.* visitor
viso face
vista sight, view
vita life
vitt*o*ria victory
Vitt*o*rio Emanuele Victor Emmanuel
viva! hurrah!, long live!
v*i*vanda dish
vivere, *v.irr.* to live
v*i*veri provisions
vivo alive
v*i*zio vice
vocabol*a*rio vocabulary
vocale, *n.f.* vowel
vocazione, *n.f.* vocation
voce, *n.f.* voice; *con un fil di voce,* in a whisper

volere, *v.irr.* to want, to wish; *voler bene,* to love; *voler dire,* to signify
volontà will
volontario volunteer, voluntary
volta time, turn; *una volta,* once, once upon a time
voltare to turn, to turn around
volto face
vongola clam
voto vow
vulcanico volcanic

Z

zaffiro sapphire
zappa hoe
zappare to hoe; to till the soil
zappata blow with a hoe
zappatore, *n.m.* digger
zeppo full, crammed
zingara gypsy woman
zio uncle
zitto! quiet!, hush!
zoccolo clog
zona zone
zucchero sugar